Internationales Privatrecht

von
Klaus Krebs

2., neu bearbeitete Auflage

Bibliografische Information der Deutschen Nationalbibliothek
Die Deutsche Nationalbibliothek verzeichnet diese Publikation in der
Deutschen Nationalbibliografie; detaillierte bibliografische Daten sind
im Internet über <http://dnb.d-nb.de> abrufbar.

ISBN 978-3-8114-4224-5

E-Mail: kundenservice@cfmueller.de
Telefon: +49 89/2183-7923
Telefax: +49 89/2183-7620

www.cfmueller.de
www.cfmueller-campus.de

© 2015 C.F. Müller GmbH, Im Weiher 10, 69121 Heidelberg

Satz: TypoScript, München
Illustrationen: Mattfeldt & Sänger, München
Druck: Kessler Druck+Medien, Bobingen

Liebe Leserinnen und Leser,

die Reihe „JURIQ Erfolgstraining" zur Klausur- und Prüfungsvorbereitung verbindet sowohl für Studienanfänger als auch für höhere Semester die Vorzüge des klassischen Lehrbuchs mit meiner Unterrichtserfahrung zu einem umfassenden Lernkonzept aus Skript und Online-Training.

In einem ersten Schritt geht es um das **Erlernen** der nach Prüfungsrelevanz ausgewählten und gewichteten Inhalte und Themenstellungen. Einleitende Prüfungsschemata sorgen für eine klare Struktur und weisen auf die typischen Problemkreise hin, die Sie in einer Klausur kennen und beherrschen müssen. Neu ist die **visuelle Lernunterstützung** durch

- ein nach didaktischen Gesichtspunkten ausgewähltes Farblayout
- optische Verstärkung durch einprägsame Graphiken und
- wiederkehrende Symbole am Rand

  ⟳ = Definition zum Auswendiglernen und Wiederholen

  (P) = Problempunkt

  @ = Online-Wissens-Check

Illustrationen als „Lernanker" für schwierige Beispiele und Fallkonstellationen steigern die Merk- und Erinnerungsleistung Ihres Langzeitgedächtnisses.

Auf die Phase des Lernens folgt das **Wiederholen und Überprüfen** des Erlernten im **Online-Wissens-Check**: Wenn Sie im Internet unter **www.juracademy.de/skripte/login** das speziell auf das Skript abgestimmte Wissens-, Definitions- und Aufbautraining absolvieren, erhalten Sie ein direktes Feedback zum eigenen Wissensstand und kontrollieren Ihren individuellen Lernfortschritt. Durch dieses aktive Lernen vertiefen Sie zudem nachhaltig und damit erfolgreich Ihre Kenntnisse im internationalen Privatrecht!

Frage 1 (Punkte: 1)

Für welche Fälle gelten auch nach Inkrafttreten der Rom II-Verordnung weiterhin die Art. 38-42 EGBGB?

Antwort

Aussagen	Antwort	Aussagerichtigkeit und Kommentar
a) Für Fälle der Produkthaftung.	☐ ✓	Falsch.
b) Für Persönlichkeitsrechtsverletzungen.	☑ ✓	Richtig. Denn nach Art. 1 Abs. 2 lit. g Rom II-VO gilt die Verordnung nicht für Persönlichkeitsrechtsverletzungen.
c) Für außervertragliche Schuldverhältnisse, die vor dem 11.1.2009 begründet wurden.	☑ ✓	Richtig. Die Rom II-VO gilt seit dem 11.1.2009. Für „Altfälle" gelten weiterhin die Art. 38–42 EGBGB.
→ **Richtig** Punkte für diese Antwort: 1/1.		

Schließlich geht es um das **Anwenden und Einüben** des Lernstoffes anhand von Übungsfällen verschiedener Schwierigkeitsstufen, die im Gutachtenstil gelöst werden. Die JURIQ **Klausurtipps** zu gängigen Fallkonstellationen und häufigen Fehlerquellen weisen Ihnen dabei den Weg durch den Problemdschungel in der Prüfungssituation.

Das **Lerncoaching** jenseits der rein juristischen Inhalte ist als zusätzlicher Service zum Informieren und Sammeln gedacht: Ein erfahrener Psychologe stellt u.a. Themen wie Motivation, Leistungsfähigkeit und Zeitmanagement anschaulich dar, zeigt Wege zur Analyse und Verbesserung des eigenen Lernstils auf und gibt Tipps für eine optimale Nutzung der Lernzeit und zur Überwindung evtl. Lernblockaden.

An Literatur zum Internationalen Privat- und Verfahrensrecht mangelt es nicht. Sie geht aber meist über das hinaus, was Studierende und Referendare für diese Nebengebiete bereit sind, an Lernzeit aufzuwenden. Zudem werden viele Lehrbücher und Skripten nicht häufig genug aktualisiert, um mit der hohen Reformfrequenz auf dem Gebiet des Internationalen Privat- und Verfahrensrechts einigermaßen Schritt zu halten.

Dieses Skript beschränkt sich auf die Grundzüge des Internationalen Privat- und Verfahrensrechts. Die an typischen Klausuranforderungen orientierte Darstellung befindet sich auf dem Stand Januar 2015. Gefreut habe ich mich über viele positive Rezensionen und Rückmeldungen zur Erstauflage des Skripts. Kritische Anmerkungen wurden dankbar aufgegriffen und haben zur Verbesserung des Skripts beigetragen. Für Berichtigungshinweise und sonstige Änderungsvorschläge bin ich weiterhin stets sehr dankbar.

Die Zielsetzung des Skripts besteht vor allem darin, Studierenden und Referendaren auf knappem Raum einen leicht lesbaren Überblick über das Internationale Privat- und Verfahrensrecht zu verschaffen. Vor diesem Hintergrund versteht sich von selbst, dass nicht auf jede Einzelheit eingegangen wird. Detailwissen zum Internationalen Privat- und Verfahrensrecht bedarf es im Examen ohnehin nicht. Es kommt vielmehr auf ein Grundverständnis für die Zusammenhänge und die Gesetzessystematik an. Für Schwerpunktkandidaten, die sich tiefergehend mit der anspruchsvollen Materie auseinandersetzen, kann das Skript als sinnvoller Einstieg oder zur schnellen Wiederholung und Vergewisserung vor Prüfungen dienen. Für sie finden sich in den Fußnoten zahlreiche Hinweise auf weiterführende Literatur.

Auf geht's – ich wünsche Ihnen viel Freude und Erfolg beim Erarbeiten des Stoffs!

Und noch etwas: Das Examen kann jeder schaffen, der sein juristisches Handwerkszeug beherrscht und kontinuierlich anwendet. Jura ist kein „Hexenwerk". Setzen Sie nie ausschließlich auf auswendig gelerntes Wissen, sondern auf Ihr Systemverständnis und ein solides methodisches Handwerk. Wenn Sie Hilfe brauchen, Anregungen haben oder sonst etwas loswerden möchten, sind wir für Sie da. Wenden Sie sich gerne an die C.F. Müller GmbH, Im Weiher 10, 69121 Heidelberg, E-Mail: kundenservice@cfmueller.de. Dort werden auch Hinweise auf Druckfehler sehr dankbar entgegen genommen, die sich leider nie ganz ausschließen lassen.

Freiburg, im Januar 2015 *Klaus Krebs*

JURIQ Erfolgstraining –
die Skriptenreihe von C.F. Müller
mit Online-Wissens-Check

Mit dem Kauf dieses Skripts aus der Reihe „JURIQ Erfolgstraining" haben Sie gleichzeitig eine Zugangsberechtigung für den Online-Wissens-Check erworben – ohne weiteres Entgelt. Die Nutzung ist freiwillig und unverbindlich.

Was bieten wir Ihnen im Online-Wissens-Check an?

- Sie erhalten einen individuellen Zugriff auf **Testfragen zur Wiederholung und Überprüfung des vermittelten Stoffs**, passend zu jedem Kapitel Ihres Skripts.
- Eine individuelle **Lernfortschrittskontrolle** zeigt Ihren eigenen Wissensstand durch Auswertung Ihrer persönlichen Testergebnisse.

Wie nutzen Sie diese Möglichkeit?

Online-Wissens-Check

Registrieren Sie sich einfach für Ihren kostenfreien Zugang auf **www.juracademy.de/skripte/login** und schalten sich dann mit Hilfe des Codes für Ihren persönlichen Online-Wissens-Check frei.

Ihr persönlicher User-Code: 760719997

Der Online-Wissens-Check und die Lernfortschrittskontrolle stehen Ihnen für die **Dauer von 24 Monaten** zur Verfügung. Die Frist beginnt erst, wenn Sie sich mit Hilfe des Zugangscodes in den Online-Wissens-Check zu diesem Skript eingeloggt haben. Den Starttermin haben Sie also selbst in der Hand.

Für den technischen Betrieb des Online-Wissens-Checks ist die JURIQ GmbH, Unter den Ulmen 31, 50968 Köln zuständig. Bei Fragen oder Problemen können Sie sich jederzeit an das JURIQ-Team wenden, und zwar per E-Mail an: info@juriq.de.

Inhaltsverzeichnis

Literaturverzeichnis

Arzt/Staudinger	Textausgabe Europäisches Verfahrens-, Kollisions- und Privatrecht, 1. Aufl. 2010 (zitiert: *A/S*)
Bamberger/Roth	Kommentar zum Bürgerlichen Gesetzbuch, Band 3, 3. Aufl. 2012 (zitiert: Ba/Ro-*Bearbeiter*)
Brödermann/Rosengarten	Internationales Privat- und Zivilverfahrensrecht, 6. Aufl. 2012
Erman	BGB Handkommentar, Band 2, 14. Aufl. 2014 (zitiert: Erman-*Bearbeiter*)
Jayme/Hausmann	Textausgabe Internationales Privat- und Verfahrensrecht, 17. Aufl. 2014 (zitiert: *J/H*)
Kegel/Schurig	Internationales Privatrecht, 9. Aufl. 2004
Kienle	Internationales Privatrecht, 2. Aufl. 2010
Koch/Magnus/Winkler von Mohrenfels	IPR und Rechtsvergleichung, 4. Aufl. 2010 (zitiert: *Koch/Magnus/Mohrenfels*)
Kropholler/von Hein	Europäisches Zivilprozessrecht, 9. Aufl. 2011 (zitiert: *Kropholler/Hein*)
Kropholler	Internationales Privatrecht, 6. Aufl. 2006
Looschelders	Internationales Privatrecht, 1. Aufl. 2004
Palandt	Kurzkommentar zum Bürgerlichen Gesetzbuch, 74. Aufl. 2015 (zitiert: Palandt-*Bearbeiter*)
Prütting/Wegen/Weinrich	BGB Kommentar, 9. Aufl. 2014 (zitiert: PWW-*Bearbeiter*)
Rauscher	Internationales Privatrecht, 4. Aufl. 2012
Reithmann/Martiny	Internationales Vertragsrecht, 7. Aufl. 2010 (zitiert: Reithmann/Martiny-*Bearbeiter*)
Schack	Internationales Zivilverfahrensrecht, 6. Aufl. 2014
Siehr	Internationales Privatrecht, 1. Aufl. 2001
von Hein	Münchener Kommentar zum Bürgerlichen Gesetzbuch, Band 10 (Internationales Privatrecht I) und Band 11 (Internationales Privatrecht II, Wirtschaftsrecht, Art. 25 - 248 EGBGB), jeweils 6. Aufl. 2015 (zitiert: MüKo-*Bearbeiter*)
von Hoffmann/Thorn	Internationales Privatrecht, 9. Aufl. 2007 (zitiert: *Hoffmann/Thorn*)

Tipps vom Lerncoach

Warum Lerntipps in einem Jura-Skript?

Es gibt in Deutschland ca. 1,6 Millionen Studierende, deren tägliche Beschäftigung das Lernen ist. Lernende, die stets ohne Anstrengung erfolgreich sind, die nie kleinere oder größere Lernprobleme hatten, sind eher selten. Besonders juristische Lerninhalte sind komplex und anspruchsvoll. Unsere Skripte sind deshalb fachlich und didaktisch sinnvoll aufgebaut, um das Lernen zu erleichtern.

Über fundierte Lerntipps wollen wir darüber hinaus all diejenigen ansprechen, die ihr Lern- und Arbeitsverhalten verbessern und unangenehme Lernphasen schneller überwinden wollen.

Diese Tipps stammen von Frank Wenderoth, der als Diplom-Psychologe seit vielen Jahren in der Personal- und Organisationsentwicklung als Berater und Personal Coach tätig ist und außerdem Jurastudierende in der Prüfungsvorbereitung und bei beruflichen Weichenstellungen berät.

Wie lernen Menschen?

Die Wunschvorstellung ist häufig, ohne Anstrengung oder ohne eigene Aktivität „à la Nürnberger Trichter" lernen zu können. Die modernen Neurowissenschaften und auch die Psychologie zeigen jedoch, dass Lernen ein aktiver Aufnahme- und Verarbeitungsprozess ist, der auch nur durch aktive Methoden verbessert werden kann. Sie müssen sich also für sich selbst einsetzen, um Ihre Lernprozesse zu fördern. Sie verbuchen die Erfolge dann auch stets für sich.

Gibt es wichtigere und weniger wichtige Lerntipps?

Auch das bestimmen Sie selbst. Die Lerntipps sind als Anregungen zu verstehen, die Sie aktiv einsetzen, erproben und ganz individuell auf Ihre Lernsituation anpassen können. Die Tipps sind pro Rechtsgebiet thematisch aufeinander abgestimmt und ergänzen sich von Skript zu Skript, können aber auch unabhängig voneinander genutzt werden.

Verstehen Sie die Lerntipps „à la carte"! Sie wählen das aus, was Ihnen nützlich erscheint, um Ihre Lernprozesse noch effektiver und ökonomischer gestalten zu können!

Lernthema 5
Mentale Techniken und Entspannung

Im Folgenden finden Sie konkrete Anwendungs- und Übungsvorschläge, um Ihre Aufmerksamkeit so zu lenken, dass es Ihnen leichter fällt, sich zu entspannen oder sich nach Arbeitsphasen zu regenerieren. Jeder Mensch besitzt die Fähigkeit, das natürliche Phänomen der Alltagshypnose oder Trance gezielt zu nutzen. Sie haben es selbst schon erlebt, z. B. bei Tagträumen mit offenen Augen, wenn Ihre Aufmerksamkeit „weggriftet"! Sie können auch absichtlich Ihre Gedanken und Aufmerksamkeit in bestimmte Richtungen lenken, so dass Sie sich entspannter, leichter, motivierter oder auch kompetenter fühlen. Ihre Aufmerksamkeitslenkung bestimmt also auch Ihr Erleben und die damit verbundenen Gefühle. Diese Trancefähigkeit von Menschen macht man sich bei Hypnoseverfahren in der Psychotherapie und Medizin zu Nutze (Ängste, Schlafstörungen, Depressionen oder starke Schmerzen). Im Führungskräftecoaching nutzt man mentale Techniken, die den Umgang mit Stress und Konflikten erleichtern. Warum sollten wir diese nicht auch zur Entspannung beim Prüfungslernen nutzen?!

Lerntipps

Nutzen Sie Ihre mentalen Möglichkeiten stärker als bisher aus!

Damit Sie sich in Trance „hypnotisieren", müssen Sie aktiv mitarbeiten und üben. Nur wenn Sie wollen, können Sie sich aktiv auf bestimmte für Sie vielleicht neue Vorgehensweisen, Gedanken und Innenbilder einlassen. Mit mentalen Techniken kann man durch relativ einfache Übungen schnell eine tiefe Entspannung erreichen. Entspannung dient der Erholung, dem Stressabbau und der Wiederherstellung körperlicher und seelischer Ausgeglichenheit. Mit viel Übung z. B. auch in einem „Selbsthypnosetraining" bei einem Coach können Sie innerhalb weniger Minuten, häufig manchmal sogar Sekunden sich tiefenentspannen oder akute Blockaden lösen. Weil wir in Trance für Anweisungen (Suggestionen) empfänglicher sind, können Sie geeignete Autosuggestionen sogar nutzen, um Ihr Lernverhalten positiv zu beeinflussen.

Es geht los mit einem Bild – wählen Sie Ihr Ruhebild aus!

In allen „Hypnosesitzungen" ist das „Ruhebild" zum Einstieg zentral. Es dient dazu, die Entspannung zu verbessern und so das innere Gleichgewicht leichter herzustellen. Das Bild sollte angenehm und mit Ruhe verbunden sein. Häufig werden als angenehm erlebte Szenen aus dem Urlaub gewählt, wie z.B. der Blick von einer Alpenwiese auf die Berge, oder man betrachtet die Hügel der Toskana, man liegt auf einer Wiese oder am Strand, schaut auf das Meer oder geht im Wald spazieren. In diesen Bildern sollten Sie ausreichend Zeit haben und länger dort verweilen können. Das Interessante ist, dass unser Gehirn in der Wirkung plastische Innenbilder nicht von äußeren Gegebenheiten unterscheidet. Eine kleine Anmerkung: Das ist bei Problemen und Ängsten übrigens genauso. Wir sind es letztendlich selbst, die diese erzeugen und das können wir auch in förderlicher Weise nutzen.

Lassen Sie die Sinneseindrücke auf sich wirken!

Wenn Sie Ihre Augen schließen, können Sie die Sinneseindrücke noch besser auf sich wirken lassen. Die Eindrücke werden mit der Zeit plastischer und reichhaltiger. Auch wenn jeder von Ihnen ein anderes Bild und Erleben haben wird, lassen Sie sich von dieser Beschreibung animieren.

„Ruhe am Meer"

Sie sitzen am Meer und sehen die Wellen, den Horizont … Sie spüren dabei die angenehme Wärme, die über Ihre Stirn und die Wangen streicht. Sie merken mitunter, dass ein angenehm frischer Luftzug Ihre Stirn kühlt. Sie hören dann die typischen Geräusche der Szenerie, das Kommen und Gehen der Wellen, vielleicht auch den Ruf der Möwen … Sie fühlen die unterschiedlichen Berührungen an den Händen, den feinen Sand, den Sie vielleicht in die Hand nehmen und durch die Finger rieseln lassen. Sie nehmen auch die typischen Gerüche wahr, die würzig-salzige Meeresluft und spüren sogar etwas Salz auf den Lippen … Vielleicht legen Sie sich jetzt hin und schließen die Augen …

Lesen Sie die Zeilen noch einmal und achten darauf, in Richtung welcher Wahrnehmungsqualitäten Sie Ihre Aufmerksamkeit gerichtet haben (Sehen, Fühlen, Hören, Riechen, Schmecken).

Positive Innenbilder fördern!

Begünstigen Sie Ihre Innenbilder, indem Sie stets mehreren Sinneskanälen Beachtung schenken. Je komplexer und plastischer das Bild, umso stärker werden die an die Wahrnehmung gekoppelten Erlebenskomponenten aktiviert, also die Gefühle. Die Innenrealität wirkt am besten, wenn Sie sich von der Außenrealität und Außenreizen abschirmen. Halten Sie die Augen geschlossen – Sie können auch eine Augenbinde oder Augenmaske zu Hilfe nehmen (siehe auch unten den Lerntipp zur Augenfixierung).

Da unsere Innenbilder vielfältige innere Verarbeitungsprozesse hervorrufen und damit verbunden sind, können auch unangenehme Gefühle auftreten, die uns nicht erklärbar sind. Damit sollten Sie ganz gelassen umgehen, weil das normal ist und die Gelassenheit schon ein Abklingen bewirken kann.

Falls Bilder erscheinen, die unangenehm sind und sich „verfestigen", so brechen Sie abrupt ab und schalten bewusst auf ein schönes Bild, eine schöne Erinnerung um. Sie brauchen lernförderliche Bilder.

Finden Sie einen geeigneten Rahmen!

Schalten Sie vor der Entspannung mögliche Störgeräusche aus (Telefon, geöffnetes Fenster). Achten Sie darauf, dass Sie nicht gestört werden (Schild an die Tür …). Benutzen Sie einen bequemen Sessel, Stuhl oder ein Sofa, auf dem Sie abschalten können. Achten Sie darauf, dass die Übungen räumlich in Ihrem Freizeitbereich, also nicht im Arbeitsbereich durchgeführt werden, wenn es Ihnen möglich ist. Legen Sie zu Beginn jeder Übung fest, wie lange sie dauern soll (Ruhebild in der Trainingsphase z.B. nach 15 Minuten die Augen öffnen). Verlassen Sie sich darauf, dass Sie nach Ihrer Zeitvorgabe, die Augen wieder öffnen, stellen sie sich eventuell einen leise summenden Wecker, den Sie bald aber entbehren können. Entspannung erreichen Sie natürlich nach viel Kaffee- oder Colakonsum nur schlecht. Bei Übermüdung oder nach Alkoholgenuss wird man wahrscheinlich nur durch eine Portion Schlaf frischer.

Leiten Sie Ihre „Selbsthypnose" durch eine Augenfixierung ein!

Die Einleitung verschiedener mentaler Techniken besteht darin, die Aufmerksamkeit von äußeren Geschehnissen weg immer mehr zu innerem Erleben zu lenken.

Das können Sie folgendermaßen leichter erreichen:

- Setzen Sie sich bequem hin und rücken Sie sich gemütlich zurecht.
- Suchen Sie sich einen kleinen Punkt im Raum in Augenhöhe vor möglichst ruhigem Hintergrund, damit Sie sich gut konzentrieren können.
- Sie können auch einen Papierschnipsel aus einem Aktenlocher nehmen und ihn an eine bestimmte Stelle kleben.
- Verwenden Sie in der Übungsphase möglichst den gleichen Stuhl und den gleichen Fixationspunkt.
- Sie beobachten den Punkt intensiv und werden feststellen, dass der Hintergrund und die Ränder verschwimmen, milchig werden, mal ist der Punkt scharf, dann wieder unscharf zu sehen.
- Betrachten Sie den Punkt mit Geduld, die Augen werden automatisch müder. Sie können die Augen dann schließen, wieder leicht öffnen, schließen …
- Beobachten Sie dann Ihre Atmung und bemerken, wie Sie ruhig ein- und ausatmen. Mit jedem Atemzug werden Sie und Ihr Körper lockerer und entspannter.
- Wenn Sie Umweltgeräusche zu Beginn lauter hören, arbeiten Sie nicht dagegen an.
- Richten Sie die Aufmerksamkeit dann verstärkt auf Ihren Körper, z. B. die Bauchdecke, die sich hebt und senkt, die Füße, Beine, das Gesäß … die Hände, die Arme … die Geräusche werden Ihnen gleichgültiger.
- Stellen Sie sich nun Ihr Ruhebild vor – so lange Sie wollen.
- Wenn Sie sich entspannt fühlen und die Augen öffnen möchten, zählen Sie rückwärts von 3 bis 0.
- Stehen Sie dann auf und Sie werden sich frischer fühlen.

Jeden Tag das gleiche Ritual, nach einer Woche können Sie das!
Wahrscheinlich werden Sie feststellen, dass Sie die erlebten Prozesse auch aus dem Alltag kennen (Dösen, Tagträume, mit offenen Augen andere Inhalte sehen, während die Realität in den Hintergrund tritt …). Diese andere Welt des Alltags ist der menschliche Trancezustand und wird hier methodisch nutzbar gemacht. Folgende methodische Hinweise dazu:

- Üben Sie das Vorgehen der Augenfixierung und des Ruhebildes täglich möglichst zweimal.

- Planen Sie die Übungszeiten fest als Erholungszeit in größeren Zwischenpausen für ca. 15 Minuten ein, vielleicht nach einer Arbeitseinheit von 90 Minuten am späten Vormittag oder am Nachmittag (wenn das Lerntief naht).
- Manche setzen die Übung auch direkt nach dem Wachwerden, also vor Lernbeginn ein, manche werden dann müder.
- Auch wenn die Übung anfangs noch als unangenehme Pflicht erlebt wird, werden Sie schnellen Erfolg haben.
- Nach ca. 1 Woche täglichen Übens werden Sie die Übung als hilfreich erleben und sich darauf freuen.
- Nach ca. 2 Wochen und täglich zweimal üben können Sie schon die Kurzform der Autohypnose ausprobieren, es wird auf jeden Fall schneller gehen, sich zu entspannen

Falls Ruhebilder – selbst die schönsten – nicht mehr wirken, so ersetzen Sie diese durch andere.

Nutzen Sie die Entspannung auch für gezielte Autosuggestionen!
Nach ca. 1 bis 2 Wochen täglicher Übung werden Sie die Einleitung der Autohypnose zielgerichtet kombiniert mit „Selbstbeauftragungen" und „Autosuggestionen" einsetzen können, z. B. zu Beginn einer Lernphase. Nach einer Pause können Sie sich z. B. das wieder „Warmlaufen" erleichtern.

Beispiel „Gezielte Lernvorbereitung":
Verschaffen Sie sich einen kurzen Überblick über die gestellte Aufgabe, indem Sie sich orientieren, z. B.

- Definition einmal durchlesen, in einem Kapitel eines Buches Überschriften, Stichworte ansehen, ohne sie sich merken zu wollen.
- Aufbauschemata durchlesen.
- Bei schriftlichen Ausarbeitungen die Gliederung ansehen, Stichworte lesen.

Das dauert nur wenige Minuten. Durch diese Übersicht ist Ihr Arbeitsspeicher auf die zukünftige Arbeit vorbereitet. Das Gehirn hat Grobinformationen für den kommenden Auftrag und stellt seine Mittel bereit.

Nun legen Sie eine Pause von einer knappen Minute mit einer Kurzentspannung mit geschlossenen Augen ohne Ruhebild ein und betrachten die anstehenden Aufgaben. Jetzt ist der Auftrag (Suggestion) erteilt und Sie können zügig mit der Weiterarbeit beginnen.

Überlegen Sie sich Ihre Autosuggestionen oder „Selbstbeauftragungen" vor der Entspannung. Es kann z. B. auch motivationsförderliches Selbstlob sein („Ich habe schon etwas länger arbeiten können, Pausen besser eingehalten, folgende Dinge erledigt …") oder andere lernförderliche Übungen und Selbstverbalisierungen.

Diese Lerntipps helfen und haben ihre Grenzen!

Autohypnose hilft nur, wenn sie regelmäßig und konsequent, also in der Übungsphase auch mehrmals täglich angewendet wird. Wenn Sie sehr viele Tagträume haben, die eher in Richtung Angstphantasien, Schwarzmalereien oder Realitätsflucht gehen, sollten Sie vorsichtiger mit der Anwendung sein. Sie können natürlich auch einen Experten wie einen Coach zu Rate ziehen. Bei sehr starken Lern- und Leistungsstörungen oder Depressionen, Ängsten, Lebenskrisen sollten Sie einen Psychotherapeuten oder eine Beratungsstelle konsultieren. Unsere Übungen können kein Ersatz dafür sein, sind aber eine hervorragende Grundlage zur direkten Entspannung, aber auch um seine mentalen Techniken an anderer Stelle weiterzuentwickeln (durch Bücher, in Übungsgruppen).

1. Teil
Einführung und Überblick

A. Prüfungsrelevanz

Viele Examenskandidaten[1] neigen dazu, auf dem Feld des Internationalen Privatrechts (IPR) **1** auf „Lücke zu setzen", obwohl dieses Rechtsgebiet für die meisten Studierenden zum Pflicht-stoff gehört. Dieses Risiko sollten Sie nicht eingehen, da ein solches Vorgehen zu Verunsiche-rung führt und mittlerweile immer häufiger schief geht, denn das IPR erfreut sich aufgrund der fortschreitenden Internationalisierung des Rechts zunehmender Beliebtheit bei den Prü-fungsämtern.[2] Dies gilt umso mehr, als das IPR durch die europäischen Rom-Verordnungen einen „Paradigmenwechsel"[3] durchlebt. Aktuelle Rechtsänderungen solchen Umfangs sind traditionell von besonderer Examensrelevanz.[4]

> **Hinweis**
>
> Es besteht kein Mangel an juristischer Ausbildungsliteratur zum IPR. Die hohe Regelungsfre-quenz auf den Gebieten des IPR und des Internationalen Zivilprozessrechts (IZPR) haben indes dazu geführt, dass derzeit nur ein sehr überschaubarer Anteil an Lehrbüchern in halb-wegs aktuellen Auflagen verfügbar ist. Achten Sie daher auf Aktualität, wenn Sie ergänzende Literatur heranziehen.

Schon deshalb spart eine am Aufwand-Nutzen-Verhältnis orientierte Examensvorbereitung das IPR nicht vollständig aus, sondern beschränkt sich auf einen Überblick der prüfungsrele-vanten[5] Grundlagen.[6] Um diesen in knapper Form liefern zu können, haben wir die hohe Komplexität des Stoffes stark reduziert.

Gerade im IPR, das zu den komplexesten Rechtsgebieten überhaupt zählt, sind Grundkennt-nisse, eine gewisse Übersicht und ein geschulter Umgang mit dem Gesetz für das Examen völlig ausreichend. Diesem Umstand Rechnung tragend, werden die folgenden Ausführun-gen dem Examenskandidaten ebenso wie ausländischen Studierenden, die häufig mit dem

---

1 Soweit hier und im Folgenden allein die männliche Form verwendet wird, dient das allein der besseren Lesbarkeit; die weibliche Form soll damit selbstverständlich inbegriffen sein.

2 Vgl. *Staudinger/Steinrötter* JA 2011, 241; allgemein zur Bedeutung der Internationalisierung des Rechts für die juristische Ausbildung *Voßkuhle* JuS 2011 Heft 1 S. III sowie § 5a Abs. 2 S. 2 DRiG.

3 So *Brödermann* NJW 2010, 807.

4 Bestätigt wurde diese Examensrelevanz jüngst durch die zweite Zivilrechtsklausur der Ersten juristischen Staatsprüfung Baden-Württemberg im Herbst 2013, die ohne IPR-Kenntnisse kaum überzeugend bearbei-tet werden konnte.

5 Abschnitte zu versteckten Kollisionsnormen, Substitution, Erst- und Teilfragen, etc. gehören in der IPR-Stu-dienliteratur zum Standard, sind jedoch eher selten Gegenstand von Klausuren und können zumindest im Examen kaum erwartet werden. Auf sie und viele weitere Aspekte mit geringer Prüfungsrelevanz wird bewusst nicht eingegangen, um den Lernaufwand überschaubar zu halten.

6 Vgl. auch *Kadner Graziano* AD LEGENDUM 2013, 136, 143: „Auch die meisten Juristen müssen in ihrem Berufsleben heute mit Fällen mit Auslandsberührung rechnen. Angesichts der praktischen Bedeutung des IPR sind Studierende heute daher gut beraten, sich zumindest mit den Grundlagen vertraut zu machen […]".

IPR befasst sind, das nötige Grundlagenwissen vermitteln; den Studierenden im Schwerpunktbereich IPR mögen sie den Einstieg in das Rechtsgebiet erleichtern und zur Vertiefung anregen, wozu nicht zuletzt die zahlreichen Verweise in den Fußnoten dienen.

> **Hinweis**
>
> Herr Professor Dr. Stephan Lorenz von der LMU München stellt seine exzellenten Vorlesungen als Podcast unter http://lorenz.userweb.mwn.de/podcastallg.htm kostenlos zur Verfügung. Schwerpunktkandidaten sei die Vorlesung zum IPR wärmstens empfohlen! Außerdem können Sie unter http://lorenz.userweb.mwn.de/lehre/ipr/index.htm leicht Zugriff auf aktuelle und zentrale Rechtsprechung zum IPR/IZPR nehmen.

B. Begriff, Bedeutung und Gegenstand des IPR

2 „Es gilt das Grundgesetz, und nicht die Scharia", behauptete Bundeskanzlerin Angela Merkel am 6.10.2010.[7] Tatsächlich müssen auch deutsche Gerichte ihre Urteile mitunter auf der Grundlage ausländischer Gesetze wie der Scharia fällen.[8] Wann dies der Fall ist, darüber entscheidet das IPR.

Der Begriff IPR ist irreführend. Auch wenn das IPR mehr und mehr durch Staatsverträge und Europarecht geregelt wird, handelt es sich zumindest traditionell um **nationales** Recht.[9] Seinen internationalen Charakter erhält es dadurch, dass es nur **bei Sachverhalten mit Auslandsbezug** Anwendung findet.

Beispiel Wenn ein deutsches Gericht mit der Frage befasst ist, ob dem Scheidungsantrag der Inländerin F, die seit sechs Monaten von ihrem deutschen Ehemann E getrennt lebt, zu entsprechen ist, wird es die Antwort nach deutschem Recht (hier: §§ 1565, 1566 BGB) ermitteln. Mangels Berührungspunkten zu ausländischen Rechtsordnungen spielt das IPR keine Rolle ■

Im Zeitalter der Globalisierung sind grenzüberschreitende Sachverhalte häufiger geworden. Internet, Migration, Import und Export von Waren, weltweites Reisen, kurz: die **Internationalisierung der Lebensverhältnisse** führt zu einem steten **Bedeutungszuwachs des IPR** – in der Ausbildung wie in der gerichtlichen Praxis.[10]

---

7 Zitiert nach Spiegel Online v. 8.10.2010, abrufbar unter: http://www.spiegel.de/politik/deutschland/familien-und-erbrechtsfaelle-deutsche-gerichte-wenden-scharia-an-a-722220.html (Abruf hier und im Folgenden jeweils v. 10.1.2015).

8 Verletzt das deutsche Gericht seine Pflicht aus § 293 ZPO zur Ermittlung ausländischen Rechts, kann diese Rechtsverletzung mit dem Rechtsmittel der Revision als Verfahrensrüge geltend gemacht werden (vgl. *BGH* NJW 2014, 1244 sowie *BGH* NJW 1992, 2026, 2029). Die fehlerhafte Anwendung ausländischen Rechts ist hingegen nicht revisibel nach § 545 Abs. 1 ZPO (siehe *BGH* JZ 2014, 102 = NJW 2013, 3656 m. Anm. *Riehm* JZ 2014, 73 sowie *Roth* NJW 2014, 1224).

9 Vgl. nur *Kadner Graziano* AD LEGENDUM 2013, 136, 138 f.

10 Vgl. *Kadner Graziano* AD LEGENDUM 2013, 136, 143.

Aufgabe des IPR ist es nicht, die Antwort auf die Rechtsfrage in der Sache zu liefern **3** (im *Beispiel* Rn. 2: Ist dem Scheidungsantrag zu entsprechen?), sondern die vorgelagerte Frage zu klären, welches Sachrecht (z.B. deutsches BGB, französischer Code Civil, italienischer Codice Civile, etc.) zur Ermittlung des Ergebnisses überhaupt heranzuziehen ist.

Beispiel Wenn anders als im obigen *Beispiel* (Rn. 2) F und E nicht deutsche sondern französische Staatsangehörige sind, wird sich das deutsche Gericht aufgrund des jetzt bestehenden Auslandsbezugs zunächst die Frage stellen, ob es das BGB oder den französischen Code Civile anzuwenden hat. Allein darüber entscheidet das IPR.

Wie das vorliegende *Beispiel* zeigt, kann diese „Vorentscheidung" das Gesamtergebnis durchaus beeinflussen: Im französischen Familienrecht ist der Scheidungsantrag im Unterschied zu § 1566 BGB an keine Frist des Getrenntlebens gebunden, sodass das Gericht dem Scheidungsantrag der F anders als im obigen *Beispiel* (Rn. 2) entsprechen müsste, wenn französisches Scheidungsrecht anwendbar wäre. ▪

C. Ziele des IPR

Jede Rechtsordnung ist auf Inlandsfälle zugeschnitten, für die sie eine gerechte Lösung als **4** Idealziel bereit zu halten versucht. Was jedoch bei Inlandssachverhalten gerecht sein mag, kann bei Fällen mit Auslandsbezug wegen der unterschiedlichen rechtlichen und tatsächlichen Gegebenheiten zu offensichtlichen Ungerechtigkeiten führen. Um dies zu vermeiden, versucht das IPR diejenige Rechtsordnung zur Anwendung zu bringen, die dem Auslandssachverhalt am nächsten steht und deshalb für gerechte Entscheidungen am ehesten geeignet ist (sog. **„Prinzip der engsten Verbindung"**). Dabei gilt für Sachverhalte mit überwiegendem Auslandsbezug die Anwendung ausländischen Rechts als im Grundsatz angemessener.[11]

Das dem Ideal der Gerechtigkeit verpflichtete „Prinzip der engsten Verbindung" ist jedoch **5** in hohem Maße unbestimmt. Es geht auf Kosten eines anderen Idealziels: Dem der **Rechtssicherheit**, das für berechenbare Entscheidungen feste Regeln fordert. Um beiden Idealzielen möglichst nahe zu kommen, folgen internationalprivatrechtliche Vorschriften (Kollisionsnormen) einer Mischung aus festen Regeln und dem flexiblen „Prinzip der engsten Verbindung".

Als drittes Ziel verfolgt das IPR größtmöglichen **Entscheidungseinklang**.[12] Damit ist zum **6** einen gemeint, dass der Ausgang eines Rechtsstreits nicht davon abhängen soll, ob der Kläger im In- oder im Ausland klagt; stattdessen soll dieselbe Rechtsfrage möglichst in allen Staaten nach demselben Recht beurteilt werden (sog. **internationaler Entscheidungseinklang**). Zum anderen sollen dieselben Rechtsfragen durch inländische Gerichte und Behörden möglichst einheitlich beurteilt werden (sog. **interner Entscheidungseinklang**). Denn es wäre nicht sachgerecht, wenn z.B. eine Ehe von der Passbehörde bei der Namenseintragung als wirksam angesehen wird, das Gericht dem Ehegatten jedoch deshalb kein Zeugnisverweigerungsrecht einräumt, weil es von der Unwirksamkeit der Ehe ausgeht.

---

11 *Kropholler* IPR § 4 I S. 24.
12 *Sendmeyer* JURA 2011, 588, 589.

D. Systematik des inländischen IPR

7   Das IPR besteht aus einem allgemeinen (Art. 3–6 EGBGB[13]) und einem besonderen Teil (Art. 7–46). Wie im BGB enthält der kurze allgemeine Teil Grundregeln, die grundsätzlich auf allen Gebieten des IPR gelten.[14] Anders als im BGB gehören das Recht der natürlichen Personen und der Rechtsgeschäfte (Art. 7–12) nicht zum allgemeinen Teil, sondern bilden den Auftakt zum besonderen Teil des IPR. Dieser gliedert sich weiter in das Internationale Familienrecht (Art. 13–24), das schlanke Internationale Erbrecht (Art. 25–26), das ab dem 17.8.2015 durch vorrangiges Verordnungsrecht (EuErbVO) geregelt wird, das Recht der außervertraglichen Schuldverhältnisse (Art. 38–42), das jedoch seit dem 11.1.2009 weitgehend durch europäisches Verordnungsrecht (Rom II-VO) verdrängt wird, und das Internationale Sachenrecht (Art. 42–46). Die danach folgenden Artikel des EGBGB sind kaum prüfungsrelevant. Allenfalls die Übergangsvorschriften in Art. 220, 230 und 236 könnten noch Bedeutung erlangen, lassen sich aber durch schlichtes Lesen erschließen. Nicht mehr im EGBGB enthalten ist das Internationale Vertragsrecht. Es hat sich bis zum 17.12.2009 in den mittlerweile aufgehobenen Art. 27–37 EGBGB a.F. befunden. Seit dem 17.12.2009 ist es durch die Rom I-VO europäisch einheitlich geregelt. Bislang nicht kodifiziert ist das Internationale Gesellschaftsrecht. Es beruht wie das Stellvertretungsrecht weitgehend auf Richterrecht. Nach einem Gesetzentwurf des Bundesministeriums der Justiz vom 7.1.2008 soll es aber in Zukunft im EGBGB kodifiziert werden.

E. Historische Entwicklung

8   In der Antike gab es noch kaum Kollisionsrecht.[15] Die Römer wendeten für Fremde den Teil des eigenen Rechts an, der ihrer Ansicht nach Gemeingut aller Völker war (sog. *ius gentium*).[16] Von Oberitalien ausgehend, entwickelte sich ab dem frühen 19. Jahrhundert die sog. **Statutenlehre**, die drei verschiedene Statute (lat. *statuta* = Gesetz) vorsah: *statuta personalia*, *statuta realia*, *statuta mixta*. Für Fragen der Person (z. B. Handlungsfähigkeit) sollte nach der *statuta personalia* das Heimatrecht des Fremden gelten, für Immobilien gemäß der *statuta realia* das Recht des Ortes, an dem sich die unbewegliche Sache befand, und für alle anderen Angelegenheiten (z.B. Delikte) galt nach dem Auffangtatbestand der *statuta mixta* grundsätzlich das Recht des Handlungsortes. Die unscharfen Grenzen dieser drei Kategorien ließen eine eindeutige Zuordnung im Einzelfall jedoch kaum zu. Mit der Kritik von *Carl Georg von Wächter* in den Jahren 1841/42 fand die Statutenlehre daher ihr Ende.[17] An ihre Stelle trat die Entwicklung des modernen IPR, die eng mit den Namen *Joseph Story*, *Pasquale Mancini* und insbesondere **Friedrich Carl von Savigny** (1779-1861) verbunden ist.[18]

---

13   **Artikel ohne Gesetzesbezeichnung sind im Folgenden solche des EGBGB.**

14   Der europäische Gesetzgeber ist zwar bereits auf zahlreichen Gebieten des IPR tätig geworden; einen allgemeinen Teil hat er für das europäische IPR aber bislang nicht erlassen. Ausführlich zur Erforderlichkeit eines solchen allgemeinen Teils (plastisch als „Rom 0-VO" bezeichnet) *Leible* in: FS Martiny 2014, 429 ff.; Hinweise zu einem Normierungsvorschlag finden sich in *Mansel/Thorn/Wagner* IPRax 2013, 1, 2.

15   *Kegel/Schurig* § 3 I S. 162.

16   Vgl. *Rauscher* § 1 Rn. 21.

17   *Gebauer* JZ 2011, 213, 220; *Rauscher* § 1 Rn. 29.

18   Eingehende Behandlung mit Abbildungen *Kegel/Schurig* § 3 IX-XI S. 181 ff.; knapper *Rauscher* § 1 Rn. 30 ff.

> **Hinweis** 9
>
> Beachten Sie, dass der häufig gebrauchte Begriff „**Statut**" zumeist nicht in diesem histori-
> schen Sinne verstanden wird, sondern die zur Anwendung berufene Rechtsordnung als
> Ergebnis der kollisionsrechtlichen Prüfung meint.[19]

F. Rechtsquellen des IPR und ihre Rangfolge

Zu den Wesensmerkmalen des IPR gehört die teils schwer durchschaubare Gemengelage 10
von Europarecht, staatsvertraglichen Regelungen und autonomem deutschen Recht.

> **Hinweis**
>
> Lassen Sie sich davon nicht abschrecken, sondern verstehen Sie diese „Rechtsquellenplurali-
> tät" als Chance. Während in einer typischen Zivilrechtsklausur die heranzuziehende Rechts-
> quelle meist offensichtlich ist, werden „IPR-Klausuren" häufig nach einem nicht einschlägigen
> Gesetz bearbeitet. Dies zu vermeiden ist nicht schwer. Denn in Prüfungen werden nur Kennt-
> nis und Zusammenspiel einer sehr begrenzten Anzahl nationaler und internationaler Kollisi-
> onsnormen erwartet. Mit deren Beherrschung werden Sie in der Klausur punkten können:
> Weil das Aufspüren der richtigen Rechtsquelle bereits zu den Herausforderungen im IPR
> gehört, an der etliche Kandidaten scheitern, zahlen sich die Kenntnis der wesentlichen
> Rechtsquellen und ihrer Rangfolge aus. Um die entsprechenden Verordnungen und Staats-
> verträge nachfolgend leichter auffinden zu können, werden jeweils die Fundstellen in den
> Gesetzessammlungen *Jayme/Hausmann* (im Folgenden: *J/H*) und *Arzt/Staudinger* (im Folgen-
> den: *A/S*) in den Fußnoten mit angegeben.

I. Europäisches Recht

Der Einfluss des Europarechts auf das nationale IPR wächst stetig. Art. 81 AEUV liefert der EU 11
die dafür nötige Kompetenzgrundlage. Die Motive für den europäischen Vereinheitlichungs-
prozess, an dem der Mitgliedstaat **Dänemark nicht beteiligt** ist,[20] sind vielfältig:

- Erstens verkompliziert die Vielfalt an nationalen IPR-Vorschriften die Bestimmung des
  anwendbaren Rechts und führt so zu erhöhten Rechtsfindungs- und Transaktionskosten.[21]
- Zweitens birgt es die Gefahr des sog. *forum shopping*, bei dem der Kläger seine Klage in
  demjenigen Land anhängig macht, dessen nationales IPR zur Anwendung eines für ihn
  günstigen Sachrechts führt.
- Drittens werden Rechtsverhältnisse seltener nach einem Recht als wirksam und nach
  einem anderen als unwirksam angesehen (sog. **hinkende Rechtsverhältnisse**). Diese
  Nachteile nationaler IPR-Gesetzgebung werden durch Kollisionsrechtsvereinheitlichung
  abgebaut.

---

19 Vgl. *Hoffmann/Thorn* § 2 Rn. 33.
20 *Magnus* IPRax 2010, 27, 30; auch das Vereinigte Königreich beteiligt sich in jüngerer Zeit kaum noch an
   der justiziellen Zusammenarbeit in Zivilsachen, siehe *R. Wagner* NJW 2012, 1333, 1338.
21 *Obergfell* IPRax 2005, 9, 10.

- Schließlich bringt die sukzessive Ablösung völkerrechtlicher Verträge[22] durch europäisches Verordnungsrecht den Vorteil, dass bei Aufnahme neuer Staaten in die EU nicht erst Beitrittsübereinkommen geschlossen werden müssen, um die IPR-Vorschriften zur Geltung zu bringen.[23] Es bedarf auch keiner Ratifizierung von Protokollen mehr, um die Auslegungskompetenz des *EuGH* zu begründen; diese stellt sich gem. Art. 267 Abs. 1 AEUV vielmehr automatisch ein.[24]

1.   EU-Verordnungen

12   Das Verordnungsrecht der EU bildet neben dem deutschen EGBGB heute die Hauptquelle des IPR. Im Unterschied zum EGBGB, das alle wichtigen nationalen Kollisionsnormen in einem Gesetz bündelt, verteilt sich das europäische Kollisionsrecht auf eine Vielzahl einzelner Verordnungen.

Für das Examen wichtig sind insbesondere:
- Die Rom I-VO,[25] die in den Art. 1–29 das Internationale Vertragsrecht regelt,
- die Rom II-VO,[26] die in den Art. 1–32 das Recht der außervertraglichen Schuldverhältnisse regelt,
- die Rom III-VO[27] zum Internationalen Scheidungsrecht, und
- die EuErbVO[28] zum Internationalen Erbrecht.

Darüber hinaus befinden sich einige Verordnungen derzeit in Planung, v.a.:
- Die Rom IV-VO[29] zum Internationalen Güterrecht und
- die EuKaufVO,[30] die ein für die Europäische Union einheitliches Kaufrecht zur Verfügung stellen soll.

> **Hinweis**
>
> Für mündliche Prüfungen ist das Wissen um diese Verordnungen wichtig. Daher wird an geeigneter Stelle näher auf sie eingegangen. Versuchen Sie die Entwicklung im Auge zu behalten – mit Inkrafttreten werden die jeweiligen Verordnungen auch im schriftlichen Examen relevant.

---

22 Dazu sogleich unter Rn. 16 ff.

23 *Knöfel* RdA 2006, 269, 270; *R. Wagner* EuZW 1999, 709, 710.

24 Vgl. *Hohloch* in: FS Stoll 2001, 533, 547.

25 Verordnung (EG) Nr. 593/2008 des Europäischen Parlaments und des Rates über das auf vertragliche Schuldverhältnisse anzuwendende Recht („Rom I") [*J/H* Nr. 80; *A/S* Nr. A13]; dazu Rn. 148 ff.

26 Verordnung (EG) Nr. 864/2007 des Europäischen Parlaments und des Rates über das auf außervertragliche Schuldverhältnisse anzuwendende Recht („Rom II") [*J/H* Nr. 101; *A/S* Nr. A10]; dazu Rn. 175 ff.

27 Verordnung (EU) Nr. 1259/2010 des Rates zur Durchführung einer Verstärkten Zusammenarbeit im Bereich des auf die Ehescheidung und Trennung ohne Auflösung des Ehebandes anzuwendenden Rechts [*J/H* Nr. 34]; dazu Rn. 109 ff.

28 Verordnung (EU) Nr. 650/2012 des europäischen Parlaments und des Rates über die Zuständigkeit, das anzuwendende Recht, die Anerkennung und Vollstreckung von Entscheidungen und die Annahme und Vollstreckung öffentlicher Urkunden in Erbsachen sowie zur Einführung eines Europäischen Nachlasszeugnisses [*J/H* Nr. 61]; dazu Rn. 134 ff.

29 KOM 2011, 126 zum Ehegüterrecht und KOM 2011, 127 zu eingetragenen Lebenspartnerschaften.

30 Vorschlag für eine Verordnung (EU) des Europäischen Parlaments und des Rates über ein Gemeinsames Europäisches Kaufrecht [*J/H* Nr. 81]; dazu Rn. 172.

Weniger prüfungsrelevant sind europäische Richtlinien und die folgenden (überwiegend **13** verfahrensrechtlichen) Verordnungen, von deren Existenz Sie jedoch wissen sollten:[31]

- Die seit dem 13.11.2008 geltende Europäische Zustellungsverordnung (EuZustellVO),[32]
- die seit dem 12.12.2008 geltende Europäische Mahnverfahrensverordnung (EuMVVO),[33]
- die seit dem 1.1.2004 geltende Europäische Beweisverordnung (EuBVO),[34]
- die seit dem 1.1.2009 geltende Europäische Bagatellverordnung (EuBagatellVO),[35]
- die seit dem 21.10.2005 geltende Verordnung zur Einführung eines europäischen Vollstreckungstitels für unbestrittene Forderungen (EuTVO),[36]
- die seit dem 31.5.2002 geltende Europäische Insolvenzverordnung (EuInsVO),[37]
- die ab dem 11.5.2015 geltende Verordnung zur Anerkennung von Schutzanordnungen.[38]

2. Innergemeinschaftliche Staatsverträge

Der Abschluss von völkerrechtlichen Verträgen zwischen der EU und den Mitgliedstaaten war **14** lange Zeit das dominierende Handlungsinstrument der EU auf dem Gebiet des IPR. Die prominentesten *Beispiele* sind das EuGVÜ vom 27.9.1968,[39] das seit dem 1.3.2002 durch die EuG-VO[40] weitgehend abgelöst wurde, und das EVÜ[41] vom 19.6.1980, das außer im Verhältnis zu Dänemark durch die Rom I-VO vom 17.12.2009 ersetzt wurde. Wie diese *Beispiele* verdeutlichen, haben innergemeinschaftliche Staatsverträge im IPR heute kaum noch Bedeutung.

---

31 Einen Überblick zu den meisten dieser Verordnungen gibt *Sujecki* EuZW 2010, 448 ff.

32 Verordnung (EG) Nr. 1393/2007 des Europäischen Parlaments und des Rates über die Zustellung gerichtlicher und außergerichtlicher Schriftstücke in Zivil- oder Handelssachen in den Mitgliedstaaten v. 13.11.2007 [*J/H* Nr. 224; *A/S* Nr. A12]; knapp dazu *Finger* FuR 2006, 56, 65 f.; ausführlicher *Rauscher* § 14 Rn. 1636 ff.

33 Verordnung (EG) Nr. 1206/2001 des Europäischen Parlaments und des Rates zur Einführung eines Europäischen Mahnverfahrens v. 12.12.2006 [*J/H* Nr. 185; *A/S* Nr. A8]; dazu *Rauscher* § 20 Rn. 2406 ff.

34 Verordnung (EG) Nr. 1206/2001 des Rates über die Zusammenarbeit zwischen den Gerichten der Mitgliedstaaten auf dem Gebiet der Beweisaufnahme in Zivil- oder Handelssachen v. 28.5.2001 [*J/H* Nr. 225; *A/S* Nr. A4]; dazu *Rauscher* § 18 Rn. 2202 ff.

35 Verordnung (EG) Nr. 861/2007 des Europäischen Parlaments und des Rates zur Einführung eines europäischen Verfahrens für geringfügige Forderungen v. 11.7.2007 [*J/H* Nr. 186; *A/S* Nr. A9]; dazu *Rauscher* § 20 Rn. 2430 ff.; da die EuBagatellVO in der Praxis kaum zur Anwendung kommt, unterliegt sie einer Reformdiskussion, siehe hierzu *R. Wagner* NJW 2014, 1862, 1863 f.

36 Verordnung (EG) Nr. 805/2004 des Europäischen Parlaments und des Rates zur Einführung eines europäischen Vollstreckungstitels für unbestrittene Forderungen v. 21.4.2004 [*J/H* Nr. 184; *A/S* Nr. A7]; dazu Rn. 298 ff. sowie *Rauscher* § 20 Rn. 2353 ff.

37 Verordnung (EG) Nr. 1346/2000 des Rates über Insolvenzverfahren v. 29.5.2000 [*J/H* Nr. 260; *A/S* Nr. A2]; dazu *Ehricke/Ries* JuS 2003, 313-320; *Flessner* RabelsZ 70, 2006, 453-457.

38 Verordnung (EU) Nr. 606/2013 des Europäischen Parlaments und des Rates v. 12.6.2013 über die gegenseitige Anerkennung von Schutzmaßnahmen in Zivilsachen; dazu knapp *R. Wagner* NJW 2014, 1862.

39 Brüsseler EWG-Übereinkommen über die gerichtliche Zuständigkeit und die Vollstreckung gerichtlicher Entscheidungen in Zivil- und Handelssachen v. 27.9.1968; dazu *Hoffmann/Thorn* § 3 Rn. 182 ff.

40 Verordnung (EU) Nr. 1215/2012 des Europäischen Parlaments und des Rates über die gerichtliche Zuständigkeit und die Anerkennung und Vollstreckung von Entscheidungen in Zivil- und Handelssachen v. 12.12.2012 [*J/H* Nr. 160b]; dazu Rn. 230 ff.

41 Römisches EWG-Übereinkommen über das auf vertragliche Schuldverhältnisse anzuwendende Recht v. 19.6.1980.

3. Richterrecht

15 Schließlich bildet die Rechtsprechung des *EuGH* eine europäische Rechtsquelle, die durch die Zunahme an europäisiertem Kollisionsrecht an Einfluss gewinnt. Der Gerichtshof entscheidet letztverbindlich über die Auslegung von Verordnungs- und Richtlinienrecht. Aus dem Kanon der bekannten Auslegungsmethoden greift der *EuGH* verstärkt auf die systematisch-teleologische Auslegung zurück und betont das Effizienzgebot (*effet utile*) des europäischen Rechts;[42] das hat zur Folge, dass der Anwendungsbereich europäischen Sekundärrechts tendenziell weit ausgelegt wird.[43] Insbesondere das Europäische Zivilverfahrens- und das Internationale Gesellschaftsrecht sind in hohem Maße durch die Rechtsprechung des *EuGH* geprägt.

II. Völkerrechtliche Staatsverträge

16 Völkerrechtliche Staatsverträge werden zwischen mindestens zwei Staaten geschlossen. Zweiseitige Verträge (Abkommen) werden als bilateral bezeichnet. Wenn mehr als zwei Vertragspartner beteiligt sind, wird von multilateralen Verträgen (Übereinkommen) gesprochen.[44] Letzteren kommt deutlich größere Bedeutung im IPR zu.[45]

17 Daneben können völkerrechtliche Verträge nach ihrem Wirkungsbereich unterschieden werden: Sie können auf Gegenseitigkeit beruhen oder allseitig (als sog. *loi uniforme*) gelten. Ersteres meint, dass der Vertrag nur im Verhältnis der Vertragsstaaten zueinander anwendbar ist (so etwa Art. 8 des Haager Eheschließungsabkommens[46]). Sofern der Vertrag dagegen als *loi uniforme* ausgestaltet ist, gilt er auch im Verhältnis zu Nichtvertragsstaaten/Drittstaaten.

Beispiel[47] In Österreich hatte der Oberste Gerichtshof (*OGH*) über einen Verkehrsunfall zwischen einem deutschen Lkw und einem österreichischem Sattelzug zu entscheiden. Der Unfall ereignete sich in Deutschland.

Der *OGH* wendete zur Ermittlung des anwendbaren Rechts das Haager Straßenverkehrsunfall-Übereinkommen[48] an, obwohl allein Österreich, nicht aber Deutschland Vertragsstaat dieses Übereinkommens ist. Die Entscheidung des *OGH* ist deshalb zutreffend, weil das Straßenverkehrsunfall-Übereinkommen nach seinem Art. 11 als *loi uniforme* ausgestaltet ist. ■

1. Multilaterale Verträge

18 Die multilateralen Regelwerke werden überwiegend von der 1893 gegründeten Haager Konferenz für Internationales Privatrecht (HccH) konzipiert und von Mitgliedern[49] der HccH ratifiziert.[50]

---

42 Vgl. *EuGH* NJW 2014, 1648, 1649.

43 *M. Stürner* in: R. Stürner 2013, 1071, 1072 ff.

44 *Kropholler* IPR § 9 IV 1 S. 66.

45 *Rauscher* § 1 Rn. 95.

46 Haager Abkommen zur Regelung des Geltungsbereichs der Gesetze auf dem Gebiete der Eheschließung v. 12.6.1902 [J/H Nr. 30].

47 Nach *OGH* JBl. 1984, 505.

48 Haager Übereinkommen über das auf Straßenverkehrsunfälle anzuwendende Recht v. 4.5.1971 [J/H Nr. 100].

49 Derzeit hat die Konferenz 78 Mitgliedstaaten. Sie sind aufgelistet unter: http://www.hcch.net/index_de.php?act=states.listing (Abruf v. 30.1.2015). Seit 2007 ist auch die Europäische Union Mitglied, siehe *Kadner Graziano* AD LEGENDUM 2013, 136, 139.

50 Weiterführend zur Haager Konferenz für Internationales Privatrecht *R. Wagner* JURA 2011, 891 ff.

Manche dieser Verträge sind nicht mehr in Geltung oder von Deutschland nicht ratifiziert.[51] Für Klausuren kommt aber ohnehin nur eine überschaubare Anzahl der von Deutschland ratifizierten Übereinkommen in Frage, insbesondere folgende, auf die zum Teil später näher eingegangen wird:

- Haager Kindesschutzübereinkommen (KSÜ),[52] das am 1.1.2011 das Haager Minderjährigenschutzabkommen (MSA)[53] ersetzt hat,
- Haager Erwachsenenschutzübereinkommen (ESÜ),[54] das am 1.1.2009 in Kraft trat und heute im Verhältnis zu Frankreich, Schottland und der Schweiz gilt,
- Haager Unterhaltsstatutübereinkommen 1973,[55] das außer im Verhältnis zu Belgien, Liechtenstein und Österreich dem Haager Unterhaltsstatutübereinkommen 1956[56] vorgeht,
- Haager Testamentsformübereinkommen (HTestFÜ),[57]
- Haager Eheschließungsabkommen,[58] das nur im Verhältnis zwischen Deutschland und Italien gilt,
- Haager Kindesentführungsübereinkommen (HKEntfÜ).[59]

2. Bilaterale Verträge

19 Auf dem Gebiet des IPR sind bilaterale Abkommen höchst selten. *Beispiele* bilden das deutsch-türkische Nachlassabkommen vom 28.5.1929 sowie das deutsch-iranische Niederlassungsabkommen vom 17.2.1929. Prüfungsrelevant dürfte am ehesten der deutsch-amerikanische Freundschafts-, Handels- und Schifffahrtsvertrag vom 29.4.1954 sein.[60]

III. Nationales Recht

1. EGBGB

20 Wichtigste Rechtsquelle des deutschen IPR ist das EGBGB, das mit dem BGB am 1.1.1900 in Kraft trat. Tiefgreifende Änderungen erfuhr es durch Reformen vom 1.9.1986 und 1.6.1999. Durch die Reform von 1999 wurden die Art. 38–46 geschaffen.[61] 2009 ist das EGBGB insbe-

---

51 Auflistung bei *Rauscher* § 1 Rn. 98 f.

52 Haager Übereinkommen über die Zuständigkeit, das anzuwendende Recht, die Anerkennung, Vollstreckung und Zusammenarbeit auf dem Gebiet der elterlichen Verantwortung und Maßnahmen zum Schutz von Kindern v. 19.10.1996 [J/H Nr. 53]; dazu Rn. 117 ff. und Rn. 273.

53 Haager Übereinkommen über die Zuständigkeit der Behörden und das anzuwendende Recht auf dem Gebiet des Schutzes von Minderjährigen v. 5.10.1961 [J/H Nr. 52]; dazu Rn. 119 ff. und Rn. 283.

54 Haager Übereinkommen über den internationalen Schutz von Erwachsenen v. 13.1.2000 [J/H Nr. 20]; dazu Rn. 124 und Rn. 283; umfassend dazu *Ludwig* DNotZ 2009, 251 ff.

55 Haager Übereinkommen über das auf Unterhaltpflichten anzuwendende Recht v. 2.10.1973 [J/H Nr. 41].

56 Haager Übereinkommen über das auf Unterhaltpflichten gegenüber Kindern anzuwendende Recht v. 24.10.1956 [J/H Nr. 40].

57 Haager Übereinkommen über das auf die Form letztwilliger Verfügungen anzuwendende Recht v. 5.10.1961 [J/H Nr. 60].

58 Haager Abkommen zur Regelung des Geltungsbereichs der Gesetze auf dem Gebiete der Eheschließung v. 12.6.1902 [J/H Nr. 30].

59 Haager Übereinkommen über die zivilrechtlichen Aspekte internationaler Kindesentführung v. 25.10.1980 [J/H Nr. 222]; dazu *Rauscher* § 8 Rn. 964 ff. sowie *Martiny* FPR 2010, 493 ff.

60 Dazu später unter Rn. 76.

61 Näher dazu *Spickhoff* NJW 1999, 2209; *Kegel/Schurig* § 4 II S. 205 ff.

sondere durch die Neufassung der Art. 3 und 3a sowie den Wegfall der Art. 27–37 EGBGB a.F. umgestaltet worden.[62]

Auch außerhalb des EGBGB finden sich vereinzelt deutsche Kollisionsnormen (etwa in Art. 91 ff. WechselG, § 32b UrhG, § 17a DepotG und §§ 335 ff. InsO), die jedoch kaum prüfungsrelevant sind.

2. Richterrecht

21   Nationales Richterrecht ist v.a. für den allgemeinen Teil des IPR prägend, welcher durch Art. 3–6 nur fragmentarisch geregelt ist. Dort finden sich beispielsweise keine Normen zu Qualifikation und Vorfragen (dazu unten Rn. 29 f., 57 f.). Jene Lücken werden ebenso wie die fehlenden Regelungen zu Stellvertretungsfragen und zum Internationalen Gesellschaftsrecht durch Richterrecht gefüllt.[63]

IV. Rangfolge

22   Über die Rangfolge der Rechtsquellen gibt der mit Wirkung **zum 17.12.2009 neu gefasste Art. 3** Aufschluss. Nach dieser **deklaratorischen Norm** genießen gemeinschaftsrechtliche Regelungen (Nr. 1) und staatvertragliche Regelungen (Nr. 2) Vorrang gegenüber dem EGBGB.

23   Komplizierter ist das Verhältnis zwischen Gemeinschaftsrecht und Staatverträgen.[64] Die Verordnungen legen es jeweils in ihren schwer erschließbaren Formulierungen in Art. 25 Rom I-VO bzw. Art. 28 Rom II-VO selbst fest. Vereinfachend genügt es sich diejenigen prüfungsrelevanten Staatsverträge zu merken, die dem Unionsrecht vorgehen, und im Übrigen immer von der vorrangigen Anwendung des Verordnungsrechts auszugehen:

Vorrangig gegenüber der Rom I-VO ist insbesondere das Fragen des Warenkaufs betreffende **CISG**.[65]

Vorrangig gegenüber der Rom II-VO ist v.a. das Haager Straßenverkehrsunfall-Übereinkommen.[66]

> **Hinweis**
>
> Letzteres Übereinkommen dürfte allenfalls im Schwerpunkt IPR geprüft werden. Die Kenntnis des CISG und dessen Vorrang gehören dagegen zum wichtigen Grundlagenwissen, weshalb später näher darauf einzugehen ist (Rn. 141 ff.).

---

62 Vgl. die beiden Gesetze zur Anpassung an die Vorschriften des Internationalen Privatrechts an die Verordnung (EG) Nr. 864/2007 („Rom II") und Nr. 593/2008 („Rom I") v. 10.12.2008 bzw. v. 25.6.2009.
63 Dazu näher unter Rn. 67 ff. und Rn. 73 ff.
64 Hierzu knapp *Brödermann/Rosengarten* Rn. 13 und Rn. 53.
65 Wiener UN-Übereinkommen über Verträge über den internationalen Warenkauf v. 11.4.1980 [*J/H* Nr. 77; *A/S* Nr. B1]; dazu unter Rn. 141 ff.
66 Vgl. *G. Wagner* IPRax 2008, 1, 3.

G. Nachbargebiete

I. Rechtsvergleichung[67]

Wie es der Begriff nahelegt, stellt die Rechtsvergleichung verschiedene Rechtsordnungen **24** gegenüber und vergleicht sie. Dies ist für das IPR v.a. deshalb von Interesse, weil am Ende der Ermittlung des anwendbaren Rechts häufig ausländisches Recht steht, das durch die Rechtsvergleichung näher beleuchtet wird. Aber auch innerhalb der kollisionsrechtlichen Prüfung kann ausländisches Recht von Bewandtnis sein.[68] Die Rechtsvergleichung wird daher zu den „Hilfswissenschaften" des IPR gezählt.[69]

II. Recht der Schiedsgerichtsbarkeit[70]

In der Praxis ist das Recht der Schiedsverfahren häufig mit internationalprivatrechtlichen Fra- **25** gen verwoben. Über 60 Prozent der großen europäischen Unternehmen ziehen schiedsgerichtliche Verfahren einer Streitbeilegung durch staatliche Gerichte vor. Das Recht der Schiedsgerichtsbarkeit betrifft die Streitbeilegung durch ein nicht-staatliches Gericht, das in der sog. Schiedsvereinbarung von den Beteiligten ausgewählt wird. In der Schiedsvereinbarung wird i.d.R. zugleich das Recht festgelegt, das die Schiedsgerichte anzuwenden haben.

III. Internationales Zivilverfahrensrecht[71]

Im Unterschied zum IPR befasst sich das Internationale Zivilverfahrensrecht (IZVR) mit der **26** grenzüberschreitenden Durchsetzung von Ansprüchen. Es geht also anders als im IPR nicht um die Ermittlung des anwendbaren Rechts, sondern um Prozessrecht, das bei Sachverhalten mit Auslandsberührung das gerichtliche Verfahren, insbesondere die internationale Zuständigkeit, regelt.

> **Hinweis**
>
> Im Unterschied zur Rechtsvergleichung und zum Schiedsverfahrensrecht wird das Internationale Zivilverfahrensrecht in Ausbildung und Literatur meist zusammen mit dem IPR behandelt. Diesem Aufbau wird auch hier gefolgt, denn (Fall-)Klausuren suchen oft den Einstieg über das IZVR („Wo kann X klagen?"), um sich im Anschluss schwerpunktmäßig dem IPR zuzuwenden („Welches Sachrecht wird das Gericht anwenden?").

---

67 Knappe Darstellung mit Übungsfällen dazu bei *Koch/Magnus/Mohrenfels* § 13-§ 16.
68 Etwa für Fragen der Rück- und Weiterverweisung, dazu später Rn. 54 f.
69 So *Hofmann/Thorn* § 1 Rn. 98.
70 Einführend hierzu *Schmidt-Ahrendts/Schmitt* JURA 2010, 520 ff.; *Bechte* ZJS 2011, 307 ff.; *Rudkowski* JuS 2013, 398 ff.; zu jüngeren Entwicklungen in der Rechtsprechung *Kröll* NJW 2011, 1265 ff.; zu Vor- und Nachteilen der Schiedsgerichtsbarkeit *Markgraf* JuS 2013, 1090 ff. sowie *Hamann/Lennarz* JA 2012, 801 ff.
71 Dazu hier ab Rn. 227.

2. Teil
Allgemeiner Teil des IPR

A. Kollisionsnormen

I. Unterschied zu Sachnormen

27 Sachnormen als materiell-rechtliche Regelungen betreffen die Rechtslage unmittelbar. Demgegenüber bestimmen Kollisionsnormen als Verweisungsregeln die Rechtsordnung, die auf den Sachverhalt Anwendung findet. Im Unterschied zu Sachnormen beeinflussen die Rechtsfolgen von Kollisionsnormen die Rechtslage allenfalls mittelbar (vgl. *Beispiel* Rn. 3).

II. Struktur von Kollisionsnormen

28 Die Struktur von Kollisionsnormen gliedert sich in einen Tatbestand und eine Rechtsfolge.

1. Tatbestand

29 Der Tatbestand wird durch den sog. **Anknüpfungsgegenstand** geprägt (z.B. die Rechtsfähigkeit in Art. 7, die Eheschließung in Art. 13, die Rechtsnachfolge von Todes wegen in Art. 25 bzw. Art. 21 EuErbVO, die Beförderung von Gütern in Art. 5 Abs. 1 Rom I-VO).

> ### JURIQ-Klausurtipp
>
> Dieser Anknüpfungsgegenstand ist bei der Klausurbearbeitung für das Auffinden der einschlägigen Kollisionsnorm entscheidend. Geht es im Fall um eine Eheschließung, so schauen Sie vorrangig in Art. 13, geht es um Rechte an einer Sache, blicken Sie zunächst in Art. 43. Dieser an sich selbstverständliche Subsumtionsvorgang wird im IPR als **Qualifikation** bezeichnet.[1]
>
> Denken Sie beim Qualifizieren stets an vorrangige Staatsverträge und Europarecht! Wenn es etwa um unerlaubte Handlungen geht, bleiben Sie gedanklich nicht bei Art. 40 stehen, sondern prüfen zunächst Art. 1 ff. Rom II-VO. Wenn Sie eine offenbar passende Norm gefunden haben, prüfen Sie bitte noch in aller Kürze die davor- und darauffolgenden Vorschriften auf ihre Einschlägigkeit, indem Sie zumindest ihre Überschriften lesen.

30 Auslegungsbedürftige Anknüpfungsgegenstände im nationalen Recht werden mit nationalem Rechtsverständnis begriffen und ausgelegt. Dieser internationalprivatrechtliche Grundsatz firmiert als „**Qualifikation nach der *lex fori***".[2] Das bedeutet, dass der Tatbestand der Kol-

---

1 Vgl. *Herbert* JuS 2000, 254, 256 f.

2 Weiterführend *Rauscher* § 4 Rn. 442 ff., insbesondere Rn. 468 ff.; *Sendmeyer* JURA 2011, 588, 589 f.; *Herbert* JuS 2000, 254 ff.

lisionsnorm nach dem Recht des Gerichtsstandes (= *lex fori*) verstanden wird.[3] „Rechtsnachfolge von Todes wegen" i.S.d. Art. 25 wird also etwa genauso verstanden, wie es in den §§ 1922 ff. BGB verstanden wird.

Bei Anknüpfungsgegenständen im europäischen Kollisionsrecht ist das anders. Hier ist die **31** europäische Sichtweise maßgebend. Was also etwa ein Dienstleistungsvertrag i.S.d. Art. 4 Abs. 1 lit. b Rom I-VO oder eine unerlaubte Handlung i.S.d. Art. 4 Rom II-VO ist, darüber entscheidet nach der sog. **europäisch autonomen Auslegung** nicht das nationale, sondern das europäische Rechtsverständnis. Dies kann aus nationaler Perspektive zu überraschenden Abweichungen vom deutschen Recht führen: So fallen etwa unter Dienstleistungsverträge i.S.d. Art. 4 Abs. 1 lit. b Rom I-VO nicht nur Verträge i.S.d. § 611 BGB, sondern auch Werkverträge i.S.d. § 631 BGB[4] und andere Vertragstypen.[5] Ein gemeinschaftliches Testament nach den §§ 2265 ff. BGB ist regelmäßig nicht als ein gemeinschaftliches Testament i.S.d. Art. 3 Abs. 1 lit. c der neuen europäischen Erbrechtsverordnung (EuErbVO) anzusehen; vielmehr ist ein gemeinschaftliches Testament nach den §§ 2265 ff. BGB regelmäßig als Erbvertrag i.S.d. EuErbVO zu verstehen![6]

Zusammenfassend lässt sich deshalb festhalten, dass sich im Anwendungsbereich des Unionsrechts eine Auslegung nach dem nationalen Rechtsverständnis verbietet.

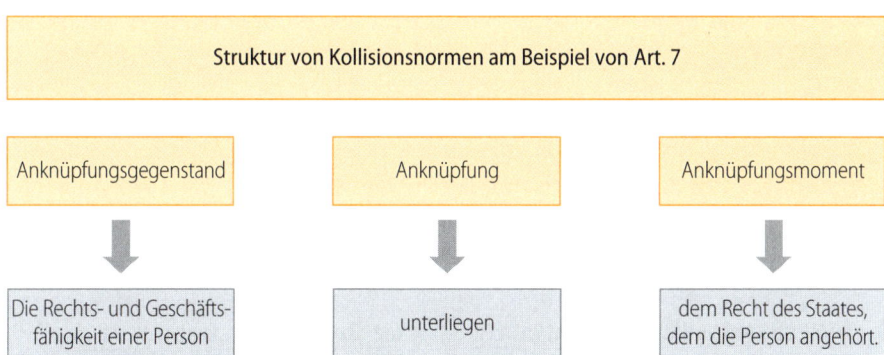

2. Rechtsfolge

In der Rechtsfolge verweisen die meisten IPR-Normen auf die anzuwendende Rechtsordnung **32** unter Verwendung sog. **Anknüpfungsmomente** (gleichbedeutend: Anknüpfungspunkte[7]),[8] wie die Staatsangehörigkeit, der Wohnsitz, der Handlungsort, der Belegenheitsort oder der gewöhnliche Aufenthalt. Wie diese Anknüpfungsmomente zu verstehen sind, ist nicht immer offensichtlich und bedarf daher der Erläuterung. Das zeigt folgendes

---

3 Darauf, dass manche Autoren die *lex-fori*-Theorie ablehnen (Nachweise bei *Hoffmann/Thorn* § 6 Rn. 18 ff.; *Brödermann/Rosengarten* Rn. 135 ff.), ist in einer Klausur grundsätzlich nicht einzugehen.

4 Dieser Aspekt war Gegenstand der dritten Zivilrechtsklausur der Ersten juristischen Staatsprüfung in Baden-Württemberg im Frühjahr 2005.

5 Im Einzelnen siehe Rn. 165.

6 Vgl. MüKo-*Dutta* Art. 3 Rn. 6 und Rn. 9.

7 *Sendmeyer* JURA 2011, 588, 589; *Brödermann/Rosengarten* Rn. 20 bevorzugen den Begriff des Anknüpfungspunktes.

8 Manche Autoren rechnen die Anknüpfungsmomente dem Tatbestand zu, vgl. *Looschelders* Vorbem. Art. 3– 6 EGBGB, *Hoffmann/Thorn* § 4 Rn. 4. Einen praktischen Unterschied macht das jedoch nicht.

Beispiel Der tschechische Lebensmittelhändler L beauftragt den belgischen Handwerker H mit der Dachsanierung seines im deutschen Breisach gelegenen Einkaufsmarktes. Bevor der H vor vier Wochen vorübergehend ins französische Mulhouse zog, hatte er jahrelang in Salzburg gelebt und gearbeitet. Zwei Monate nach Abschluss der Arbeiten tropft es im Einkaufsmarkt von der Decke. Daraufhin verklagt L den H auf Nachbesserung. Nach welchem Sachrecht würden deutsche bzw. französische Gerichte das Bestehen eines solchen Anspruchs beurteilen?

Der Fall spielt im Internationalen Vertragsrecht. Das Kollisionsrecht dafür ist europäisch einheitlich durch die Rom I-VO geregelt, die dem nationalen IPR Frankreichs und Deutschlands vorgeht. Sowohl deutsche wie auch französische Gerichte würden daher Art. 4 Abs. 1 lit. b Rom I-VO heranziehen. Danach unterliegen Dienstleistungsverträge (= Anknüpfungsgegenstand) dem Recht des Staates, in dem der Dienstleister seinen gewöhnlichen Aufenthalt (= Anknüpfungsmoment) hat. Der Vertrag über die Dachsanierung ist zwar nach deutschem Recht ein Werk- und kein Dienstvertrag, doch ist der Begriff des Dienstleistungsvertrages wegen seines europarechtlichen Ursprungs europäisch autonom und in diesem Sinne – Art. 57 AEUV entsprechend – weit auszulegen. Auch die Erbringung von Werkleistungen wird davon erfasst.[9]

Auf Rechtsfolgenseite kommt es bei Art. 4 Abs. 1 lit. b Rom I-VO weder auf die tschechische Staatsangehörigkeit des L noch auf die belgische des H an (lassen Sie sich in der Klausur von solchen Angaben nicht verwirren). Allein der gewöhnliche Aufenthalt des H entscheidet über das anwendbare Recht. Als gewöhnlicher Aufenthalt des H kommt hier entweder das österreichische Salzburg oder das französische Mulhouse, wo der H seit vier Wochen lebt, in Frage. Doch wann kann von einem gewöhnlichen Aufenthalt gesprochen werden? Nach zwei Tagen? Nach zwei Jahren? Für Fragen dieser Art ist Wissen um die Auslegung der Anknüpfungsmomente erforderlich. ■

a)   Staatsangehörigkeit

33   Das häufigste Anknüpfungsmoment im EGBGB ist die Staatsangehörigkeit (vgl. z.B. Art. 7, 9, 13 Abs. 1, 24, 25 Abs. 1).[10] Zu den zahlreichen Vorteilen[11] dieser Anknüpfung gehören insbesondere die einfache Feststellbarkeit der Staatsangehörigkeit (steht in jedem Personalausweis) und ihre relative Kontinuität (die Staatsangehörigkeit wechselt eher selten). Vermittelt wird die Staatsangehörigkeit grundsätzlich entweder nach dem sog. *ius soli* (lat.: Recht des Bodens) durch Geburt innerhalb des jeweiligen Landes oder nach dem sog. *ius sanguinis* (lat.: Recht des Blutes) durch Geburt von einem Elternteil, der die jeweilige Staatsangehörigkeit besitzt. Welchem dieser beiden Grundprinzipien gefolgt wird, entscheidet jeder Staat grundsätzlich selbst.[12] Deutschland folgt in § 4 Abs. 1 S. 1 StAG im Grundsatz dem Abstammungsprinzip (*ius sanguinis*), sieht aber innerhalb der engen Grenzen des § 4 Abs. 3 StAG auch den Staatsangehörigkeitserwerb nach dem *ius soli* vor.

> ### Hinweis
>
> In der Klausur wird die Staatsangehörigkeit der Personen in aller Regel vorgegeben sein.

---

9 MüKo-*Martiny* Art. 4 Rom I-VO Rn. 26.

10 Zur Verwendung der Staatsangehörigkeit in der EU-Gesetzgebung *Basedow* IPRax 2011, 109 ff.

11 Sie sind aufgeführt und erläutert bei *Hoffmann/Thorn* § 5 Rn. 10 ff.

12 *Hoffmann/Thorn* § 5 Rn. 37.

Schwierigkeiten können sich bei Personen ergeben, die zwei oder mehr Staatsangehörigkeiten (Doppel- bzw. Mehrstaater) oder gar keine Staatsangehörigkeit haben (Staatenlose).

Hier hilft der allgemeine Teil des EGBGB weiter: Nach Art. 5 Abs. 1 S. 1 kommt es bei Doppel- **34** und Mehrstaatern allein auf die Staatsangehörigkeit desjenigen Staates an, mit dem die Person am engsten verbunden ist (sog. **effektive Staatsangehörigkeit**), insbesondere durch ihren gewöhnlichen Aufenthalt oder durch den Verlauf ihres Lebens. Wenn jedoch eine der Staatsangehörigkeiten die deutsche ist, so erklärt Art. 5 Abs. 1 S. 2 unabhängig von der effektiven Staatsangehörigkeit immer die deutsche für maßgeblich.[13]

Für Staatenlose kommt es nach Art. 5 Abs. 2 auf deren (gewöhnlichen) Aufenthalt an, doch **35** ist die Vorschrift weitgehend durch Art. 12 des New Yorker UN-Übereinkommens über die Rechtsstellung der Staatenlosen[14] verdrängt, das in ähnlicher Weise den Wohnsitz des Staatenlosen für maßgeblich erklärt.

> **Hinweis**
>
> Art. 5 Abs. 1 und 2 sind – typisch für den allgemeinen Teil des IPR – bloße Hilfsnormen, die als **unselbstständige Kollisionsnormen** bezeichnet werden. Sie führen im Unterschied zu den sog. **selbstständigen Kollisionsnormen** (Verweisungsnormen) im besonderen Teil (z.B. Art. 7 Abs. 1, 13 Abs. 1) nicht zu dem letztlich auf den Sachverhalt anwendbaren Recht, sondern helfen nur bei der Konkretisierung der Verweisungsnormen.[15]

b)   Gewöhnlicher Aufenthalt, Wohnsitz

Der gewöhnliche Aufenthalt ist das wichtigste Anknüpfungsmoment im europäischen Ver- **36** ordnungsrecht und taucht seit der Reform von 1986 auch im deutschen IPR mehrfach auf.

> Unter **gewöhnlichem Aufenthalt** wird der Ort des Lebensmittelpunktes einer Person verstanden.[16]

Um zu klären, wo eine Person ihren Lebensmittelpunkt hat, ist auf die familiären, beruflichen **37** und freundschaftlichen Bindungen (kurz: die **soziale Integration**) abzustellen.[17] Dabei liefert v.a. die Aufenthaltsdauer als objektives Merkmal ein wichtiges Indiz. Es gibt zwar keine feste Frist, nach deren Verstreichen auf den gewöhnlichen Aufenthalt geschlossen werden kann; doch wird nach einer Faustregel ab einer **Aufenthaltsdauer** von **sechs Monaten** die Gewöhnlichkeit des Aufenthalts vermutet.[18]

Andererseits kann auch schon nach kurzer Aufenthaltsdauer von einem gewöhnlichen Auf- **38** enthalt auszugehen sein, wenn der **Aufenthaltswille** (sog. *animus manendi*) auf ein dauerhaftes Verweilen abzielt.[19]

---

13 Zur Behandlung von Mehrstaatern im Unionsrecht *Fuchs* in: FS Martiny 2014, 303, 310 ff.

14 New Yorker UN-Übereinkommen über die Rechtsstellung der Staatenlosen v. 28.9.1954 [J/H Nr. 12].

15 *Looschelders* Vorbem. Art. 3–6 Rn. 3; zur Unterscheidung zwischen einseitigen und allseitigen Kollisionsnormen *Rauscher* § 2 Rn. 171 ff.

16 *Hoffmann/Thorn* § 5 Rn. 73; MüKo-*Sonnenberger* Einl. IPR Rn. 722.

17 *BGH* NJW 1993, 2047.

18 *OLG Stuttgart* NJW 2012, 2043, 2044; Palandt-*Thorn* Art. 5 EGBGB Rn. 10 jeweils m.w.N.

19 Erman-*Hohloch* Art. 4 EGBGB Rn. 52 m.w.N.; *Hoffmann/Thorn* § 5 Rn. 77 m.w.N.

39   Da es letztlich auf die soziale Integration ankommt, führen zeitweise Abwesenheit, etwa durch Reisen oder vorübergehende Studienaufenthalte, nicht zu einem Wechsel des gewöhnlichen Aufenthalts.[20] Nur der (sog. schlichte) Aufenthalt (vgl. etwa Art. 5 Abs. 2 a.E.; Art. 24 Abs. 1 S. 2), der allein auf die tatsächliche Anwesenheit ohne Anforderungen an die soziale Integration oder Verweildauer abstellt, wechselt in diesen Fällen.

> **Beispiel**   Für das obige *Beispiel* (Rn. 32) bedeutet dies, dass H, der erst vier Wochen und nur vorübergehend in Mulhouse verweilt, zwar schlichten Aufenthalt in Frankreich hat, der gewöhnliche Aufenthalt aber weiterhin in Salzburg liegt, wo er jahrelang gelebt und gearbeitet hat. Im Ergebnis richtet sich der Nachbesserungsanspruch daher nach österreichischem Recht. ■

40   Der Wohnsitz als Anknüpfungsmoment ist zwar nicht vollständig identisch mit dem gewöhnlichen Aufenthalt,[21] wird aber mitunter nach den gleichen Kriterien bestimmt und fällt meist mit ihm zusammen. Ob ein Wohnsitz begründet wurde, entscheidet die jeweilige Rechtsordnung, deren IPR angewendet wird (für das deutsche Recht: § 7 BGB).[22]

> **Hinweis**
>
> Während die nicht immer einfache Bestimmung des gewöhnlichen Aufenthalts gelegentlich in Klausuren verlangt wird, ist der Wohnsitz meist vorgegeben.

c)   Parteiwille

41   Etliche Kollisionsnormen lassen zu, dass die Parteien das anwendbare Recht selbst wählen (z.B. Art. 3 Rom I-VO; Art. 14 Rom II-VO; Art. 5 Rom III-VO; Art. 22 EuErbVO; Art. 15 Abs. 2 und 3). Wenn von diesen Rechtswahlmöglichkeiten Gebrauch gemacht wird, geht diese sog. subjektive Anknüpfung der objektiven Anknüpfung vor.[23]

> **Beispiel**   Die Schwedin S verpachtet dem Norweger N ihr in Stockholm belegenes Grundstück. Sie vereinbaren, dass sich der Vertrag nach dänischem Recht richten soll.
>
> Nach der objektiven Anknüpfung in Art. 4 Abs. 1 lit. c Rom I-VO wäre hier das Recht des Ortes der unbeweglichen Sache, also schwedisches Recht, anzuwenden. Da S und N aber eine wirksame Rechtswahl nach Art. 3 Abs. 1 Rom I-VO getroffen haben, ist nach der vorrangigen subjektiven Anknüpfung dänisches Recht anzuwenden. ■

> **JURIQ-Klausurtipp**
>
> Das IPR folgt teilweise einer eigenen, zu Beginn schwer verständlichen Sprache. Auf manche Begriffe, wie objektive oder subjektive Anknüpfung, können Sie in der Klausur auch verzichten. Andererseits kann die Verwendung der Fachbegriffe dem Korrektor im Examen anzeigen, dass Sie sich mit dem IPR befasst und nicht wie andere auf „Lücke" gesetzt haben.

---

20   Erman-*Hohloch* Art. 4 EGBGB Rn. 51 m.w.N.
21   Zu den Unterschieden *Rauscher* § 3 Rn. 282.
22   *Hoffmann/Thorn* § 5 Rn. 68.
23   Zur Unterscheidung zwischen kollisions- und materiellrechtlicher Rechtswahl *v. Hein* in: FS Martiny 2014, 365, 369 ff.

d) Sonstige Anknüpfungsmomente

Es gibt eine Reihe weiterer Anknüpfungsmomente, wie den Handlungsort, den Erfolgsort, **42** den Abschlussort und den Belegenheitsort einer Sache. Sie sind bereichsspezifisch im besonderen Teil des IPR verstreut, weshalb jeweils an dortiger Stelle auf sie einzugehen ist.

e) Kombination von Anknüpfungsmomenten

Kollisionsnormen verwenden nicht immer nur ein Anknüpfungsmoment, sondern kombinieren **43** oft mehrere Anknüpfungsmomente miteinander. In diesen Fällen stellt sich die Frage ihrer Reihenfolge. Hierüber geben die verschiedenen Anknüpfungstechniken Aufschluss.

aa) Subsidiäre Anknüpfung (Anknüpfungsleiter)

Die subsidiäre Anknüpfung (z.B. Art. 14 Abs. 1; Art. 19 Abs. 1 S. 2) gibt eine Hierarchie zwischen **44** den Anknüpfungsmomenten vor. Nur wenn die vorrangige Anknüpfung nicht passt, darf auf die dahinter liegende abgestellt werden.

Beispiel Art. 5 Abs. 2 EGBGB knüpft bei Staatenlosen an den gewöhnlichen Aufenthalt an. Nur wenn kein gewöhnlicher Aufenthalt feststellbar ist, kommt es subsidiär auf den schlichten Aufenthalt an. ■

bb) Alternative Anknüpfung (Günstigkeitsprinzip)

Bei alternativen Anknüpfungen (z.B. Art. 11 Abs. 1 und 2; Art. 26 Abs. 1) sind Rechts- **45** geschäfte bereits dann formgültig, wenn sie nach einer der alternativ berufenen Rechtsordnungen formwirksam sind. Dadurch wird die Formwirksamkeit einzelner Rechtsgeschäfte begünstigt.

Beispiel[24] M und F leben in Deutschland. Sie schließen auf Mauritius die Ehe. Dabei erklären sie vor dem dortigen Standesbeamten, im Güterstand des „Legal system of separation of goods/Régime légal de séparation de beins" leben zu wollen, was dem Güterstand der Gütertrennung im deutschen Recht entspricht. Wurde die Güter-

» Erinnern Sie sich, was der gewöhnliche im Unterschied zum schlichten Aufenthalt meint? Wiederholen Sie ggf. die Begrifflichkeiten unter Rn. 36 ff. «

---

24 Nach *BGH* NJW-RR 2011, 1225 ff. (sehr lesenswert).

trennung aus deutscher Sicht formwirksam vereinbart, wenn Gütertrennung nach mauritischem Recht (Art. 1475 Code Civil Mauricien) durch gemeinsame Erklärung gegenüber dem Standesbeamten bei der Eheschließung möglich ist?

Das deutsche Recht lässt es zu, durch Ehevertrag vom gesetzlichen Güterstand der Zugewinngemeinschaft abzuweichen (§ 1408 Abs. 1 BGB). Allerdings bedarf ein solcher Ehevertrag der notariellen Form (§ 1410 BGB). Indes lässt es Art. 11 Abs. 1 Alt. 2 genügen, wenn die Formerfordernisse des Rechts des Staates erfüllt sind, in der es vorgenommen wird (sog. Ortsform). Da Art. 1475 Code Civil Mauricien die Vereinbarung von Gütertrennung durch Erklärung vor dem Standesbeamten zulässt, wurde die Gütertrennung wirksam vereinbart. ■

cc) Kumulative Anknüpfung

46 Bei der kumulativen Anknüpfung wird eine bestimmte Rechtsordnung nur dann angewendet, wenn zwei oder mehr Anknüpfungsmomente kumulativ vorliegen.

Beispiel Nach Art. 14 Abs. 1 Nr. 1 kommt es auf das Recht des Staates an, dem beide Ehegatten angehören oder zuletzt angehörten. Nur wenn beide zumindest irgendwann einmal dieselbe Staatsangehörigkeit hatten, verweist die Norm auf dieses Recht. ■

dd) Distributive Anknüpfung

47 Bei der distributiven Anknüpfung (z.B. Art. 7 Abs. 1, 13 Abs. 1) wird für jede Person gesondert an eine Rechtsordnung angeknüpft.

Beispiel Der Belgier B und die Deutsche D wollen heiraten. Für die Eheschließungsvoraussetzungen verweist Art. 13 Abs. 1 hinsichtlich B auf belgisches, hinsichtlich D auf deutsches Recht. Die Ehe kann nur geschlossen werden, wenn sie nach beiden Heimatrechten zulässig ist. ■

ee) Akzessorische Anknüpfung

48 Die akzessorische Anknüpfung (z.B. Art. 19 Abs. 1 S. 3; 22 Abs. 2) verweist nicht selbst auf eine Rechtsordnung. Sie hängt sich vielmehr „wie ein abgeschlepptes Auto" an eine andere Kollisionsnorm an, die die Richtung vorgibt.

Beispiel Nach Art. 15 Abs. 1 unterliegt das Ehegüterrecht der Rechtsordnung, die Art. 14 für die allgemeinen Wirkungen der Ehe beruft. ■

ff) Unwandelbare und wandelbare Anknüpfung; Statutenwechsel

49 Neben dem Anknüpfungsmoment enthalten Verweisungsnomen auch ausdrückliche oder implizite Aussagen über den Zeitpunkt, der für die Anknüpfung maßgeblich ist. Hierbei kann zwischen solchen Verweisungsnormen unterschieden werden, die fix auf einen bestimmten Zeitpunkt abstellen (sog. **unwandelbare Anknüpfung**) und solchen, die zeitlich variabel sind (sog. **wandelbare Anknüpfung**).[25] Nur letztere berücksichtigen Änderungen der Anknüpfungsmomente, etwa durch Wechsel der Staatsangehörigkeit oder Verlegung des Wohnsitzes.

---

25 *Sendmeyer* JURA 2011, 588, 591.

Beispiel M und F waren bei ihrer wirksam geschlossenen Ehe im Jahre 2009 deutsche Staatsangehörige. 2012 nahm M die spanische und F die französische Staatsangehörigkeit jeweils unter Aufgabe der alten Staatsangehörigkeit an. Beide lebten bis 2015 gemeinsam in Paris, dann reicht M die Scheidung ein. Auf welches Recht verweist das EGBGB für die allgemeinen Ehewirkungen und das Ehegüterrecht?

Für die allgemeinen Ehewirkungen beurteilen sich die Anknüpfungsmomente nach dem jeweils aktuellen Zeitpunkt, da Art. 14 Abs. 1 wandelbar ist. Aktuell haben M und F keine gemeinsame Staatsangehörigkeit; Deutsche sind beide nicht mehr. Daher greift Art. 14 Abs. 1 Nr. 1 nicht. Der subsidiären Anknüpfung folgend ist sodann auf Art. 14 Abs. 1 Nr. 2 abzustellen. Danach ist der letzte gemeinsame gewöhnliche Aufenthalt entscheidend. Dieser liegt in Paris. Hinsichtlich der allgemeinen Ehewirkungen wird also auf französisches Recht verwiesen.

Der Güterstand unterliegt hingegen einer unwandelbaren Anknüpfung in Art. 15 Abs. 1. Danach gilt das Recht, das im Zeitpunkt der Eheschließung für die allgemeinen Ehewirkungen maßgeblich war. Zu jenem Zeitpunkt im Jahr 2009 waren sowohl M als auch F Deutsche. Daher verwies Art. 14 Abs. 1 Nr. 1 damals auf deutsches Recht. Und da das zu diesem fixen Zeitpunkt berufene Recht für Art. 15 Abs. 1 maßgeblich ist, verweist Art. 15 auf deutsches Ehegüterrecht. ◼

50 Nur bei wandelbaren Verweisungsnormen kann es zu sog. **Statutenwechseln** kommen.[26] Damit ist gemeint, dass ein Rechtsverhältnis im Laufe der Zeit mal der einen und mal einer anderen Rechtsordnung unterliegt.

Beispiel Im obigen *Beispiel* (Rn. 49) etwa richteten sich die Ehewirkungen von 2009 – 2012 gem. Art. 14 Abs. 1 Nr. 1 zunächst nach deutschem Recht. Mit dem Wechsel der beiden Staatsangehörigkeiten 2012, kam es zu einem Statutenwechsel, da von diesem Zeitpunkt an gem. Art. 14 Abs. 1 Nr. 2 auf französisches Recht verwiesen wurde. ◼

gg) Ausweichklauseln

51 Die dargelegten Anknüpfungstechniken sorgen für Rechtssicherheit. Zugleich führen sie im Regelfall zu der Rechtsordnung, zu der die engste Verbindung besteht. In Ausnahmefällen ist das berufene Recht allerdings derart weit von der engsten Verbindung des Sachverhalts entfernt, dass durch sog. Ausweichklauseln (z.B. Art. 46 EGBGB; Art. 4 Abs. 3 Rom I-VO) eine Ergebniskorrektur erforderlich wird. Dies dient zwar – wie etwa § 242 BGB im materiellen Recht – der Gerechtigkeit im Einzelfall, schadet jedoch der Rechtssicherheit. Daher sind **Ausweichklauseln eng auszulegen**.

> ❯❯ Wer mit dem Begriff Statut etwas anzufangen weiß (siehe Rn. 9), dem wird der Begriff Statutenwechsel keine Verständnisprobleme bereiten. ❮❮

Hinweis

Die Mischung aus festen Anknüpfungsregeln und Auflockerungen durch Ausweichklauseln ist den Zielen des IPR (siehe Rn. 4 ff.) geschuldet.

Beispiel Die Inländer A und B reisen mit einem deutschen Busunternehmen von Heidelberg nach Barcelona. Auf der Höhe von Marseille veräußert A dem B ein Handtuch. Der Eigentumsübergang würde sich nach Art. 43 Abs. 1 an sich nach französischem Recht

---

26 *Sendmeyer* JURA 2011, 588, 591.

richten. Da Frankreich aber nur Durchreiseland ist und der Sachverhalt deutlich engere Verbindungen zu Deutschland aufweist (deutsches Busunternehmen, Staatsangehörigkeit von A und B), ist nach der Ausweichklausel in Art. 46 deutsches Recht anzuwenden. ■

JURIQ-Klausurtipp

Das Verständnis für die beschriebenen Anknüpfungstechniken wird Ihnen in der Klausur helfen, das Gesetz richtig anzuwenden. Dabei wird es nicht darauf ankommen, ob Sie sich an die Bezeichnungen der verschiedenen Anknüpfungstechniken erinnern. Entscheidend ist vielmehr, dass Sie das Gesetz genau lesen und entscheidende Worte wie „im Zeitpunkt der Eheschließung" (unwandelbare Anknüpfung) nicht unterschlagen. Bei genauem Lesen und wortgetreuem Anwenden des Gesetzes folgen Sie den beschriebenen Anknüpfungstechniken völlig von selbst!

B. Qualifikationsprobleme

52   Wie bereits gesehen,[27] meint Qualifikation die Subsumtion des Sachverhalts unter den Tatbestand einer Kollisionsnorm. Dieser Vorgang ist im IPR mit Schwierigkeiten verbunden, wenn der Sachverhalt einer Kollisionsnorm nicht eindeutig zugeordnet werden kann.

Beispiel   Die Französin F kauft eine DVD bei dem Deutschen V und bezahlt nicht. Daraufhin fordert V das Geld von ihrem Ehemann M.

Es geht um eine Konstellation, wie sie § 1357 BGB im deutschen Sachrecht behandelt. Im deutschen Kollisionsrecht wird dieser Fall hingegen nicht ausdrücklich geregelt. Man könnte ihn einerseits – wie das deutsche materielle Recht – familienrechtlich einordnen und Art. 14 unterstellen. Andererseits knüpft § 1357 BGB jeweils an einen Vertrag an, sodass auch die Heranziehung der Rom I-VO in Betracht käme. Da die Qualifikation jedoch nach der *lex fori* erfolgt, erscheint erstere Ansicht zutreffend. ■

53   Insbesondere bei fremden Rechtsinstituten, die dem deutschen Recht unbekannt sind, bereitet die Zuordnung zu einer Kollisionsnorm häufig Probleme. Nach der **Lehre von der funktionalen Qualifikation** soll es für die Einordnung darauf ankommen, welche Funktion das ausländische Institut in seiner Rechtsordnung aus deutscher Sicht wahrnimmt.[28]

Beispiel   Das italienische Recht lässt in Art. 111 Codice Civile unter bestimmten Voraussetzungen zu, dass ein Ehegatte oder beide Ehegatten bei der Eheschließung einen Boten schicken, der sie vertritt. Da der Handschuh früher als ein Symbol der Vollmacht angesehen wurde, wird von sog. **Handschuhehen** gesprochen. Deutschland lässt solche Eheschließungen nach § 1311 BGB nicht zu. Welcher deutschen Kollisionsnorm wird die Handschuhehe unterstellt?

Naheliegend wäre die Heranziehung von Art. 13 Abs. 1, der die Eheschließung regelt. Da jedoch aus deutscher Sicht die Frage, ob die Erklärungsübermittlung durch einen Boten

---

27 Rn. 29 f.
28 *Hohloch/Klöckner* IPRax 2010, 522, 525; Palandt-*Thorn* Einl. vor Art. 3 Rn. 27; näher *Rauscher* § 4 Rn. 472 ff.;   *Sendmeyer* JURA 2011, 588, 590.

zulässig ist, nicht den Ehewillen selbst betrifft, sondern nur die äußere Gestalt der Eheschließung, handelt es sich um eine Formfrage. Die Handschuhehe ist daher grundsätzlich nach Art. 11 oder Art. 13 Abs. 3 zu qualifizieren.[29] ■

C. Rück- und Weiterverweisung

Soweit eine deutsche Kollisionsnorm auf eine fremde Rechtsordnung verweist, so verweist sie gem. Art. 4 Abs. 1 S. 1 grundsätzlich auf ihr IPR, nicht auf ihr Sachrecht (sog. **Grundsatz der Gesamtverweisung**). Daher muss in einem weiteren Schritt das fremde IPR geprüft werden, um zum letztlich anwendbaren Sachrecht zu gelangen. **54**

Das fremde IPR kann die Verweisung annehmen, also das eigene Sachrecht für anwendbar erklären, oder ablehnen *(renvoi)*, indem es andere Anknüpfungsmomente als das deutsche IPR vorsieht und so zu einer Verweisung zurück auf deutsches Recht **(sog. Rückverweisung)** oder auf drittstaatliches Recht **(sog. Weiterverweisung)** führt. Kommt es zu einer Rückverweisung, nimmt das deutsche IPR diese Verweisung gem. Art. 4 Abs. 1 S. 2 stets an, d.h. es erklärt in diesem Fall immer die eigenen Sachvorschriften für anwendbar. Das ist sinnvoll, denn andernfalls käme es zu einem nicht endenden „Pingpong-Effekt" zwischen dem deutschen und dem rückverweisenden ausländischen IPR. **55**

Beispiel[30] Die argentinischen Staatsangehörigen M und F sind 2009 wirksam die Ehe eingegangen und leben seither in Deutschland. M fragt Sie im Jahre 2015, welchem Recht die Wirkungen ihrer Ehe unterstehen.

Die allgemeinen Ehewirkungen richten sich nach Art. 14 Abs. 1 Nr. 1. Danach ist die gemeinsame Staatsangehörigkeit maßgebliches Anknüpfungsmoment. Verwiesen wird mithin auf argentinisches Recht. Das ist aber noch nicht die Antwort auf die Fallfrage, denn es handelt sich nur um die Verweisung auf argentinisches IPR (Gesamtverweisung). Das argentinische IPR knüpft im Unterschied zum deutschen IPR an den Wohnsitz der Ehegatten an (das wäre in einer Klausur angegeben). Da der gemeinsame Wohnsitz vorliegend in Deutschland liegt, kommt es zu einer Rückverweisung auf deutsches Recht. Der *renvoi* wird gem. Art. 4 Abs. 1 S. 2 angenommen. Folglich ist im Ergebnis deutsches Sachrecht auf die Scheidung anzuwenden. ■

Den Gegensatz zu Gesamtverweisungen bilden die sog. Sachnormverweisungen. Wie der am 11.1.2009 ins EGBGB eingefügte **Art. 3a Abs. 1** dem Rechtsanwender verdeutlichen möchte, führen diese Verweisungen nicht zunächst zur Anwendung des fremden IPR, sondern unmittelbar zum jeweiligen Sachrecht (sog. *lex causae* = das letztlich anwendbare Recht). Von einer derartigen Sachnormverweisung ist nach Art. 4 Abs. 1 S. 1 Hs. 2 auszugehen, wenn eine Gesamtverweisung dem Sinn der Verweisung widerspricht. Dies ist nach h.M. v.a. dann der Fall, wenn die Anwendung einer Ausweichklausel zu dem fremden Recht führt.[31] Weiterhin ist bei einer wirksamen Rechtswahl stets von einer Sachnormverweisung auszugehen, Art. 4 Abs. 2. **56**

---

29 Näher unter Rn. 99.

30 Lose angelehnt an *OLG Schleswig* FamRZ 2001, 1460 = JuS 2002, 295 m. Anm. *Hohloch*.

31 Vgl. Erman-*Hohloch* Art. 4 EGBGB Rn. 17 mit zahlreichen Nachweisen zum (kaum klausurrelevanten) Streitstand.

21

>> Sofern es nach der für Sie maßgeblichen Prüfungsordnung zulässig ist, können Sie sich Gesamtverweisungen im EGBGB durch Hinweis auf Art. 4 Abs. 1 S. 1 Alt. 1 und Sachnormverweisungen jeweils durch Verweise auf Art. 4 Abs. 1 S. 1 Alt. 2 am Rande Ihres Gesetzestextes kenntlich machen. <<

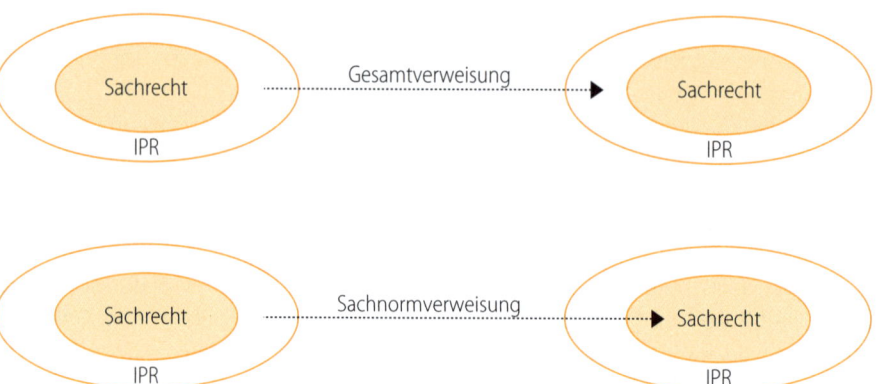

Im EGBGB sind Sachnormverweisungen die Ausnahme, außerhalb des EGBGB sind sie die Regel: Das Ziel der Rechtsvereinheitlichung, das Staatverträge und Gemeinschaftsrecht verfolgen, verlangt die Verweisung auf Sachnormen. Dementsprechend sind etwa Verweisungen in der Rom I- und Rom II-VO nach deren Art. 20 bzw. 24 allesamt[32] Sachnormverweisungen.

JURIQ-Klausurtipp

Wenn dem Klausursachverhalt keine Gesetzestexte zu ausländischem IPR beigefügt sind, könnte für die Lösung des Falles eine Sachnormverweisung entscheidend sein. Andernfalls spricht alles dafür, dass die Anwendung der Gesamtverweisungsnorm zu deutschem Recht führt. Denn ein Fall mit Gesamtnormverweisung auf fremdes Recht kann ohne das entsprechende ausländische IPR nicht zu Ende gelöst werden.

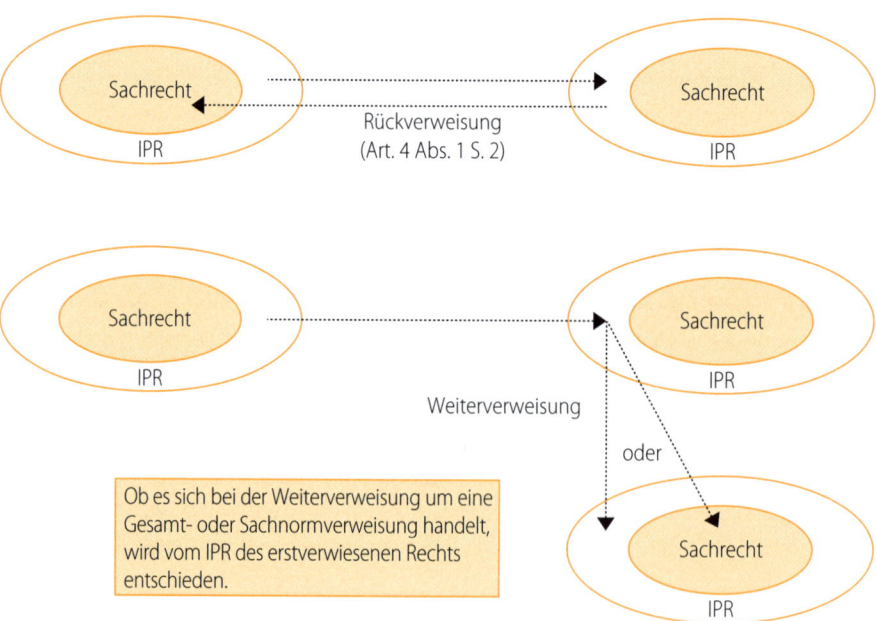

Ob es sich bei der Weiterverweisung um eine Gesamt- oder Sachnormverweisung handelt, wird vom IPR des erstverwiesenen Rechts entschieden.

---

32 Von den beiden nebensächlichen Ausnahmen in Art. 7 Abs. 3 und 4 Rom I-VO abgesehen, vgl. MüKo-*Martiny* Art. 20 Rom I-VO Rn. 4.

D. Vorfrage

Wie der Begriff bereits nahe legt, geht es bei Vorfragen[33] darum, innerhalb eines Tatbestandes eine Frage zu klären, die der eigentlichen Hauptfrage (z.B.: „Welches Recht gilt für die Scheidung?") vorgelagert ist. So setzt beispielsweise eine Scheidung denklogisch das Bestehen einer Ehe voraus. Ob eine Ehe wirksam eingegangen wurde, ist gerade bei Fällen mit Auslandsbezug nicht immer selbstverständlich. **57**

Beispiel Der Engländer M und die Deutsche F heiraten 2015 während eines Urlaubs in Rom in der dortigen anglikanischen Kirche. Nach vier Jahren Ehe in Hannover beantragt F beim zuständigen Amtsgericht in Hannover die Scheidung.

Die Scheidung setzt als Vorfrage eine wirksam eingegangene und noch bestehende Ehe voraus. Nach deutschem Sachrecht kann nur „vor dem Standesbeamten" (§ 1310 Abs. 1 BGB) geheiratet werden („obligatorische Zivilehe" in Deutschland); die kirchliche Trauung ist hierzulande rechtlich unerheblich (vgl. § 1588 BGB).

Im Unterschied dazu erkennt das italienische Eherecht auch die kirchliche Ehe an („fakultative Zivilehe" in Italien). Der Vorfrage, nach welchem Recht sich die Eheschließung richtet, kommt damit im vorliegenden Fall entscheidende Bedeutung zu. ◼

Manche Stimmen in der Literatur wollen Vorfragen **unselbstständig** nach der *lex causae* anknüpfen, also immer nach dem Sachrecht beurteilen, das für die Hauptfrage (hier: die Scheidung) gilt. Die ganz h.M. plädiert dagegen grundsätzlich für eine **selbstständige** Anknüpfung, d.h. sie sucht für die jeweilige Vorfrage die passende Kollisionsnorm und ermittelt auf dieser Grundlage – von der Hauptfrage unabhängig – das auf die Vorfrage anzuwendende Recht. Nur für das Internationale Namensrecht sowie für Vorfragen in völkerrechtlichen Verträgen und im Staatsangehörigkeitsrecht knüpft auch die h.M. unselbstständig an. Für letztere Ansicht spricht v.a. der interne Entscheidungseinklang.[34] **58**

Beispiel Konkret heißt das für das obige *Beispiel* (Rn. 57), dass nach der unselbstständigen Anknüpfung deutsches materielles Eheschließungsrecht anzuwenden wäre, da dieses für die Scheidung als Hauptfrage gem. Art. 8 lit. a Rom III-VO[35] berufen ist (die Vorfrage selbst wird vom Anwendungsbereich der Rom III-VO nicht erfasst, siehe Art. 1 Abs. 2 lit. b sowie Erwägungsgrund 10 der Rom III-VO). Da nach deutschem Eheschließungsrecht aber wie gesehen gar keine Ehe zwischen M und F besteht, wäre der Scheidungsantrag erfolglos (vgl. jetzt auch Art. 13 Var. 2 Rom III-VO, wonach das Gericht eine Entscheidung über den Scheidungsantrag sogar insgesamt verweigern dürfte[36]).

Aufgrund des internen Entscheidungseinklangs ist die Eheschließung jedoch richtiger Ansicht nach selbstständig anzuknüpfen. Es ist daher nach der für die Eheschließung passenden Kollisionsnorm zu suchen. Diese ist vorliegend nicht in Art. 11 oder Art. 13 zu

---

33 Viele Autoren differenzieren zwischen Vor-, Erst- und Teilfragen. Auf diese erhebliche Verkomplizierung wird hier nicht eingegangen, da sie in der Sache kaum weiterführt und zudem keinen hinreichenden Rückhalt in der Rechtsprechung findet.

34 Weiterführend *Rauscher* § 5 Rn. 514 ff.; *Hoffmann/Thorn* § 6 Rn. 60 ff.; in der Klausur bedarf es regelmäßig keines Eingehens auf diesen „Grundsatzstreit".

35 Verordnung (EU) Nr. 1259/2010 des Rates zur Durchführung einer Verstärkten Zusammenarbeit im Bereich des auf die Ehescheidung und Trennung ohne Auflösung des Ehebandes anzuwendenden Rechts [*J/H* Nr. 34]; dazu Rn. 109 ff.

36 Siehe hierzu *Gade* JuS 2013, 779, 782.

erblicken, sondern im Haager Eheschließungsabkommen[37] zu finden. Dieser Staatsvertrag enthält im Verhältnis zu Italien dem EGBGB vorgehende Kollisionsnormen. Nach Art. 5 Abs. 1 des Abkommens bestimmt sich die Formwirksamkeit der Ehe nach dem Recht des Landes, in dem die Eheschließung erfolgt ist, hier also nach italienischem Recht. Danach ist die Ehe zwischen M und F wirksam. Für die Scheidung gilt nach Art. 8 lit. a Rom III-VO deutsches Recht. Die gültige Ehe kann danach unter den Voraussetzungen der §§ 1565, 1566 BGB geschieden werden. ■

E. Ordre public

59 Die Suche nach dem anwendbaren Recht erfolgt neutral ohne Rücksicht auf den Inhalt der berufenen Rechtsordnung. Sie gleicht damit einem „Sprung ins Dunkle". Doch was gilt, wenn deutsche Gerichte bei anzuwendendem ausländischem Sachrecht feststellen müssen, dass dessen Anwendung zu einem nach hiesigen Wertvorstellungen unerträglichen Ergebnis führen würde?

Beispiel[38] Die in Deutschland lebenden iranischen Staatsangehörigen M und F streiten um das Sorgerecht ihres Sohnes S. S möchte zu F, da der drogenabhängige M ihn in der Vergangenheit oft heftig geschlagen hat. Das mit dem Sorgerechtsstreit befasste Gericht in Frankfurt gelangt zur Anwendung iranischen Sachrechts. Nach diesem unterstehen minderjährige Kinder grundsätzlich der Obhut des Vaters. Das Gericht müsste danach also dem M das Sorgerecht zusprechen. ■

60 Für derartige Fälle liefert der *ordre public* (= öffentliche Ordnung) einen „Notausgang". Er wehrt die Anwendung ausländischen Rechts ab, wenn es zu nicht hinnehmbaren Ergebnissen führt. An dessen Stelle tritt ein – je nach Einzelfall unterschiedlich zu bestimmendes[39] – Ersatzrecht, auf dessen Grundlage das Gericht zu einem tragbaren Ergebnis gelangt.

Beispiel[40] Der M und die F sind Staatsangehörige von Haiti. Sie leben in Deutschland. M wird das Eheleben mit F bald zu langweilig. Er vergnügt sich daher regelmäßig mit anderen Frauen, mit denen er aber nicht zusammenlebt. F ist sehr gekränkt darüber und wünscht vor einem zuständigen deutschen Gericht die Scheidung. Das deutsche Gericht kommt aufgrund einer wirksamen Rechtswahlvereinbarung zur Anwendung des Scheidungsrechts von Haiti. Danach ist zwar der Ehebruch der Ehefrau stets Scheidungsgrund (Art. 215); der Ehebruch durch den Ehemann ist nach dem Scheidungsrecht von Haiti dagegen nur dann Scheidungsgrund, wenn der Mann die Konkubine im Haushalt hält (Art. 216).

Da M nicht mit seinen Liebhaberinnen zusammenlebt und mithin kein Scheidungsgrund nach dem Recht von Haiti vorliegt, dürfte das deutsche Gericht die Ehe im Ergebnis nicht scheiden. Dieses Ergebnis verstößt jedoch gegen den *ordre public*. Anstelle des gleichheitswidrigen Art. 216 des Scheidungsrechts von Haiti bietet sich als Ersatzrecht an, den

---

[37] Haager Abkommen zur Regelung des Geltungsbereichs der Gesetze auf dem Gebiete der Eheschließung [*J/H* Nr. 30].

[38] Stark abgewandelt und vereinfacht nach *BGH* NJW 1993, 848.

[39] Näher *Rauscher* § 6 Rn. 594 ff.; anschauliches Beispiel aus der Rechtsprechung *OLG Zweibrücken* NJW-RR 2002, 581 = JuS 2002, 1025 m. Anm. *Hohloch*.

[40] Nach *J. Stürner* JURA 2012, 708, 713.

Scheidungsgrund des Art. 215 auch auf den Fall zu übertragen, dass der Ehemann Ehebruch begeht. Da dieser Fall eingetreten ist, könnte die Ehe zwischen M und F geschieden werden. ■

61 *Ordre-public*-Klauseln finden sich in EU-Verordnungen (etwa Art. 21 Rom I-VO, Art. 26 Rom II-VO, Art. 12 Rom III-VO, Art. 35 EuErbVO), in Staatsverträgen (etwa Art. 22 KSÜ) und im nationalen Recht (Art. 6). Sie sind nur in besonderen Ausnahmefällen anzuwenden, in denen das konkrete Ergebnis der Anwendung ausländischen Rechts (nicht die ausländische Norm an sich[41]) bei hinreichendem Inlandsbezug[42] mit der öffentlichen Ordnung offensichtlich unvereinbar ist. Ein solcher Ausnahmefall liegt im obigen *Beispiel* (Rn. 59) vor: Es wäre ein nicht hinnehmbares Ergebnis, das Sorgerecht dem M zuzusprechen und so den S weiteren Gesundheitsgefährdungen auszusetzen. Dies gilt umso mehr, als dieses Ergebnis Art. 3 GG und dem Recht des Kindes auf Entfaltung seiner Persönlichkeit aus Art. 2 Abs. 1 i.V.m. Art. 1 Abs. 1 GG widerspräche. Wie Art. 6 S. 2 klarstellt, der auf den berühmten „Spanier-Beschluss" des BVerfG[43] zurückgeht, sind nämlich v.a. solche Ergebnisse abzuwehren, die mit den Grundrechten unvereinbar sind.

Beispiel[44] Der Muslim M war bis zu seinem Tod im Jahr 2007 mit der Christin F kinderlos verheiratet. Die Erbfolge richtet sich nach ägyptischem Sachrecht. Bei kinderlosen Ehepaaren beträgt der Erbteil des Ehemannes die Hälfte des Nachlasses, der Erbteil der Ehefrau nur ein Viertel. Bei einer Ehe zwischen einem Muslim und einer Nichtmuslimin erbt die Ehefrau nichts.

Diese beiden an das Geschlecht bzw. die Religion anknüpfenden Vorgaben des ägyptischen Rechts sind mit den Grundrechten des Art. 3 Abs. 2 und Art. 3 Abs. 3 GG unvereinbar. Nach Art. 3 Abs. 2 GG sind Männer und Frauen gleichberechtigt. Gem. Art. 3 Abs. 3 GG darf niemand wegen seines Geschlechts oder seines Glaubens und seiner religiösen Anschauung benachteiligt oder bevorzugt werden. Die Diskriminierung der F durch die zweifache Benachteiligung im ägyptischen Erbrecht wird wegen Verstoßes gegen den *ordre public* dergestalt korrigiert, dass F erbrechtlich wie ein Mann zu behandeln ist. ■

> **JURIQ-Klausurtipp**
>
> In der Klausur dürfte der *ordre public* des Öfteren zu prüfen, meist jedoch abzulehnen sein. Dies u.a. deshalb, weil die Ermittlung des Ersatzrechts stark vom Einzelfall abhängt und keiner stringenten Dogmatik folgt.

62 Der *ordre public* wird auch als allgemeine Vorbehaltsklausel bezeichnet. Dieser gehen sog. besondere Vorbehaltsklauseln vor (Art. 13 Abs. 2 Nr. 3, 13 Abs. 3 S. 1, 17 Abs. 2, 17 Abs. 3 S. 2, 18 Abs. 2, 18 Abs. 5, 18 Abs. 7, 23 S. 2), die für spezielle Einzelfälle die Anwendung deutschen Rechts verlangen.

---

41 *Scholz* ZJS 2010, 185, 186 m.w.N. (abrufbar unter: http://www.zjs-online.com/dat/artikel/2010_2_297.pdf); schönes Beispiel dazu *OLG Frankfurt* NJW-Spezial 2009, 758.

42 Wann ein hinreichender Inlandsbezug vorliegt, hängt von den Umständen des Einzelfalls ab; Indizien können beispielsweise eine deutsche Staatsangehörigkeit oder Inlandsvermögen sein, siehe *OLG Frankfurt a. M.* ZEV 2011, 135, 136.

43 *BVerfGE* 31, 58 = NJW 1971, 1509. Siehe hierzu aus jüngerer Zeit *Winkler von Mohrenfels* in: FS Martiny 2014, 595, 579 ff. Die Schlussfolgerungen dieser grundlegenden Entscheidung des BVerfG sind heute in Art. 6 kodifiziert.

44 Nach *OLG Frankfurt a. M.* ZEV 2011, 135.

Allgemeines Prüfungsvorgehen im IPR

I. Weist der Sachverhalt Auslandsbezug auf?

II. Wenn ja: Qualifikation des Sachverhalts zu passendem Anknüpfungsgegenstand aus
1. vorrangigem Staatsvertrags- oder Europarecht
2. sonst: EGBGB

III. Anwendung der Kollisionsnorm mit ihrem maßgeblichen Anknüpfungsmoment

IV. Verweisung auf deutsches Recht?
1. Wenn ja: Anwendung deutschen Sachrechts
2. Wenn nein: Sach- oder Gesamtnormverweisung auf das fremde Recht?
   a) Wenn Sachnormverweisung: Anwendung des ausländischen Sachrechts
   b) Wenn Gesamtverweisung: Anwendung des ausländischen IPR, das Verweisung annimmt, rück- oder weiterverweist
      aa) Bei Annahme: Anwendung des ausländischen Sachrechts
      bb) Bei Weiterverweisung: Weiter wie oben unter IV. 2.
      cc) Bei Rückverweisung: Anwendung deutschen Sachrechts

Online-Wissens-Check

Auf welche Staatsangehörigkeit kommt es bei Personen mit doppelter Staatsangehörigkeit im IPR an?

Überprüfen Sie jetzt online Ihr Wissen zu den in diesem Abschnitt erarbeiteten Themen. Unter **www.juracademy.de/skripte/login** steht Ihnen ein Online-Wissens-Check speziell zu diesem Skript zur Verfügung, den Sie kostenlos nutzen können. Den Zugangscode hierzu finden Sie auf der Codeseite.

3. Teil
Besonderer Teil des IPR

A. Internationales Personen- und Gesellschaftsrecht

Das Internationale Personenrecht lässt sich in das Recht der natürlichen und das der juristi- **63**
schen Personen unterteilen.

I. Natürliche Personen

1. Rechts- und Geschäftsfähigkeit

Über die Rechts- und Geschäftsfähigkeit einer Person entscheidet nach Art. 7 Abs. 1 S. 1 das **64**
Recht, dessen Staatsangehörigkeit sie besitzt („Recht des Staates, dem die Person angehört").
Es handelt sich um eine Gesamtverweisung.[1] Zumeist werden Fragen nach der Rechts- oder
Geschäftsfähigkeit als Vorfragen relevant.

Die Geschäftsfähigkeit meint nur die allgemeine Geschäftsfähigkeit. Besondere Geschäftsfä- **65**
higkeiten unterstehen nicht Art. 7, sondern den jeweils sachnäheren Kollisionsnormen (z.B.
Ehefähigkeit: Art. 13; Erbfähigkeit: Art. 25; Testierfähigkeit: Art. 26 Abs. 5 S. 1).

Über den Wortlaut hinaus richten sich auch die Folgen fehlender Geschäftsfähigkeit nach **66**
dem von Art. 7 Abs. 1 S. 1 berufenen Recht.[2]

Wer erst einmal die Rechts- oder Geschäftsfähigkeit erworben hat, der verliert sie nach Art. 7
Abs. 2 auch durch Statutenwechsel nicht mehr (*„semel maior, semper maior"*).

2. Stellvertretung

Die Stellvertretung wird nach h.M. nicht nach dem Statut des Vertrages zwischen Vertrete- **67**
nem und Drittem bestimmt, sondern selbstständig angeknüpft.[3] Davon zeugt Art. 1 Abs. 2
lit. g Rom I-VO, der Stellvertretungsfragen entgegen ursprünglicher Planungen[4] aus dem
Anwendungsbereich der Verordnung ausklammert. Das Internationale Stellvertretungsrecht
richtet sich daher (weiterhin) nach nationalem IPR. Es ist zwischen gesetzlicher Vertretung
und rechtsgeschäftlicher Vertretung (Vollmacht) zu unterscheiden.

a) Gesetzliche Vertretung

Die gesetzliche Vertretung bestimmt sich nach den jeweils sachnahen Kollisionsnormen im **68**
EGBGB, die gesetzliche Vertretungsmacht der Eltern also etwa nach Art. 21, die des Vor-
munds, Betreuers und Pflegers nach Art. 24, die des Testamentsvollstreckers nach Art. 25.[5]

---

1 Erman-*Hohloch* Art. 7 Rn. 2.
2 So die h.M., vgl. nur *Looschelders* Art. 7 Rn. 15 m.w.N.
3 Palandt-*Thorn* Anh. zu Art. 10 Rn. 1. Krit. unter Berücksichtigung von Art. 10 Rom I-VO MüKo-*Spellenberg* Vor
   Art. 11 EGBGB Rn. 148 ff.
4 Vorgesehen war eine Normierung in Art. 7 Rom I-VO; dazu ausführlich *Schwarz* RabelsZ 71, 2007, 729, 746 ff.
5 *Looschelders* Anhang zu Art. 12 Rn. 2 m.w.N.

b)   Rechtsgeschäftliche Vertretung

69   Die Anknüpfung der rechtsgeschäftlichen Vertretung (Vollmacht) ist – abgesehen von der Vorsorgevollmacht[6] – nicht kodifiziert. Sie beruht auf nationalem Richterrecht, was sie für Prüfungen besonders interessant macht. Ihre Anknüpfung ist umstritten.

Nach einer Ansicht ist das Recht anzuwenden, in dem die Vollmacht tatsächlich ausgeübt wurde (sog. Gebrauchsort).[7] Eine andere Ansicht stellt auf das Recht ab, in dem die Vollmacht nach dem Willen des Vollmachtgebers wirken soll (sog. Wirkungsort).[8] Andere schlagen schließlich die Anknüpfung an den gewöhnlichen Aufenthalt des Vertretenen vor.[9]

Die zweite Ansicht begegnet praktischen Bedenken, da der Wille des Vollmachtgebers nachträglich schwer zu ermitteln ist. Die dritte Ansicht überbetont die Schutzwürdigkeit des Vertretenen. Demgegenüber trägt die erste Ansicht dem Verkehrsschutz hinreichend Rechnung. Ihr gebührt daher der Vorzug.[10]

> **Hinweis**
>
> Obwohl im IPR vieles umstritten ist, kommen in Klausuren klassische Meinungsstreitigkeiten der obigen Art viel seltener als etwa in Strafrechtsklausuren vor, die von Meinungsstreitigkeiten zumeist „leben". Deshalb wird hier v.a. auf die Vermittlung von Strukturwissen Wert gelegt und nur auf die besonders wichtigen Streitstände eingegangen.

Als Anknüpfung für eine Rechtsscheinvollmacht stellt der BGH grundsätzlich auf den Ort ab, an dem der Rechtsschein entstanden ist und sich ausgewirkt hat.[11]

70   Die Verweisung auf das Recht des Gebrauchsortes ist gem. Art. 4 Abs. 1 S. 1 Hs. 2 Sachnormverweisung, da eine Rück- bzw. Weiterverweisung nach h.M. sinnwidrig wäre.[12]

71   Ausnahmen von der Anknüpfung an den Gebrauchsort sind insbesondere[13] für zwei Fälle zu machen: Erstens dann, wenn die Parteien für die Vollmacht das anwendbare Recht gewählt haben, was ganz überwiegend für zulässig gehalten wird;[14] zweitens bei Vollmachten, die der Grundstücksveräußerung dienen: Auf sie ist das Recht des Staates anzuwenden, in dem das Grundstück liegt.[15]

---

6 Dazu bestehen seit 1.1.2009 die Art. 13–21 ESÜ; zum ESÜ später unter Rn. 124.

7 So wohl *BGH* NJW-RR 1990, 248, 250; *Hoffmann/Thorn* § 7 Rn. 50–51 m.w.N.

8 So etwa *BGH* NJW 2004, 1315, 1316; Palandt-*Thorn* Anh. zu Art. 10 Rn. 1; *Rauscher* § 10 Rn. 1098 m.w.N.; *Rauscher* NJW 2014, 3619, 3623 bezeichnet diese Ansicht als herrschende Meinung.

9 *Ebenroth* JZ 1983, 821, 824 f.; zu weiteren Anknüpfungsmöglichkeiten Erman-*Hohloch* Art. 37 Anhang I Rn. 11.

10 Die erste Ansicht (Gebrauchsort) und die zweite Ansicht (Wirkungsland) führen oftmals zu gleichen Ergebnissen. Eines Streitentscheids zwischen diesen beiden herrschenden Ansichten bedarf es daher häufig nicht.

11 *BGH* NJW 2007, 1529, 1530 = NZG 2007, 426 m.w.N; zum Meinungsstand und zu Besonderheiten bei Distanzgeschäften *BGH* NZG 2012, 1192, 1195; zur Anknüpfung von Duldungs- und Anscheinsvollmacht auch *Rauscher* § 10 Rn. 1098: Wirkungsland.

12 *Looschelders* Anhang zu Art. 12 Rn. 17; Palandt-*Thorn* Anh. zu Art. 10 Rn. 1.

13 Ausführlich hierzu und zur Reichweite des Vollmachtsstatuts Erman-*Hohloch* Art. 37 Anhang I Rn. 17 und 19.

14 MüKo-*Spellenberg* Vor Art. 11 EGBGB Rn. 91 f. m.w.N.; Erman-*Hohloch* Art. 37 Anhang I Rn. 15.

15 *Kegel/Schurig* § 17 V 2a S. 621; Reithmann/Martiny-*Hausmann* Rn. 5464.

3. Namensrecht

Das kaum prüfungsrelevante Internationale Namensrecht wird in Art. 10 eigenständig gere- **72**
gelt.[16] Art. 10 Abs. 1 verweist auf das Heimatrecht des Namensträgers als Gesamtverweisung.[17] In Abs. 2 und 3 sind beschränkte Rechtswahlmöglichkeiten für den Ehe- und den Kin-
desnamen vorgesehen.

II. Juristische Personen

Charakteristisch für das Internationale Gesellschaftsrecht ist dessen **geringer Kodifizierungs-** **73**
grad. Die Rom-Verordnungen klammern „Fragen betreffend das Gesellschaftsrecht" in Art. 1
Abs. 2 lit. f Rom I-VO bzw. Art. 1 Abs. 2 lit. d Rom II-VO aus ihrem Anwendungsbereich aus.
Das EGBGB hält bisher ebenfalls keinerlei Vorschriften parat und auch staatsvertragliche
Gesellschaftskollisionsregeln, wie in Art. 25 Abs. 5 S. 2 des Freundschafts-, Handels- und Schiff-
fahrtsvertrags mit den USA, sind die Ausnahme.

1. Anwendungsbereich des Gesellschaftsstatuts

Das Gesellschaftsstatut bestimmt „unter welchen Voraussetzungen eine juristische Person **74**
entsteht, lebt und vergeht".[18] Es befindet damit über Fragen der Innen- und Außenbeziehun-
gen von Gesellschaften. Erfasst werden Errichtung und Bestehen, Rechts- und Handlungsfähigkeit, innere Verfassung, Auflösung und Beendigung sowie die Haftung der Gesellschaft
und ihrer Personen. Auch darüber, wer gesetzlicher Vertreter der Gesellschaft, des Vereins
oder der juristischen Person ist, entscheidet das Gesellschaftsstatut.[19] So umfassend damit
der gesellschaftsrechtliche Anknüpfungsgegenstand ist, so umstritten ist seit jeher das passende Anknüpfungsmoment. Gegenüber stehen sich im Wesentlichen zwei „Lager": Die Sitz-
und die Gründungstheorie.

2. Anknüpfungsmoment des Gesellschaftsstatuts

a) Sitztheorie

Nach der Sitztheorie soll das Recht des Staates zur Anwendung kommen, in dem die Gesell- **75**
schaft den Sitz ihrer Hauptverwaltung hat. Entscheidend ist der effektive Hauptverwaltungssitz, also der Ort, von dem aus die juristische Person tatsächlich gelenkt wird.[20] Dieser
Schwerpunkt des körperschaftlichen Lebens soll unter Berücksichtigung aller Umstände des
Einzelfalls ermittelt werden.

Traditionell folgten bislang die meisten kontinental-europäischen Rechtsordnungen (u.a.
Frankreich, Österreich, Belgien) dieser Anknüpfung. Auch in Deutschland war sie lange Zeit
gewohnheitsrechtlich fest verankert. Für sie spricht die Sachnähe zwischen der Gesellschafts-

---

16 Siehe hierzu aus jüngerer Zeit *BGH* NJW 2014, 1383 ff.

17 Dazu *BGH* JA 2008, 65 m. Anm. *Looschelders*; zur Vereinbarkeit dieser Anknüpfung an die Staatsangehö-
      rigkeit mit dem europäischen Diskriminierungsverbot *EuGH* EuZW 2008, 694 = NJW 2009, 135 (Rechtssa-
      che *Grunkin-Paul*) m. Anm. *Rieck* NJW 2009, 125.

18 *BGHZ* 25, 134, 144.

19 *BGH* NZG 2012, 1192, 1195; bis zum 17.12.2009 ergab sich dies ausdrücklich aus Art. 37 Nr. 2 EGBGB a.F.

20 *BGHZ* 97, 269, 272; *Fingerhuth/Rumpf* IPRax 2008, 90 m.w.N.; *Sattler* ZfRV 2010, 52, 56.

tätigkeit und der diese regelnde Rechtsordnung. Dadurch trägt die Sitztheorie nicht zuletzt den Kontrollbedürfnissen des Sitzstaates Rechnung, dessen Gesetzgebung die Gesellschaften bindet und der dadurch „Herr im eigenen Haus bleibt".

Anderseits führt auf dem Boden der Sitztheorie jeder Weg- oder Zuzug einer Gesellschaft zu einem Statutenwechsel, da die anknüpfungsrelevante Tatsache (eben der Hauptsitz) wechselt. Dies verkompliziert die Rechtslage.

b) Gründungstheorie

76 Die Gründungstheorie beruft das Recht des Staates zur Anwendung, in dem die Gesellschaft gegründet wurde. Sie ist im anglo-amerikanischen Rechtskreis herrschend. Staatsvertraglich angeordnet gilt sie im Verhältnis zwischen den USA und Deutschland gem. **Art. 25 Abs. 5 S. 2 des Freundschafts-, Handels- und Schifffahrtsvertrags mit den USA von 1954.**[21] Die Gründungsanknüpfung setzt gegenüber der Sitztheorie an die Stelle der mitunter schwierigen Ermittlung des Hauptverwaltungssitzes ein leicht bestimmbares Anknüpfungsmoment. Sie begünstigt die Mobilität von Gesellschaften, die die Gründung in einem Land ihrer Wahl vornehmen können und mit dieser Rechtsordnung „im Gepäck" unter Beibehaltung ihrer Rechtsform in ein anderes Land ziehen können (*societas shopping*). Anders als bei der Sitztheorie führt ein Zu- oder Wegzug nach der Gründungstheorie nicht zu einem Statutenwechsel, was sie vorzugwürdig erscheinen lässt. Anderseits birgt die Gründungstheorie auch Gefahren: Wenn sich Gesellschaften das unternehmerfreundlichste Recht aussuchen können, droht die Vorherrschaft der jeweils „laxesten" Gesellschaftsrechte (*race to the bottom*) und die Vereitelung berechtigter Drittinteressen (Gläubiger, Arbeitnehmer, Minderheitsgesellschafter).

Besonders deshalb folgte die deutsche Rechtsprechung über Jahrzehnte der Sitztheorie. Durch die Rechtsprechung des *EuGH* wurde dieser Standpunkt indes aufgeweicht und in einen Wandlungsprozess überführt.

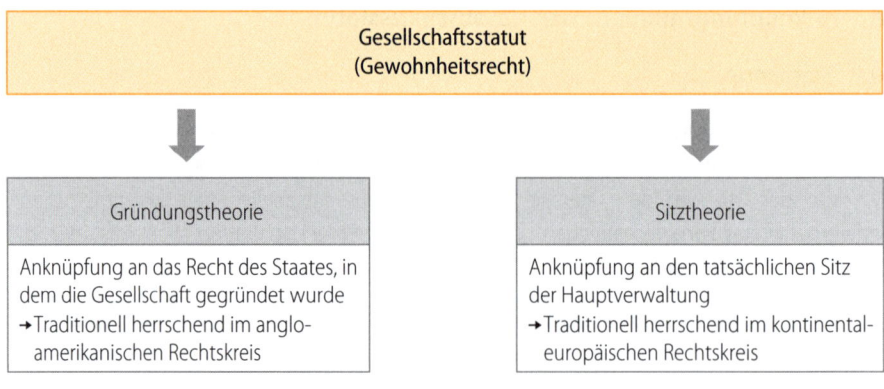

Gesellschaftsstatut (Gewohnheitsrecht)	
Gründungstheorie	**Sitztheorie**
Anknüpfung an das Recht des Staates, in dem die Gesellschaft gegründet wurde → Traditionell herrschend im anglo-amerikanischen Rechtskreis	Anknüpfung an den tatsächlichen Sitz der Hauptverwaltung → Traditionell herrschend im kontinental-europäischen Rechtskreis

---

21 Beispielsfälle zu dieser Norm [*J/H* Nr. 134], die nach h.M. trotz ihres nicht eindeutigen Wortlauts eine Kollisionsnorm ist: *BGH* NJW 2003, 1607 = JuS 2003, 1028 m. Anm. *Hohloch*; *BGH* NZG 2005, 44 = JuS 2005, 653 m. Anm. *Hohloch*; *BGH* NJW-RR 2013, 487.

c) Einflüsse der Rechtsprechung des EUGH auf die Sitztheorie

Dreh- und Angelpunkt dieser *EuGH*-Rechtsprechung ist die in Art. 49 AEUV (= Art. 43 EG a.F.) **77** verankerte Niederlassungsfreiheit, die nach Art. 54 AEUV (= Art. 48 EG a.F.) auch für Gesellschaften gilt. Sie will die Mobilität innerhalb Europas fördern. Diesem Anliegen wird die Gründungstheorie besser gerecht. Doch ob und inwieweit damit ein Verbot der Sitztheorie verbunden ist, darüber äußerte sich der *EuGH* erst nach und nach in einer Reihe von Entscheidungen:

- Die Rechtsprechungskette setzte 1988 mit der Entscheidung **„Daily Mail"**[22] ein. Darin ent- **78** schied der Gerichtshof, dass eine Gesellschaft „jenseits der nationalen Rechtsordnung, die ihre Gründung und ihre Existenz regelt, keine Realität" hat.[23] Der Sitzstaat dürfe daher den Wegzug einer Gesellschaft von bestimmten (steuerrechtlichen) Voraussetzungen abhängig machen. Diese Auslegung stand der Sitztheorie zunächst nicht entgegen.
- Eine andere Sichtweise deutete sich 1999 in der **„Centros"**-Entscheidung[24] an. „Centros" **79** hatte *pro forma* eine Gesellschaft („Briefkastengesellschaft") in England gegründet, um diese in Dänemark nach englischem Recht und unter Umgehung der strengeren dänischen Mindestanforderungen zu betreiben. Die Billigung dieses Vorgehens durch den *EuGH* bedeutete allerdings weiterhin keine wesentliche Einschränkung der Sitztheorie.
- Eine deutliche Hinwendung zur Gründungstheorie vollzog sich dann jedoch in der **„Über-** **80** **seering"**-Entscheidung[25] von 2002. Darin entschied der *EuGH* auf Vorlage des *BGH*,[26] dass einer niederländischen Gesellschaft bei Zuzug nach Deutschland ihre Rechts- und Parteifähigkeit nicht abgesprochen werden darf.
- Anhänger der Sitztheorie mussten die Zugrundelegung der Gründungstheorie in der **81** „Überseering"-Entscheidung zwar anerkennen, wollten sie jedoch auf den Bereich der Rechts- und Parteifähigkeit beschränkt sehen. Dieser Deutung entzog der *EuGH* in der Entscheidung **„Inspire Art"**[27] die Grundlage: Das Recht des Gründungsstaates müsse im Grundsatz insgesamt als maßgebliches Gesellschaftsstatut behandelt werden; Ausnahmen hiervon seien nur bei zwingenden Erfordernissen des Allgemeininteresses möglich.
- Darin die umfassende Verdrängung der Sitz- durch die Gründungstheorie zu sehen, ginge **82** jedoch zu weit, wie der *EuGH* in der Entscheidung **„Cartesio"**[28] vom 16.12.2008 deutlich machte. Darin entschied der Gerichtshof unter Berufung auf seine „Daily Mail"-Entscheidung und in Abgrenzung zu den Zuzugsfällen „Centros", „Überseering" und „Inspire Art", dass die Niederlassungsfreiheit solchen nationalen Regelungen nicht entgegensteht, die einer nach nationalem Recht gegründeten Gesellschaft den Wegzug verbietet, wenn sie auf der Beibehaltung ihrer Rechtsform beharrt. Abwicklung und Liquidation der Gesellschaft könne bei einem Wegzug aus Deutschland jedoch dann nicht verlangt werden, wenn sich die Gesellschaft unter Änderung ihrer Rechtsnatur nach einer Rechtsform des Zuzugsstaats organisiert.

---

22 *EuGH* NJW 1989, 2186, 2187.
23 *EuGH* NJW 1989, 2186 Rn. 19.
24 *EuGH* NJW 1999, 2027.
25 *EuGH* NJW 2002, 3614.
26 *BGH* EuZW 2000, 412.
27 *EuGH* NJW 2003, 3331.
28 *EuGH* NJW 2009, 569.

> **Beispiel**   Eine eingetragene deutsche OHG könnte unter bestimmten Voraussetzungen ihren Sitz nach Frankreich verlegen, indem sie sich etwa als „Société à responsabilité limitée" (S.A.R.L.) in das französische Register eintragen und aus dem deutschen Handelsregister löschen lässt. ■

83   •   Die jüngste Entscheidung „**VALE**"[29] vom 12.7.2012 führt die spezifische Rechtsprechung in Sachen „**SEVIC**"[30] und „**National Grid Indus**"[31], aber auch die eben skizzierte „Cartesio"-Rechtsprechung fort. Bis zu der Entscheidung in Sachen „VALE" gingen die Regierungen etlicher Mitgliedstaaten davon aus, dass eine grenzüberschreitende Umwandlung zur Gründung einer Gesellschaft im Aufnahmemitgliedstaat führe.[32] Im konkreten Fall sah das (ungarische) Recht des Aufnahmestaates die Möglichkeit der Umwandlung nur für inländische Gesellschaften vor; die Umwandlung einer dem Recht eines anderen Mitgliedstaates unterliegende Gesellschaft (im konkreten Fall eine italienische) war nicht zulässig. Der *EuGH* befand eine derartige Regelung in seiner „VALE"-Entscheidung für unvereinbar mit Art. 49 und 54 AEUV.[33] Er entschied unter Bezugnahme auf den Äquivalenz- und den Effektivitätsgrundsatz, dass auch eine grenzüberschreitende Umwandlung zuzulassen ist, und zwar unter denselben Bedingungen, die das innerstaatliche Recht des Aufnahmestaates an die inländischen Gesellschaften stellt.

d)   Folge der EuGH-Rechtsprechung: Eingeschränkte Anwendung der Sitztheorie in Deutschland

84   Vor dem Hintergrund jener *EuGH*-Rechtsprechung stellt sich das deutsche Internationale Gesellschaftsrecht derzeit uneinheitlich dar („gespaltenes Gesellschaftskollisionsrecht"): Die Anwendung von Gründungs- oder Sitztheorie hängt einerseits davon ab, ob der Sachverhalt innerhalb der EU spielt oder Auslandsbezug zu einem Drittstaat hat, andererseits davon, ob es um einen Zu- oder Wegzug von Gesellschaften geht.

85   Die räumliche Unterscheidung erklärt sich daraus, dass die Jurisdiktionsgewalt des *EuGH* auf die EU-Mitgliedstaaten und die Vertragsstaaten des Europäischen Wirtschaftsraums (EWR), also Island, Norwegen und Liechtenstein, beschränkt ist.[34] Aufgrund dieses beschränkten Geltungsanspruchs der *EuGH*-Rechtsprechung gilt **im Verhältnis zu Drittstaaten mit Ausnahme der USA** weiterhin die **Sitztheorie**.[35]

86   Für in der EU bzw. im EWR spielende Fälle kommt es darauf an, ob ein Zu- oder Wegzugsfall vorliegt. Bei Zuzug nach Deutschland ist gemäß den Vorgaben des *EuGH* auf die Gründungstheorie abzustellen, bei Wegzug aus dem Inland gilt die Sitztheorie mit den Maßgaben aus dem Fall „Cartesio" (siehe Rn. 82).

87   Verweisungen auf das Gründungsrecht sind aufgrund ihrer europarechtlichen Dirigierung Sachnormverweisungen; im Übrigen ist von Gesamtverweisungen auszugehen.

---

29   *EuGH* EWS 2012, 375 m. Anm. *Jaensch* EWS 2012, 353 ff.; hierzu auch *Böttcher/Kraft* NJW 2012, 2701 ff.
30   *EuGH* NJW 2006, 425. Zu dieser Entscheidung komprimiert und mit weiteren Nachweisen *Frenz* JURA 2011, 680, 681 f.
31   *EuGH* NZG 2012, 114.
32   Siehe *Mansel/Thorn/R. Wagner* IPRax 2013, 1, 3.
33   So zuvor bereits deutlich *Thiermann* EuZW 2012, 209 ff.
34   Vgl. Erman-*Hohloch* Art. 37 Anhang II Rn. 32; Art. 31, 34 EWR-Abkommen entsprechen Art. 49, 54 AEUV.
35   *Rauscher/Papst* NJW 2010, 3487, 3491; *Weller* IPRax 2009, 202, 206 f.; *Lieder/Kliebisch* BB 2009, 338 ff.

> **Hinweis**
>
> Noch mehr Löcher bekam wohl die deutsche Sitztheorie durch die am 1.11.2008 erfolgte Reform von §4a GmbHG und §5 AktG. Danach dürfte auf den Wegzug im Inland gegründeter Kapitalgesellschaften (GmbH, AG) nunmehr ebenfalls die Gründungstheorie anzuwenden sein,[36] allerdings ist dies bislang noch nicht endgültig geklärt.[37] Es bleibt abzuwarten und zu beobachten, wie die Rechtsprechung diese Gesetzesänderungen ausdeuten wird.

3. Ausblick: Gesetz zum Internationalen Privatrecht der Gesellschaften, Vereine und juristischen Personen

Wie die vorstehenden, bereits sehr vereinfachten Ausführungen zeigen, gleicht das deutsche **88** Internationale Gesellschaftsrecht derzeit einem unübersichtlichen Flickenteppich.[38] Der Gesetzgeber hat diesen misslichen Rechtszustand wahrgenommen und versucht ihm nun abzuhelfen.

Das Bundesjustizministerium legte dazu am 7.1.2008 einen Referentenentwurf für ein „Gesetz zum internationalen Privatrecht der Gesellschaften, Vereine und juristischen Personen" (RefE) vor. Der RefE basiert auf einem Vorschlag des 1954 gegründeten Deutschen Rates für Internationales Privatrecht.[39] Der Entwurf enthält Vorschläge zur Neufassung der Art. 10, 10a, 10b, 11 Abs. 6 sowie 12 Abs. 2 und Abs. 3 EGBGB. Kernstück der Reform ist Art. 10 Abs. 1 RefE. Dieser sieht als Reaktion auf die Rechtsprechung des *EuGH* die **Kodifizierung der Gründungstheorie** in Deutschland vor. Danach soll das Recht des Staates maßgeblich sein, in dem die Gesellschaft konstitutiv oder deklaratorisch in ein öffentliches Register eingetragen wurde. Für Gesellschaften, bei denen eine öffentliche Registereintragung (noch) fehlt, soll das Recht des Staates gelten, nach dem sie tatsächlich organisiert sind.[40] Über die Vorgaben des *EuGH* hinausgehend, soll die Gründungsanknüpfung nach dem RefE nicht nur für EU/EWR-Gesellschaften, sondern auch für Gesellschaften aus Drittstaaten gelten („Einheitslösung").[41] Die Verabschiedung des RefE würde das Internationale Gesellschaftsrecht erheblich vereinfachen; angesichts der aktuellen Unübersichtlichkeit der Rechtslage wäre das wünschenswert. Allerdings wurde der RefE wegen seiner Ausklammerung von Aspekten der Mitbestimmung zunächst „auf Eis gelegt".[42] Mit einer baldigen Verabschiedung ist eher nicht zu rechnen. Indessen hat sich die EU im Stockholmer Programm[43] des Europäischen Rates vom 2.12.2009 vorgenommen, Kollisionsnormen zum Gesellschaftsrecht zu schaffen; die im RefE vorgesehen Regelungen sollen dabei zum Ausgangspunkt der Überlegungen gemacht werden.[44]

---

36 A.A. etwa *Jaensch* EWS 2012, 353, dessen Bezugnahme auf BGHZ 178, 192 Rz. 22 nicht trägt.

37 Näher *Leitzen* NZG 2009, 728; *Fingerhuth/Rumpf* IPRax 2008, 90, 92; *Kindler* IPRax 2009, 189, 193 ff.

38 Noch komplexer wird die Lage durch die Differenzierung zwischen Satzungs- und Verwaltungssitz der Gesellschaft. Dazu und zu den Folgen dieser Unterscheidung *Frenz* JURA 2011, 678 ff. (Schwerpunktkandidaten zur Lektüre empfohlen).

39 Zu diesem „Motor" der internationalprivatrechtlichen Gesetzgebung *R. Wagner* IPRax 2004, 1 f.

40 Weiterführend zum Ganzen *Wagner/Timm* IPRax 2008, 81 ff.

41 *Bayer/Schmidt* ZHR 173 (2009), 735, 741.

42 So *Bayer/Schmidt* ZHR 173 (2009), 735, 742.

43 Dezidiert hierzu *R. Wagner* IPRax 2010, 97 ff.

44 So *Mansel/Thorn/R. Wagner* IPRax 2013, 1, 36.

III. Übungsfall[45] Nr. 1

>> Versuchen Sie bitte alle Übungsfälle zunächst selbst durch eine kurze Lösungsskizze zu bearbeiten. Das erhöht den Lerneffekt mehr, als es Zeit kostet! **<<**

89   „Trabrennbahn für lau"[46]

Die S ist eine Aktiengesellschaft schweizerischen Rechts. Sie hat ihren Hauptsitz vor einem Jahr von Genf nach Düsseldorf verlegt. In das deutsche Handelsregister wurde sie nicht eingetragen. Sie hält sich für die Eigentümerin einer von ihr vermieteten Trabrennbahn. Als der Mieter der Trabrennbahn nicht zahlt, verklagt ihn die S in Düsseldorf.

Das deutsche Gericht bittet Sie zu prüfen, ob die S überhaupt rechtsfähig oder zumindest teilrechtsfähig ist.

Bearbeitungshinweise: Das deutsche Gericht ist zuständig. Das IPR der Schweiz folgt gem. Art. 154 Abs. 1 IPRG grundsätzlich der Gründungstheorie.

90   **Lösung**

I.   Anwendbares Recht

Aufgrund der Auslandsberührung des Sachverhalts ist zunächst die Rechtsordnung zu ermitteln, die über die Rechtsfähigkeit der S-AG befindet. Darüber entscheidet das IPR des zuständigen deutschen Gerichts.

1.   Qualifikation

Die Frage nach der Rechtsfähigkeit der S ist nach der *lex fori* zu qualifizieren. Vorrangiges Europa- oder Abkommensrecht, das die Frage regelt, ist nicht ersichtlich. Im EGBGB findet sich in Art. 7 Abs. 1 eine Kollisionsnorm zur Rechtsfähigkeit. Diese betrifft jedoch nur natürliche, nicht aber juristische Personen. Gesetzliche Bestimmungen zur Ermittlung des Gesellschaftsstatuts gibt es bisher nicht. Fraglich ist, wie diese Gesetzeslücke zu schließen ist.

2.   Anknüpfung an den Gründungsort

Einerseits könnte sie durch Anwendung der sog. Gründungstheorie geschlossen werden. Danach ist Gesellschaftsstatut das Recht des Staates, in dem die Gesellschaft gegründet wurde. Die Verweisung auf dieses Recht ist Gesamtverweisung.

Die S wurde in der Schweiz gegründet, folglich wäre nach der Gründungstheorie auf das schweizerische IPR verwiesen. Da schweizerisches IPR in Art. 154 Abs. 1 IPRG ebenfalls von der Gründungstheorie ausgeht, nähme es die Verweisung an, sodass schweizerisches Sachrecht anwendbar wäre.

3.   Anknüpfung an den Sitz der Hauptverwaltung

Die h.M. in Deutschland will die Gesetzeslücke hingegen durch Anwendung der sog. Sitztheorie schließen, nach der der Sitz der Hauptverwaltung über das Gesellschaftsstatut entscheidet. Für diese Anknüpfung spricht der Schutz berechtigter Drittinteressen, insbesondere der Gläubiger- und Arbeitnehmerinteressen. Da die S ihren Sitz in Düsseldorf hat, wäre danach deutsches materielles Gesellschaftsrecht anwendbar.

4.   Einschränkung der Sitztheorie

Da die Sitztheorie jedoch dazu führt, dass eine Gesellschaft ihren Sitz nicht nach Deutschland bzw. aus Deutschland heraus verlegen kann, ohne ihre Rechtspersönlichkeit zu verlieren, gerät sie in Konflikt mit der durch Art. 49, 54 AEUV bzw. Art. 31, 34 EWR-Abkommen gewährleisteten Niederlassungsfreiheit. Der *EuGH* nahm in seiner „Überseering"-Entscheidung eine Verletzung der Niederlassungsfreiheit an, wenn einer in einem Mitgliedstaat ordnungsgemäß gegründeten Gesellschaft nach der Sitzverlegung in einen anderen Mitgliedstaat die Rechtsfähigkeit abgesprochen wird.

---

45 Wer mehr Übungsfälle zum IPR bearbeiten möchte, dem sei das Falllösungsbuch von *Fuchs/Hau/Thorn* besonders empfohlen.

46 Stark abgewandelt und vereinfacht nach *BGH* NJW 2009, 289.

Für den vorliegenden Fall bleibt diese europa-rechtliche Überformung der Sitztheorie jedoch ohne Bedeutung, da die Schweiz weder der EU noch dem EWR angehört. Im Verhältnis Deutschland zum Drittstaat Schweiz ist weiter uneingeschränkt von der Sitztheorie auszuge-hen, solange der deutsche Gesetzgeber keine anderweitige Regelung trifft.[47] Über die Frage der Rechtsfähigkeit der S-AG entscheidet mit-hin – der Sitztheorie folgend – deutsches Sachrecht.

II. Rechtsfähigkeit nach deutschem Sachrecht

Eine in der Schweiz gegründete Aktiengesell-schaft ist in Deutschland nur dann als Aktien-gesellschaft nach § 1 AktG rechtsfähig, wenn sie in das deutsche Handelsregister eingetra-gen wurde (§ 36 AktG), was eine Neugrün-dung voraussetzt. Demgemäß wäre die S mangels Eintragung nicht rechtsfähig. Aller-dings führt die fehlende Eintragung der S

dazu, dass sie in Deutschland als OHG bzw. GbR zu behandeln ist.[47] Da diese beiden Gesellschaftsformen Teilrechtsfähigkeit bean-spruchen,[48] ist im Ergebnis festzustellen, dass die S teilrechtsfähig ist.

> ### Hinweis
>
> Wenn sich die vorliegende Aufgabenstel-lung nicht mit der Frage nach dem anzu-wendenden Recht begnügt, sondern nach dem Ergebnis in der Sache fragt, also zugleich Ausführungen zum materi-ellen deutschen Recht verlangt, so ist dies klausurtypisch. Im Examen dient das IPR häufig nur als „Aufhänger" für schwer-punktmäßig im BGB oder HGB spielende Klausuren.[49]

---

47 *BGH* NJW 2009, 289, 291.

48 Vgl. für die OHG: § 124 HGB; für die GbR: *BGH* NJW 2001, 1056.

49 Siehe beispielhaft die Examensklausuren von *Baier/Krebs* JuS 2014, 45 sowie *Rentsch*, JURA 2014, 833; ferner *Lamberz* JA 2014, 18.

B.   Internationales Familienrecht

I.   Eheschließung

91   Ehen zwischen Personen mit unterschiedlicher Staatsangehörigkeit sind keine Ausnahme mehr: 2009 wurden hierzulande 44 286 binationale Ehen eingegangen; insgesamt existierten in diesem Jahr 1,2 Millionen Mischehen in Deutschland.[50]

Zur Ermittlung des auf diese Ehen anwendbaren Rechts gibt es mit Ausnahme des Haager Eheschließungsabkommens,[51] das nur im Verhältnis zu Italien gilt, kaum vereinheitlichtes Recht. In eherechtlichen Fällen ist daher in aller Regel das EGBGB heranzuziehen.

1.   Eheschließungsvoraussetzungen

» Bitte schlagen Sie immer die zitierten Vorschriften im Gesetz nach, um die Ausführungen am Wortlaut nachvollziehen zu können. **«**

92   Zentrale Norm für die Anknüpfung der Eheschließung ist Art. 13. Aber Vorsicht: Art. 13 Abs. 1 regelt nur die materiellen Voraussetzungen der Eheschließung. Dazu zählen insbesondere die Ehefähigkeit (Ehemündigkeit, Einwilligung Dritter), Ehehindernisse (etwa Verwandtschaft, Doppelehe, Geschlechtsgleichheit) und das Fehlen von Willensmängeln (etwa Täuschung, Irrtum, Zwang). Über Aspekte der vorgeschriebenen Form der Eheschließung entscheidet dagegen **grundsätzlich** das Formstatut nach **Art. 11 Abs. 1**.[52] Dazu gehören etwa das Gebot der gleichzeitigen Anwesenheit der Eheschließenden vor der zuständigen Stelle und die Frage, ob die Mitwirkung eines Standesamtens erforderlich ist. **Für im Inland geschlossene Ehen** findet sich hierzu eine gegenüber Art. 11 Abs. 1 vorrangige Regelung in **Art. 13 Abs. 3**.

a)   Materielle Voraussetzungen

93   Art. 13 Abs. 1 knüpft die materiellen Ehevoraussetzungen für jeden Verlobten separat an sein jeweiliges Heimatrecht an (distributive Anknüpfung). Die Verweisung ist jeweils Gesamtverweisung.[53] Sofern die distributive Anknüpfung zu unterschiedlichen Sachrechten führt, kann die Ehe nur geschlossen werden, wenn sie nach beiden Rechtsordnungen zulässig ist. Der Zeitpunkt der Eheschließung ist maßgeblich.[54]

---

50   Quelle: DER SPIEGEL 1/2011 v. 3.1.2011, S. 31.

51   Haager Abkommen zur Regelung des Geltungsbereichs der Gesetze auf dem Gebiete der Eheschließung v. 12.6.1902 [J/H Nr. 30].

52   *Looschelders* Art. 13 Rn. 65.

53   Erman-*Hohloch* Art. 13 Rn. 7.

54   Die Rechtsprechung geht in Ausnahmefällen – dogmatisch schwer begründbar – dennoch von einem „Statutenwechsel" aus, der zur „Heilung" ungültiger Ehen führen soll. Zu diesem speziellen Problem *Hoffmann/Thorn* § 8 Rn. 12; anschaulich *Siehr* IPRax 2007, 30.

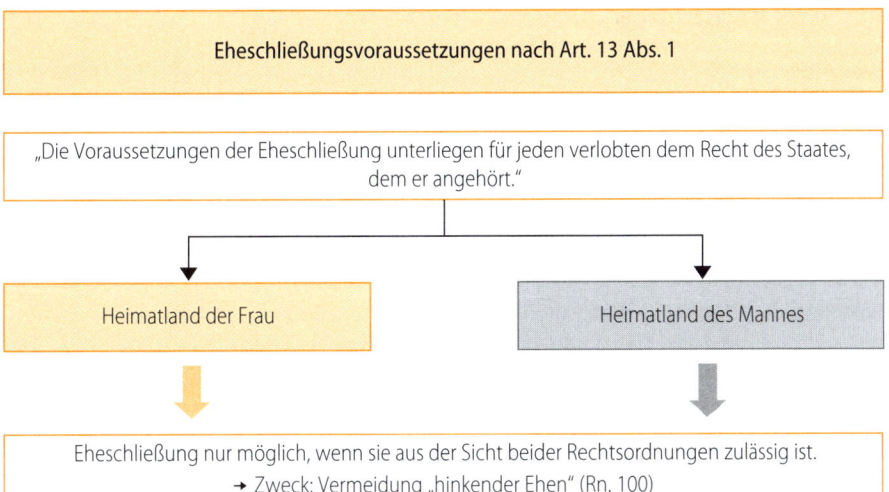

Eheschließungsvoraussetzungen nach Art. 13 Abs. 1

„Die Voraussetzungen der Eheschließung unterliegen für jeden verlobten dem Recht des Staates, dem er angehört."

Heimatland der Frau

Heimatland des Mannes

Eheschließung nur möglich, wenn sie aus der Sicht beider Rechtsordnungen zulässig ist.
→ Zweck: Vermeidung „hinkender Ehen" (Rn. 100)

Beispiel Der bereits verheiratete Jordanier J und die Deutsche D wollen in Karlsruhe heiraten. Ist das möglich?

Für J verweist Art. 13 Abs. 1 auf jordanisches IPR. Da dieses dem Staatsangehörigkeitsprinzip folgt, nimmt es die Verweisung an. Jordanisches Sachrecht lässt die Mehrehe zu. Insofern steht der erneuten Eheschließung nichts im Wege. Auf der anderen Seite verweist Art. 13 Abs. 1 für D auf deutsches Recht. Dieses sieht in § 1306 BGB[55] das Verbot der Doppelehe vor. Da die Eheschließung folglich nicht nach beiden Rechtsordnungen zulässig ist, wird der Standesbeamte eine Trauung von J und D ablehnen. ■

>> Zum Begriff der distributiven Anknüpfung siehe Rn. 47. <<

Damit Standesbeamte nicht mit der oftmals sehr aufwendigen Prüfung belastet werden, ob das ausländische Recht die Eheschließung erlaubt, muss der Ausländer selbst nach § 1309 Abs. 1 BGB durch Beibringung eines Ehefähigkeitszeugnisses den Nachweis dafür führen. Ein solches Zeugnis erhält er von der entsprechenden Behörde seines Heimatstaates. Kann ein Ehefähigkeitszeugnis nicht beigebracht werden (etwa weil der Heimatstaat solche Zeugnisse nicht ausstellt), so kann unter den Voraussetzungen des § 1309 Abs. 2 BGB von dem Vorlageerfordernis befreit werden.

94

Wenn Art. 13 Abs. 1 ausländisches Recht beruft, das die Eheschließung wegen eines Ehehindernisses verbietet, welches nach deutschem Recht nicht besteht, so kann schließlich Art. 13 Abs. 2 (bitte lesen) zur Zulässigkeit der Eheschließung verhelfen.[56] Diese Vorschrift geht als besondere Ausprägung des *ordre public* der allgemeinen Vorbehaltsklausel in Art. 6 vor.[57]

Beispiel Die in Dortmund lebenden Chilenen E und F lassen sich hierzulande scheiden, weil E sich in die Deutsche D verliebt hat. Nun möchte E die D in Dortmund heiraten. Nach chilenischem Eherecht wäre E jedoch ein erneutes Heiraten versagt. Dieses Ehehindernis würde Art. 13 Abs. 2 überwinden. ■

---

55 § 1306 BGB ist sog. beidseitige Ehevoraussetzung. Zur Abgrenzung zu einseitigen Ehevoraussetzungen *Rauscher* § 8 Rn. 696.

56 Schönes Beispiel hierfür *OLG München* FamRZ 2011, 1506.

57 Vgl. MüKo-*Coester* Art. 13 Rn. 27; *Looschelders* Art. 13 Rn. 27 ff.

b) Formvoraussetzungen

95 Die für die Form der Eheschließung grundsätzlich maßgebliche allgemeine Formkollisionsregel in Art. 11 Abs. 1 lässt alternativ „Geschäftsform oder Ortsform" genügen: Die Eheschlie
ßung ist nach Art. 11 Abs. 1 „formgültig, wenn es (das Rechtsgeschäft) die Formerfordernisse
des Rechts, das auf das seinen Gegenstand bildende Rechtsverhältnis anzuwenden ist (d.h.
alle Formerfordernisse der von Art. 13 Abs. 1 berufenen Rechtsordnung[en]), oder das Recht
des Staates erfüllt, in dem es vorgenommen wird." Dadurch begünstigt Art. 11 Abs. 1 im Interesse des Rechtsverkehrs die Wirksamkeit von Rechtsgeschäften (*favor negotii*).[58] Nach h.M.
handelt es sich bei Art. 11 Abs. 1 um eine Sachnormverweisung.[59]

96 Allerdings gilt die allgemeine Formkollisionsregel nur für Eheschließungen im Ausland; für
Eheschließungen in Deutschland gilt nach der Sonderregelung des Art. 13 Abs. 3 grundsätzlich allein die Ortsform, d.h. die Eheschließenden müssen ihre Erklärungen persönlich und
bei gleichzeitiger Anwesenheit vor dem Standesbeamten abgeben (§§ 1310, 1311 BGB). In
seltenen Fällen macht Art. 13 Abs. 3 S. 2 hiervon eine Ausnahme: Wenn die beiden Verlobten
nicht deutsch sind und diese durch eine Person getraut werden, die zwar nicht Standesbeamter, aber durch eine besondere Ermächtigung zur Eheschließung von Personen befugt ist.
Welche Geistliche aus dem Ausland eine solche Trauungsbefugnis in Deutschland besitzen,
ist in einem vom Bundesverwaltungsamt in Köln geführten Verzeichnis niedergelegt.

> **Beispiel**[60] Die Schwedin F und der US-Amerikaner M heiraten vor dem Pastor der schwe
> dischen Seemannskirche in Hamburg. Der Pastor besitzt eine entsprechende Trauungsbe
> fugnis. Trotz fehlender Beteiligung eines Standesbeamten ist die Ehe wegen Art. 13 Abs. 3
> S. 2 wirksam geschlossen. ■

2. Folgen fehlerhafter Eheschließung

97 Die unterschiedlichen Rechtsfolgen, die Verstöße gegen formelle oder materielle Ehevoraussetzungen zeitigen (im deutschen Recht: Nichtehe, aufhebbare Ehe, vollwirksame Ehe), richten sich jeweils nach dem Statut, das über die Ehevoraussetzungen entscheidet.[61] Die Folgen
materieller Verstöße bestimmen sich also nach Art. 13 Abs. 1, die für formelle Mängel nach
Art. 11 bzw. Art. 13 Abs. 3.[62]

3. Verlöbnis

98 Die Anknüpfung des Verlöbnisses ist im EGBGB nicht geregelt. Es wird wie die Eheschließung
behandelt, d.h. Art. 13 und Art. 11 werden für die materiellen bzw. formellen Voraussetzungen und Rechtsfolgen des Verlöbnisses entsprechend angewendet.[63] Die einzige Besonderheit insoweit betrifft Art. 13 Abs. 3, der wegen der Formfreiheit des Verlöbnisses nach deutschem Recht keine Rolle spielt. Für Ansprüche wegen Verlöbnisbruch gilt Art. 14 analog.[64]

---

58 Erman-*Hohloch* Art. 13 Rn. 1.

59 Palandt-*Thorn* Art. 11 Rn. 3; *Looschelders* Art. 11 Rn. 4 m.w.N.

60 In Anlehnung an *AG Hamburg* FamRZ 2000, 821 = JuS 2000, 1023 m. Anm. *Hohloch*.

61 Vgl. *OLG Stuttgart* FamRZ 2011, 217 f.

62 Zu den Konsequenzen dieser Anknüpfung mit Beispielen *Rauscher* § 8 Rn. 701 ff. und 720 ff.

63 *Rauscher* § 8 Rn. 729 ff.; *Looschelders* Art. 13 Rn. 83 ff.

64 So die h.M., vgl. *Hoffmann/Thorn* § 8 Rn. 17; *Looschelders* Art. 13 Rn. 84 jeweils m.w.N.

4. Problemfälle

a) Handschuhehe

Da es bei der schon erwähnten Handschuhehe meist um die Frage nach der gleichzeitigen **99** Anwesenheit beider Verlobten geht, unterliegt sie im Grundsatz dem Formstatut nach Art. 11 („Auslandsehe") und Art. 13 Abs. 3 („Inlandsehe").[65] Danach ist die Ehe formwirksam, wenn die Einbeziehung eines Boten nach dem Heimatrecht beider Ehegatten oder nach dem Recht am Ort der Eheschließung gestattet ist. Aber Vorsicht: Manche islamische Länder, wie

etwa Ägypten, Marokko und der Iran, sehen eine Handschuhehe sogar durch echte Stellvertreter vor, die den Ehepartner selbst auswählen. Diese (seltenere) Handschuhehe in Form einer echten „Stellvertreterehe" wird nach Art. 13 Abs. 1 angeknüpft, da sie materielle Voraussetzungen der Eheschließung berührt.[66] Grundsätzlich anders als die bloße Vertretung in der Erklärung,[67] verstößt die Stellvertretung bei der Partnerwahl jedoch regelmäßig gegen den *ordre public*.[68]

b) „Hinkende Ehe"

Von „hinkenden Ehen" spricht man, wenn Ehen von einem Recht als wirksam und von **100** einem anderen als unwirksam angesehen werden.[69] Dazu kann es kommen, wenn ein Staat von einer wirksamen Eheschließung oder Scheidung ausgeht, der andere diese aber nicht anerkennt.[70] Maßgeblich für die Beurteilung dieser Fälle im Inland ist grundsätzlich die deutsche Sicht (h.M.).[71]

Beispiel M und F sind griechischer Staatsangehörigkeit. Sie heiraten 2011 in Deutschland vor einem nicht ermächtigten griechisch-orthodoxen Geistlichen. Diese Eheschließung ist

nach griechischem Recht wirksam. Vier Jahre später reicht F im Inland die Scheidung ein. Wird die Ehe geschieden werden?

Hier ist als Vorfrage i.R.d. Art. 8 Rom III-VO zu klären, ob überhaupt eine wirksame Ehe zwischen M und F besteht. Diese Frage wird auch nach Inkrafttreten der Rom III-VO selbstständig angeknüpft (zur selbstständigen Anknüpfung bereits unter Rn. 58). Nach griechischem Recht wäre sie zu bejahen, nach deutschem Recht

---

65 S. bereits Rn. 53.

66 *Hoffmann/Thorn* § 8 Rn. 8; *Kropholler* § 44 II 3, S. 339.

67 Auch die Handschuhehe – etwa in Form der *Nikah-Zeremonie* nach pakistanischem Recht – kann unter Umständen gegen den *ordre public* verstoßen, siehe hierzu *Bock* NJW 2012, 122, 123 f.

68 MüKo-*Coester* Art. 13 Rn. 44 m.w.N.

69 Ausführlich dazu MüKo-*Winkler von Mohrenfels* Art. 1 Rom III-VO Rn. 26 ff.

70 Bedeutsam kann die Behandlung hinkender Ehen etwa hinsichtlich des Verbots der Doppelehe oder des Ehegattenerbrechts werden.

71 Zum Meinungsstand, der sich durch das Inkrafttreten der Rom III-VO nicht ändert, siehe MüKo-*Winkler von Mohrenfels* Art. 1 Rom III-VO Rn. 28 ff sowie *J. Stürner* JURA 2012, 708, 712 jeweils m.w.N.

ist sie wegen Art. 13 Abs. 3 hingegen zu verneinen. Damit handelt es sich um eine hinkende Ehe, für deren Beurteilung im Inland der Standpunkt der deutschen Rechtsordnung maßgeblich ist (h.M.). Da aus deutscher Sicht von einer Nichtehe auszugehen ist, scheidet eine Scheidung von M und F aus. ■

c)   Nichteheliche Lebensgemeinschaften

101   Durch Gesetz vom 16.2.2001 wurde Art. 17b in das EGBGB eingefügt, der eine eigenständige Regelung für eingetragene Lebenspartnerschaften schuf.[72] Für nichteheliche Lebensgemeinschaft fehlt eine vergleichbare Kollisionsnorm. Ihre Anknüpfung ist streitig.

Die h.L. qualifiziert die nichteheliche Lebensgemeinschaft familienrechtlich und wendet für ihr Zustandekommen Art. 13 Abs. 1 analog und für die Ausgleichsansprüche Art. 15 Abs. 1 an.[73] Vom Anwendungsbereich der Rom III-VO wird die nichteheliche Lebensgemeinschaft nach wohl h.M. nicht erfasst.[74]

Der *BGH* knüpft die einzelnen möglichen Ausgleichsansprüche (v.a. §§ 530, 730 ff., 812 Abs. 1 S. 2 Alt. 2, 313 BGB[75]) hingegen an das jeweils maßgebliche Statut, also an das Schuldvertrags-, Gesellschafts- oder Bereicherungsstatut an.[76]

Beide Ansichten erscheinen durchaus kombinierbar,[77] im Übrigen verdient die Rechtsprechung den Vorzug, da die Lebenspartner gerade nicht die Wirkungen einer Ehe durch Heirat herbeiführen wollen.

II.   Ehewirkungen

1.   Allgemeine Ehewirkungen

102   Art. 14 regelt die allgemeinen Ehewirkungen. Davon erfasst werden aus Sicht des deutschen materiellen Rechts lediglich die Regelungen in §§ 1353, 1356–1359 und 1362 BGB. Darüber hinaus gibt es ausländische Institute, die nach Art. 14 zu qualifizieren sind.[78] Insgesamt hat Art. 14 als Auffangtatbestand jedoch einen sehr schmalen Anwendungsbereich. Größere Bedeutung erlangt die Vorschrift dadurch, dass an verschiedenen Stellen auf sie verwiesen wird (vgl. Art. 15 Abs. 1, 19 Abs. 1 S. 3, 22 Abs. 1 S. 2).

---

72 Hierzu näher *Coester* IPRax 2013, 114 ff.
73 *Hoffmann/Thorn* § 8 Rn. 18; *Looschelders* Art. 13 Rn. 87 m.w.N.; a.A. Erman-*Hohloch* Vor Art. 13 Rn. 12; zum Ganzen *Henrich* in: FS Kropholler 2008, 305 ff.
74 Siehe Rn. 110.
75 Vgl. *BGH* NJW 2008, 3277 = JuS 2008, 1124 m. Anm. *Wellenhofer*.
76 *BGH* IPRrax 2005, 545, 546 f.
77 Dazu *Rauscher* § 8 Rn. 873.
78 Näher *Rauscher* § 8 Rn. 736.

a) Objektive Anknüpfung (Art. 14 Abs. 1)

Art. 14 Abs. 1 besteht aus einer dreistufigen Anknüpfungsleiter (nach *Gerhard Kegel* [1912 – **103** 2006] auch als *Kegel*'sche Leiter bekannt): Hauptanknüpfung in Art. 14 Abs. 1 ist die gemeinsame Staatsangehörigkeit (Nr. 1), sekundär wird an den gemeinsamen gewöhnlichen Aufenthalt angeknüpft (Nr. 2), und schließlich an die gemeinsame engste Verbindung (Nr. 3). Hierbei handelt es sich um eine subsidiäre, wandelbare Anknüpfung. Wie bei einem nach unten verlaufenden **Parkhaus** ist jeweils nur dann die nächst tiefer liegende Etage zu benutzen, wenn die darüber liegenden Stockwerke keinen Platz bieten (*Beispiel* sogleich unter Rn. 105).

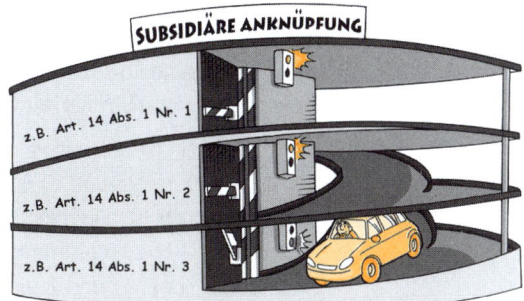

> **Hinweis**
>
> Diese Rechtstechnik wird im Gesetzeswortlaut durch die Begriffe „sonst" (Art. 14 Abs. 1 Nr. 1 a.E.) und „hilfsweise" (Art. 14 Abs. 1 Nr. 2 a.E.) deutlich.

Art. 14 Abs. 1 Nr. 1 und Nr. 2 sind Gesamtnormverweisungen; Nr. 3 ist nach h.M. Sachnormverweisung.[79]

b) Rechtswahl (Art. 14 Abs. 2–4)

Art. 14 Abs. 2 und 3 sehen in beschränktem Maße Rechtswahlmöglichkeiten vor. Bei Mehr- **104** staatern (Abs. 2) und Ehegatten ohne gemeinsame Staatsangehörigkeit (Abs. 3) kann unter den dort genannten Voraussetzungen das Heimatrecht eines der Ehegatten gewählt werden. Die Wahl wirkt sich auch im Rahmen des Güterstatuts (Art. 15 Abs. 1) aus. Für die Abstammung und Adoption ist die Rechtswahl dagegen unerheblich, da Art. 19 Abs. 1 S. 3 und 22 Abs. 1 S. 2 jeweils nur auf Art. 14 Abs. 1 Bezug nehmen.

Art. 14 Abs. 4 regelt die Form der Rechtswahl. Im Inland bedarf sie der notariellen Beurkundung. Ist die Rechtswahl wirksam, so wird nach Art. 4 Abs. 2 auf das Sachrecht verwiesen.

2. Ehegüterrecht

Den praktisch wichtigsten Teil der Ehewirkungen regelt Art. 15. Vom Ehegüterstatut werden **105** insbesondere Fragen zum Zugewinnausgleich und Güterstand (Gütergemeinschaft, Gütertrennung, Ehevertrag, Beendigung des Güterstandes, etc.), aber auch Sorgfaltspflichten bei der Vermögensverwaltung und Auskunftsansprüche erfasst. Sog. „unbenannte Zuwendungen" werden dagegen schuldrechtlich qualifiziert.[80] Art. 15 Abs. 1 verweist für die güterrechtlichen Wirkungen in Form einer Gesamtnormverweisung auf das Ehewirkungsstatut in Art. 14 – mit einer wichtigen Besonderheit: Bei Prüfung der *Kegel*'schen Leiter des Art. 14

---

79 Vgl. Rn. 56 sowie Erman-*Hohloch* Art. 14 Rn. 6 m.w.N.; a.A. etwa *Rauscher* § 8 Rn. 752.

80 *BGH* NJW 1993, 385, 386; *Rauscher* § 8 Rn. 774; a.A. *Winkler von Mohrenfels* IPRax 1995, 379, 380 f.

Abs. 1 sind allein die Verhältnisse zum Zeitpunkt der Eheschließung maßgeblich (Art. 15 Abs. 1: „**dem bei Eheschließung**"). Aufgrund dieser Fixierung auf den Zeitpunkt der Eheschließung ist das Ehegüterstatut unwandelbar.

Beispiel Der Deutsche M und die Dänin F wohnen seit 2005 in Hamburg. 2006 gingen sie wirksam die Ehe ein. 2010 nahm F die deutsche Staatsangehörigkeit an. 2014 wird die Ehe wirksam geschieden. F verlangt von M Auskunft über den Bestand seines Endvermögens. Nach welchem Recht richtet sich der Auskunftsanspruch?

Mit Blick auf die anfängliche dänische Staatsangehörigkeit der F weist der Sachverhalt Auslandsbezug i.S.d. Art. 3 a.E. auf. Der im deutschen Recht in § 1379 BGB geregelte Auskunftsanspruch ist güterrechtlich zu qualifizieren,[81] weshalb sich das anwendbare Recht nach Art. 15 Abs. 1 bestimmt. Dieser verweist auf Art. 14 Abs. 1 im Zeitpunkt der Eheschließung. Dass M und F aktuell beide deutsch sind, führt nicht zur Anwendung von Art. 14 Abs. 1 Nr. 1 (i.V.m. Art. 15 Abs. 1), da M und F im Zeitpunkt der Eheschließung keine gemeinsame Staatsangehörigkeit hatten. Daher ist die nächste Sprosse der *Kegel*'schen Leiter, also Art. 14 Abs. 1 Nr. 2 (i.V.m. Art. 15 Abs. 1) zu prüfen. Danach kommt es auf einen gemeinsamen gewöhnlichen Aufenthalt im Zeitpunkt der Eheschließung an. Einen solchen hatten M und F in Hamburg. Folglich ist deutsches Recht anwendbar. ◾

Eine Änderung des anwendbaren materiellen Güterrechts kann jedoch durch Rechtswahl nach Art. 15 Abs. 2 (Sachnormverweisung) herbeigeführt werden. Diese Vorschrift lässt gegenüber Art. 14 Abs. 2–3 mehr Raum bei der Wahl des anwendbaren Güterrechts.[82]

3. Problemfälle: Qualifikation des deutschen Ehegattenerbrechts und der Morgengabe

106 Gerade im Eherecht bereitet die Qualifikation mitunter Schwierigkeiten. Streitig ist etwa die Qualifikation des pauschalen Zugewinnausgleichs im Todesfall nach § 1371 BGB, der aufgrund seines familien- und erbrechtlichen Gehalts eine Zwitterstellung einnimmt. Die ab 17.8.2015 geltende EuErbVO macht hierzu keine Aussage; sie klammert das Güterrecht von ihrem Anwendungsbereich ausdrücklich aus (Art. 1 Abs. 2 lit. d EuErbVO). Die ganz h.M. qualifiziert § 1371 BGB daher weiterhin güterrechtlich nach Art. 15.[83] Das Zusammenspiel des § 1371 BGB mit einem ausländischen Erbrecht kann weitere Probleme nach sich ziehen.[84]

107 Jüngst vom *BGH* entschieden wurde die bislang sehr streitige Qualifikation der Morgengabe (*mahr*).[85] Dieses in einigen islamisch geprägten Rechtsordnungen vorkommende Institut beschreibt einen Geldbetrag, den der Ehemann anlässlich der Heirat an die Braut

---

81 Siehe hierzu nur BGH NJW-RR 2011, 1225 ff. (sehr lesenswert).

82 Seit dem 1.5.2013 kann auch ein einheitlicher deutsch-französischer Güterstand gewählt werden (sog. „Wahl-Zugewinngemeinschaft"), den Deutschland und Frankreich durch ein Abkommen vom 4.2.2010 neu geschaffen haben. Im Einzelnen zu diesem sog. vierten Güterstand *Keller/von Schrenck* JA 2014, 87 ff. sowie *Derichs* ErbR 2013, 306 ff.

83 *BGH* IPRax 2014, 343 ff.; *Simon/Buschbaum* NJW 2012, 2393 f.; *Erman-Hohloch* Art. 15 Rn. 37; *Hoffmann/Thorn* § 9 Rn. 54–55 jeweils m.w.N.; vgl. auch *M. Stürner/Wendelstein* JURA 2014, 707, 711 ff.

84 Zu diesem anspruchsvollen „Klassiker" *OLG Stuttgart* NJW-RR 2005, 740 = JuS 2005, 952 m. Anm. *Hohloch* (gute Darstellung); vgl. auch *OLG Köln* FGPrax 2011, 302 f.; *Dörner* IPRax 2014, 323 ff.; *Rauscher/Papst* NJW 2010, 3487, 3490; siehe schließlich die Schwerpunktbereichsklausur *M. Stürner/Wendelstein* JURA 2014, 707 ff.

85 *BGH* FamRZ 2010, 533 = JA 2010, 462 m. Anm. *Looschelders* (ebenfalls lesenswert); zur Brautgabe speziell im türkischen Recht *Krüger* IPRax 2014, 204 f.

zahlen muss. Häufig wird der Hauptteil des Betrages erst bei Scheidung der Ehe fällig.[86] Insoweit dient die Morgengabe der Absicherung der Frau nach Beendigung der Ehe. Da sie darüber hinaus auch unterhaltsrechtliche, güterrechtliche und erbrechtliche Zwecke verfolgt,[87] fällt die Zuordnung der Morgengabe nach der Lehre von der funktionellen Qualifikation schwer. Die Morgengabe wurde bislang teils eheschließungsrechtlich, teils güterrechtlich, teils scheidungsrechtlich, teils unterhaltsrechtlich qualifiziert. **Der** *BGH* **qualifiziert die Morgengabe nunmehr einheitlich als allgemeine Ehewirkung nach Art. 14.** Dafür spreche der Charakter des Art. 14 als Auffangtatbestand sowie seine wandelbare Anknüpfung, die Änderungen der Lebensumstände rechtlich berücksichtigt.[88]

Ob es bei dieser einheitlich ehewirkungsrechtlichen Qualifikation der Morgengabe durch die Rechtsprechung auch nach Inkrafttreten der Rom III-VO bleiben wird, ist offen. In einer jüngeren Entscheidung neigte das *AG Büdingen* zu einer scheidungsrechtlichen Qualifikation der Brautgabe.[89] Auch gewichtige Stimmen in der Literatur sind der Ansicht, dass die Frage nach der Qualifikation der Morgengabe nach Inkrafttreten der Rom III-VO neu gestellt werden muss.[90]

4. Ausblick: Rom IV

Seit etlichen Jahren plant die EU das güterrechtliche Kollisionsrecht zu vereinheitlichen.[91] **108** Dazu legte die Europäische Kommission am 17.7.2006 ein Grünbuch (Diskussionspapier) vor.[92] Nachdem die zahlreichen Stellungnahmen zum Grünbuch ausgewertet wurden, hat die Kommission am 28.9.2009 eine öffentliche Anhörung durchgeführt. Auf dieser Grundlage hat sie am 16.3.2011 zwei Verordnungsvorschläge zum Internationalen Güterrecht vorgelegt.[93] Ihr Inkrafttreten setzt nach Art. 81 Abs. 3 S. 2 AEUV die einstimmige Zustimmung im Rat voraus. Ob diese in Zukunft erzielt werden kann, ist noch nicht absehbar. Eine Einigung wird vor allem dadurch erschwert, dass eine registrierte Lebenspartnerschaft in einigen Mitgliedstaaten überhaupt nicht vorgesehen ist.[94]

III. Ehescheidung

Die Anknüpfung der Ehescheidung regelte bislang Art. 17 Abs. 1. Seit dem **21.6.2012** gilt mit **109** der **Rom III-VO**[95] vom 20.12.2010 ein neues europäisches Scheidungskollisionsrecht, das die

---

86 Siehe beispielhaft *AG Büdingen* NJW-RR 2014, 1033 f.
87 Näher *Wurmnest* RabelsZ 71, 2007, 527, 538 ff.; *Bock* NJW 2012, 122, 124 m.w.N.
88 *BGH* FamRZ 2010, 533, 536; krit. etwa *Mörsdorf-Schulte* ZfRV 2010, 166 ff. sowie *Yassari* IPRax 2011, 63 ff.
89 *AG Büdingen* NJW-RR 2014, 1033, 1034.
90 Siehe nur etwa *Rauscher* NJW 2014, 3619, 3621.
91 Näher *R. Wagner* FamRZ 2009, 269; *Kohler/Pintens* FamRZ 2007, 1481; *Martiny* in: FS Kropholler 2008, 373.
92 KOM 2006, 400.
93 KOM 2011, 126 zum Ehegüterrecht und KOM 2011, 127 zu eingetragenen Lebenspartnerschaften; näher hierzu *Martiny* IPRax 2011, 437 ff.; *Kohler/Pintens* FamRZ 2011, 1433, 1434 ff.
94 *R. Wagner* NJW 2014, 1862, 1863.
95 Verordnung (EU) Nr. 1259/2010 des Rates zur Durchführung einer Verstärkten Zusammenarbeit im Bereich des auf die Ehescheidung und Trennung ohne Auflösung des Ehebandes anzuwendenden Rechts [*J/H* Nr. 34].

Anknüpfung in Art. 17 Abs. 1 abgelöst hat. Art. 17 wurde reformiert;[96] Art. 17 Abs. 1 sieht seither nur noch einen (deklaratorischen) Verweis auf die Rom III-VO für die Scheidungsfolgen vor.[97] Ein ebenfalls deklaratorischer Verweis auf die Rom III-VO insgesamt findet sich in Art. 3 Nr. 1 lit. d.

Im Unterschied zur Rom I-VO und der Rom II-VO ist die Rom III-VO im **Wege der Verstärkten Zusammenarbeit** zwischen vierzehn Mitgliedstaaten[98] beschlossen worden. Damit wurde erstmals von dem Verfahren der Verstärkten Zusammenarbeit[99] Gebrauch gemacht.[100] Andere Mitgliedstaaten können sich der Verstärkten Zusammenarbeit gem. Art. 331 AEUV anschließen. Litauen und Griechenland haben von dieser Anschlussmöglichkeit jüngst Gebrauch gemacht.[101]

> ### Hinweis
>
> Zum Hintergrund, weshalb für die Rom III-VO erstmals das Verfahren der Verstärkten Zusammenarbeit zum Einsatz kam:[102] Auf dem Gebiet des Internationalen Scheidungsrechts gab es seit vielen Jahren Pläne zur Vereinheitlichung. Die Europäische Kommission legte am 17.7.2006 einen Verordnungsvorschlag vor, der sowohl internationalprivatrechtliche wie -verfahrensrechtliche Regelungen vorsah.[103] Dieser Vorschlag, der nach Art. 81 Abs. 3 S. 2 AEUV der Einstimmigkeit im Rat bedurfte, scheiterte 2008 am Widerstand Schwedens.[104] Schweden befürchtete, dass der Kommissionsvorschlag vermehrt zur Anwendung ausländischen Scheidungsrechts führen könnte, welches zumeist restriktiver als das liberale schwedische Scheidungsrecht ist.[105]
>
> Noch vor Inkrafttreten des Vertrages von Lissabon beantragten daraufhin zehn Mitgliedstaaten,[106] die auf dem Gebiet des anwendbaren Rechts erreichten Verhandlungsergebnisse im Verfahren der Verstärkten Zusammenarbeit nach Art. 20 EUV, Art. 326–334 AEUV weiterzuverfolgen.[107] Die Kommission folgte diesem Antrag und stellte am 24.3.2010 einen Vorschlag zur Begründung einer Verstärkten Zusammenarbeit im Bereich des auf die Ehescheidung anwendbaren Rechts vor (Rom III) vor. Der Kommissionsvorschlag enthielt anders als der ursprüngliche keine gerichtlichen Zuständigkeitsvorschriften, sondern nur Regelungen zum anwendbaren Recht. Hieraus ging die heute geltende Rom III-VO hervor.

---

96 Durch das Gesetz zur Anpassung der Vorschriften des Internationalen Privatrechts an die Verordnung (EU) Nr. 1259/2010 und zur Änderung anderer Vorschriften des Internationalen Privatrechts vom 23.1.2013 (BGBl. 2013 I S. 101).

97 Dazu näher sogleich unter Rn. 113.

98 Aufgelistet bei *J/H* Nr. 34 Fn. 1.

99 Allgemein und ausführlich zu diesem Verfahren *Streinz* JuS 2013, 892 ff.

100 *Rakete-Dombek* NJW 2010, 1313 1314; kritisch zu diesem Vorgehen u.a. im Hinblick auf die Gefahr des *forum shopping Kohler/Pintens* FamRZ 2011, 1433, 1434.

101 *J/H* Nr. 34 Fn. 1.

102 Das ist eine Frage, die für mündliche Prüfungen von Interesse sein kann.

103 KOM 2006, 399.

104 *Rakete-Dombek* NJW 2010, 1313, 1314.

105 *Kohler* FPR 2008, 193, 195 m.w.N.

106 Aufgelistet bei *Mansel/Thorn/R. Wagner* IPRax 2010, 1, 9.

107 *R. Wagner* NJW 2010, 1707, 1709.

1. Anwendungsbereich

Sachlich anwendbar ist die Rom III-VO gem. Art. 1 Abs. 1 Rom III-VO für die Ehescheidung **110** und die Trennung ohne Auflösung des Ehebandes. Die Rom III-VO geht von einem weiten Begriff der Scheidung aus: Davon erfasst wird einerseits die gerichtliche Auflösung der Ehe, wie sie das deutsche materielle Recht in § 1564 BGB vorsieht. Andererseits werden auch dem deutschen Recht unbekannte Rechtsinstitute erfasst: Etwa die Trennung von Tisch und Bett[108] oder Privatscheidungen (insoweit ist die Rom III-VO jedenfalls analog anzuwenden[109]), wie die einseitige Verstoßung in islamisch geprägten Staaten („*Talaq*-Scheidung"[110]) oder die Übergabe eines Scheidungsbriefes im israelischen Recht („*Get*-Scheidung"[111]).[112] Im Inland können jedoch derartige Privatscheidungen wegen der Regelung des Art. 17 Abs. 2 („gericht-liches Scheidungsmonopol"), die auch nach dem Inkrafttreten der Rom III-VO fortbesteht, nicht wirksam vorgenommen werden.

Art. 1 Abs. 2 Rom III-VO schließt diverse Regelungsgegenstände vom sachlichen Anwen-dungsbereich der Rom III-VO ausdrücklich aus.[113] Insbesondere wird die Vorfrage nach dem Bestehen einer Ehe nicht von der Rom III-VO geregelt (Art. 1 Abs. 2 lit. b Rom III-VO). Vorfra-gen dieser Art haben sich gem. Erwägungsgrund 10 der Rom III-VO nach den Kollisionsnor-men der Mitgliedstaaten zu richten. Die Aufhebung oder Ungültigerklärung einer Ehe auf-grund von Fehlern bei der Eheschließung wird von der Rom III-VO ebenfalls nicht erfasst (siehe Art. 1 Abs. 2 lit. c sowie Erwägungsgrund 10 Rom III-VO). Die **Aufhebung oder Nichter-klärung** einer Ehe unterliegt daher dem **Eheschließungsstatut** des Art. 13.[114]

Auch nicht erfasst vom Anwendungsbereich der Rom III-VO sind Lebenspartnerschaften sowie nichteheliche Lebensgemeinschaften (h.M.; zu deren Anknüpfungen siehe Rn. 101).[115]

Die Rom III-VO gilt **zeitlich** für Trennungs- und Scheidungsverfahren ab dem 21.6.2012 (Art. 18, 21 Rom III-VO).

Räumlich setzt die Anwendung der Rom III-VO voraus, dass die Ehescheidung oder Trennung ohne Auflösung des Ehebandes eine Verbindung zum Recht verschiedener Staaten aufweist (Art. 1 Abs. 1 Rom III-VO). Es ist also nicht zwingend, dass der Auslandsbezug im Verhältnis zu einem Mitgliedstaat besteht, der sich an der Rom III-VO beteiligt. Es genügt vielmehr jedweder Auslandsbezug. Der räumliche Anwendungsbereich ist daher in aller Regel unproblematisch zu bejahen.[116] Die Rom III-VO ist als *loi uniforme* ausgestaltet (Art. 4 Rom III-VO).

---

108 Näher hierzu MüKo-*Winkler von Mohrenfels* Vor Art. 1 Rom III-VO Rn. 38 ff. sowie Art. 1 Rom III-VO Rn. 16.

109 Zur Begründung der Analogie *Gade* JuS 2013, 779, 780; für direkte Anwendung MüKo-*Winkler von Moh-renfels* Art. 1 Rom III-VO Rn. 7.

110 *Talaq* bedeutet sinngemäß: „Ich verstoße Dich / „Ich will geschieden werden", siehe hierzu *OLG Hamm* IPRax 349, 354; weitere Beispiele zur *Talaq*-Scheidung: *AG Kulmbach* FamRZ 2004, 631 = JuS 2004, 726 m. Anm. *Hohloch* sowie *KG* IPRax 2014, 71 f.

111 Beispiele dazu: *OLG Oldenburg* JuS 2006, 1133 m. Anm. *Hohloch; BGH* NJW-RR 2008, 1169.

112 MüKo-*Winkler von Mohrenfels* Art. 1 Rom III-VO Rn. 5 m.w.N.

113 Hierzu näher MüKo-*Winkler von Mohrenfels* Art. 1 Rom III-VO Rn. 38 ff.

114 MüKo-*Winkler von Mohrenfels* Art. 1 Rom III-VO Rn. 43.

115 *J. Stürner* JURA 2012, 708, 712; *Hau* in: FS R. Stürner 2013, 1237, 1246 f.; a.A. im Hinblick auf die nichteheliche Lebensgemeinschaft *Gade* JuS 2013, 779 mit weiteren Nachweisen zum Streitstand.

116 Soweit *Gade* JuS 2013, 779, 780 deshalb meint, dass der räumliche Anwendungsbereich in der Klausur gar nicht separat anzusprechen ist, bestehen gewisse Bedenken. Sicherer erscheint es, in der Klausur auf den sachlichen, räumlichen und zeitlichen Anwendungsbereich kurz einzugehen, auch wenn die Anwendbar-keit der Verordnung zumindest auf den ersten Blick offensichtlich erscheint.

2. Rechtswahl (Art. 5 Rom III-VO)

111 Eine wesentliche Neuerung gegenüber dem bis zum 21.6.2012 geltenden Scheidungskollisionsrecht ist die erweiterte Rechtswahlmöglichkeit, die Art. 5 Rom III-VO vorsieht.[117]

Art. 5 Abs. 1 Rom III-VO listet auf, welche Rechte von den Ehegatten gewählt werden können. Art. 5 Abs. 2 und Abs. 3 Rom III-VO machen Aussagen über den Zeitpunkt der Rechtswahl. Jederzeit möglich ist die Rechtswahl im vorprozessualen Stadium (Art. 5 Abs. 2 Rom III-VO). Wenn das Scheidungsverfahren bereits läuft, so kann gem. Art. 5 Abs. 3 S. 1 Rom III-VO auch in diesem Stadium noch eine Rechtswahl getroffen werden, sofern das Recht des Staates des angerufenen Gerichts, also die *lex fori* dies vorsieht. In Deutschland sieht die seit 19.1.2013 geltende Vorschrift des Art. 46d Abs. 2 S. 1 EGBGB vor, dass die Ehegatten die Rechtswahl bis zum Schluss der mündlichen Verhandlung im ersten Rechtszug vornehmen können.

Das Zustandekommen und die Wirksamkeit der Rechtswahlvereinbarung richten sich gem. Art. 6 Abs. 1 Rom III-VO grundsätzlich nach dem Recht, das anzuwenden wäre, wenn die Vereinbarung wirksam wäre.

Eine Rechtswahlvereinbarung muss nach Art. 7 Abs. 1 S. 1 Rom III-VO grundsätzlich schriftlich mit Datierung sowie Unterzeichnung durch beide Ehegatten geschlossen werden; unter den Voraussetzungen des Art. 7 Abs. 1 S. 2 Rom III-VO ist auch eine elektronische Vereinbarung zulässig.

Aber Vorsicht: Die Formvorgaben des Art. 7 Abs. 1 Rom III-VO zur Rechtswahlvereinbarung sind nur Grundregeln, die nach Art. 7 Abs. 2 Rom III-VO durch zusätzliche Formvorschriften im Aufenthaltsstaat der Ehegatten verschärft werden können. In Ausfüllung dieser Möglichkeit zur Verschärfung der Formanforderungen an eine Rechtswahlvereinbarung legt die seit 29.1.2013 geltende Vorschrift des **Art. 46d Abs. 1 EGBGB** fest, dass die vorprozessuale Rechtswahlvereinbarung über das auf die Ehescheidung oder Trennung ohne Auflösung des Ehebandes anzuwendende Recht der **notariellen Beurkundung** bedarf.[118] Während des gerichtlichen Verfahrens genügt die Protokollierung der Rechtswahlvereinbarung gem. Art. 46d Abs. 2 S. 2 EGBGB, § 127a BGB, §§ 160 ff. ZPO.

>> Kommentieren Sie sich – sofern nach Ihrer Prüfungsordnung zulässig – Art. 46d Abs. 1 EGBGB an den Rand von Art. 7 Abs. 2 Rom III-VO und Art. 46d Abs. 2 EGBGB an den Rand von Art. 5 Abs. 3 Rom III-VO. <<

Das europäisierte Scheidungskollisionsrecht steht zwar der ausdrücklichen Rechtswahl offener gegenüber als das zuvor geltende Recht. Andererseits ist der Raum für eine konkludente Rechtswahl nach der Rom III-VO enger geworden. Ob eine konkludente Rechtswahl nach der Rom III-VO überhaupt möglich ist, wird unterschiedlich beurteilt.[119] Wenn man die Zulässigkeit bejahen wollte, müssten jedenfalls strenge Anforderungen an eine konkludente Rechtswahl gestellt werden.[120] Mit der Einführung des Art. 46d EGBGB hat die Streitfrage, ob eine konkludente Rechtswahl nach der Rom III-VO zulässig ist, deutlich an Bedeutung eingebüßt, da eine wirksame Rechtswahl grundsätzlich der notariellen Form bedarf.

---

117 Hierzu ausführlich *Dethloff* in: FS Martiny 2014, 41, 43 ff.; *Schall/Weber* IPRax 2014, 381 ff.; *Rieck* NJW 2014, 257; *Pietsch* NJW 2012, 1768.

118 Eingeführt durch das Gesetz zur Anpassung der Vorschriften des Internationalen Privatrechts an die Verordnung (EU) Nr. 1259/2010 und zur Änderung anderer Vorschriften des Internationalen Privatrechts vom 23.1.2013 (BGBl. 2013 I S. 101).

119 Für die Zulässigkeit einer konkludenten Rechtswahl *OLG Hamm* IPRax 2014, 349, 353; dagegen *Helms* IPRax 2014, 334 f.; offenlassend *Gruber* IPRax 2014, 53, 56.

120 *Helms* IPRax 2014, 334, 335.

3. Objektive Anknüpfung (Art. 8 Rom III-VO)

Sofern keine (wirksame) Rechtswahlvereinbarung über das auf die Ehescheidung oder Tren- **112**
nung ohne Auflösung des Ehebandes anzuwendende Recht geschlossen wurde, bestimmt
sich das anwendbare Recht nach Art. 8 Rom III-VO. Art. 8 Rom III-VO (bitte lesen) sieht eine
vierstufige Anknüpfungsleiter vor. Die Scheidung wird nach Art. 8 lit. a Rom III-VO primär an
das Recht am gewöhnlichen Aufenthalt der Ehegatten angeknüpft. Dies bedeutet eine
wesentliche Änderung gegenüber dem zuvor geltenden deutschen Recht, welches vorrangig
an die Staatsangehörigkeit der Ehegatten angeknüpft hat. Die jeweils nächste Sprosse der
Anknüpfungsleiter in Art. 8 lit. a–lit. d darf jeweils erst betreten werden, wenn auf der vorher
bereitgestellten Sprosse das anwendbare Recht nicht bestimmt werden kann.

Nach Art. 11 Rom III-VO sind alle Verweisungen der Rom III-VO Sachnormverweisungen.

> #### Hinweis
>
> Über die hier dargestellten Artikel der Rom III-VO sollten sich Schwerpunktkandidaten vor
> allem noch mit der Eingriffsnorm des Art. 10 Rom III-VO sowie mit Art. 13 Rom III-VO vertraut
> machen,[121] da die neue Verordnung zum Internationalen Scheidungsrecht aufgrund ihrer
> Aktualität speziell für Schwerpunktkandidaten hohe Prüfungsrelevanz besitzt.

4. Scheidungsfolgen

Nur für die Scheidungsfolgen (!) verweist Art. 17 Abs. 1 grundsätzlich auf die Rom III-VO. Der **113**
Anwendungsbereich des Art. 17 Abs. 1 ist jedoch viel enger als es auf den ersten Blick
erscheinen mag, denn die meisten Scheidungsfolgen unterliegen einem eigenen Statut und
werden daher gerade nicht von der Rom III-VO erfasst[122]: Eigene Kollisionsregeln bestehen für
wichtige Scheidungsfolgen wie Unterhalt (Haager Unterhaltsabkommen), elterliche Sorge
(KSÜ), Name (Art. 10), Güterrechts- (Art. 15) und Versorgungsausgleich (Art. 17 Abs. 3) sowie
die Nutzungsbefugnis für die im Inland befindliche Ehewohnung und den Hausrat
(Art. 17a);[123] folglich verbleibt für die Anwendung des Art. 17 Abs. 1 nur ein kleiner Kreis spezi-
fischer vermögensrechtlicher Scheidungsfolgen, wie der Widerruf von Schenkungen aus
Anlass der Scheidung.[124]

IV. Versorgungsausgleich

Die Rom III-VO enthält keine Regelungen zum Versorgungsausgleich. Als Scheidungsfolge ist **114**
die Anknüpfung des Versorgungsausgleichs vielmehr in Art. 17 Abs. 3 geregelt. Darin wird auf
das Scheidungsstatut verwiesen, das über die Rom III-VO ermittelt wird. Von dieser Grundregel abweichend findet sich für den Versorgungsausgleich eine eigene Anknüpfung in Art. 17
Abs. 3 S. 1 Hs. 2. Der sog. Regel-Versorgungsausgleich ist danach nur durchzuführen, wenn

---

121 Siehe hierzu etwa *Gade* JuS 2013, 779, 781 f. (dort findet sich auch ein Prüfungsschema zur Rom III-VO);
auch *Becker* NJW 2011, 1543, 1544; speziell zu Art. 10 Rom III-VO *Winkler von Mohrenfels* in: FS Martiny
2014, 595 ff.

122 *Winkler von Mohrenfels* in: FS Martiny 2014, 595, 602 f.; Palandt-*Thorn* Art. 17 Rn. 3.

123 Näher Palandt-*Thorn* Art. 17 Rn. 3 sowie *Winkler von Mohrenfels* in: FS Martiny 2014, 595, 602 f.

124 Im Einzelnen zu den von Art. 17 Abs. 1 erfassten Scheidungsfolgen Palandt-*Thorn* Art. 17 Rn. 4.

deutsches Recht anzuwenden ist und das Recht eines der Staaten, denen die Ehegatten bei Eintritt der Rechtshängigkeit des Scheidungsantrags angehören, den Versorgungsausgleich kennt. Große praktische Bedeutung kommt Art. 17 Abs. 3 S. 1 Hs. 2 deshalb zu, weil wohl allein die Schweiz den Versorgungsausgleich in diesem eng verstandenen Sinne „kennt".[125] Die Durchführung des Versorgungsausgleichs kann sonst nur unter den Voraussetzungen des Art. 17 Abs. 3 S. 2 erfolgen (sog. Billigkeitsausgleich).[126]

V.   Unterhaltsrecht

1.   Rechtsquellen

115   Wesentliche Rechtsquellen des Internationalen Unterhaltsrechts sind das seit 18.6.2011 geltende Haager Unterhaltsprotokoll 2007[127] (HUP 2007) und das Haager Unterhaltsstatutübereinkommen 1973 (HUÜ 1973)[128].

116

> **Hinweis**
>
> Das EGBGB sah früher eine Regelung zum Internationalen Unterhaltsrecht in Art. 18 vor. Diese Regelung wurde mit Wirkung zum 18.6.2011 aufgehoben.

117   Das HUP 2007 ist eine neue Rechtsquelle für das auf Unterhaltsansprüche anwendbare Recht. Das Protokoll, das trotz dieser Bezeichnung nichts anderes als ein Übereinkommen ist,[129] genießt innerhalb seines Anwendungsbereichs gem. Art. 18 HUP 2007 Vorrang gegenüber dem HUÜ 1973. Das HUP 2007 ist damit heute die mit Abstand wichtigste Rechtsquelle zum anwendbaren Recht in Unterhaltssachen.

Das HUP 2007 gilt sachlich für alle gesetzlichen Unterhaltsansprüche (vgl. Art. 1 Abs. 1 HUP 2007). Räumlich ist das HUP 2007 für die Mitgliedstaaten der Europäischen Union mit Ausnahme Dänemarks und des Vereinigten Königreichs anwendbar; darüber hinaus gilt es für Serbien.[130] In zeitlicher Hinsicht berührt das HUP 2007 nur solche Fälle, die nach dem **18.6.2011** spielen.[131]

> **Hinweis**
>
> Diese zeitliche Anwendbarkeit des HUP 2007 ab dem 18.6.2011 ergibt sich nicht unmittelbar aus Art. 25 HUP 2007. Die zeitliche Anwendbarkeit des HUP 2007 wurde vielmehr an die Anwendbarkeit der **EuUntVO**[132] geknüpft.[133]

---

125 *Hohloch/Klöckner* IPRax 2010, 522, 527.
126 Siehe hierzu *OLG München* NJW 2014, 1893, 1894 sowie *Winkler von Mohrenfels* in: FS Martiny 2014, 595, 603.
127 Haager Protokoll über das auf Unterhaltspflichten anzuwendende Recht vom 23.11.2007 [*J/H* Nr. 42].
128 Haager Übereinkommen über das auf Unterhaltspflichten anzuwendende Recht v. 2.10.1973 [*J/H* Nr. 41].
129 PWW-*Martiny* Art. 18 Anhang II Rn. 1.
130 Siehe *J/H* Nr. 42 Fn. 1.
131 Siehe hierzu *J/H* Nr. 42 Fn. 1 sowie Art. 25 HUP 2007 mit *J/H* Nr. 42 Fn. 5.
132 Verordnung (EG) Nr. 4/2009 des Rates über die Zuständigkeit, das anwendbare Recht, die Anerkennung und Vollstreckung von Entscheidungen und die Zusammenarbeit in Unterhaltssachen v. 18.12.2008 [*J/H* Nr. 161].
133 Siehe *J/H* Nr. 42 Fn. 5; näher dazu *Andrae* IPRax 2014, 326, 327.

Die EuUntVO (teils als Rom VI bezeichnet), die das Internationale Unterhaltsverfahrensrecht europäisiert hat,[134] gilt gem. Art. 76 EuUntVO seit dem 18.6.2011. Die Verordnung enthält v.a. Zuständigkeitsregelungen (Art. 3–14 EuUntVO) sowie Vorschriften zur Anerkennung und Vollstreckung von Unterhaltsentscheidungen (Art. 16–43 EuUntVO). Für das IPR verweist Art. 15 EuUnthVO (deklaratorisch) auf das HUP 2007.[135]

Innerhalb seines Anwendungsbereichs ermöglicht das neue Übereinkommen in Art. 7 und 8 HUP 2007 eine fast unbeschränkte Rechtswahl.[136] Eine Rechtswahlvereinbarung muss nach Art. 7 Abs. 2 bzw. Art. 8 Abs. 2 HUP 2007 grundsätzlich schriftlich erstellt und von beiden Parteien unterschrieben werden; alternativ kann die Vereinbarung auf einem Datenträger erfasst werden, wobei in diesem Fall eine elektronische Signatur zu fordern ist.[137] Soweit es an einer Rechtswahl fehlt, knüpft das Übereinkommen im Grundsatz – wie schon das HUÜ 1973 – an den **gewöhnlichen Aufenthalt der unterhaltsberechtigten Person** an, vgl. Art. 3 Abs. 1 HUP 2007. Falls die Sachnormverweisungen (siehe Art. 12 HUP 2007) zu drittstaatlichem Recht führen, sind diese zu berücksichtigen, da das Übereinkommen gem. Art. 2 HUP 2007 als *loi uniforme* ausgestaltet ist. Das HUP 2007 kann also auch im Verhältnis zu einem „Nichtvertragsstaat" Anwendung finden.[138] Die Art. 4 ff. HUP 2007 sehen vielfältige Abweichungen von der Grundsatzanknüpfung des Art. 3 HUP 2007 vor.[139] Die Vorschriften sind weitgehend aus sich heraus verständlich. Inhaltlich sorgen die neuen Vorschriften des HUP 2007 kaum für Veränderungen gegenüber der bisherigen Rechtslage. Eine nicht unwesentliche Änderung ist jedoch darin zu sehen, dass das HUP 2007 keine dem Art. 8 HUÜ 1973 vergleichbare Vorschrift enthält, wonach für Unterhaltspflichten bei geschiedenen Ehegatten nicht an den gewöhnlichen Aufenthalt des Unterhaltsberechtigten, sondern an das Scheidungsstatut angeknüpft wurde. Statt einer dem Art. 8 HUÜ 1973 vergleichbaren Vorschrift findet sich in Art. 5 HUP 2007 (bitte lesen) die Besonderheit einer kollisionsrechtlichen Einrede für (frühere) Ehegatten.[140]

2. Unterhaltsrecht außerhalb des HUP 2007

Sofern der eben skizzierte Anwendungsbereich des HUP 2007 nicht eröffnet ist, bleibt die bislang geltende Rechtslage maßgeblich. Zur Bestimmung des Unterhaltsstatuts sind dann die Regelanknüpfungen in Art. 4–6 HUÜ 1973 zu beachten. Sie erfassen grundsätzlich alle Unterhaltsansprüche mit Ausnahme des Unterhaltsanspruchs zwischen geschiedenen Ehegatten, der in Art. 8 HUÜ 1973 gesondert geregelt ist. Art. 4–6 HUÜ 1973 folgen einer subsidiären Anknüpfung, die dem Günstigkeitsprinzip entsprechend die Position des Unterhaltsberechtigten stärkt (*favor alimenti*). Nach der Regelanknüpfung in Art. 4 HUÜ 1973 soll es vorrangig auf den gewöhnlichen Aufenthalt des Unterhaltsberechtigten (= Anspruchsteller) ankommen.

118

---

134 Dazu *Mansel/Thorn/R. Wagner* IPRax 2011, 1, 12 f.; *Kohler/Pintens* FamRZ 2009, 1529; *Gruber* IPRax 2010, 128.

135 *Gruber* in: FS Spellenberg 2010, 177, 181; *Schaal/Beller* BWNotZ 2010, 212, 213.

136 Zu den Schranken der Rechtswahl ausführlich *Hausmann* in: Martiny 2014, 345, 351 ff.

137 Näher *Andrae* in: FS Martiny 2014, 1, 23 ff.

138 Dieser Standpunkt entspricht der h.M., wird jedoch im Schrifttum teils mit Blick auf den Wortlaut von Art. 18 HUP 2007 bestritten; siehe hierzu mit weiteren Nachweisen zum Meinungsstand *OLG Stuttgart* NJW 2014, 1458, 1459. Diesen Streit offenlassend *BGH* NJW 2013, 2662, 2664 = IPRax 2014, 345, 347 f. m. Anm. *Andrae* IPRax 2014, 326 ff.

139 Näher dazu *Janzen* FPR 2008, 218, 219 ff.

140 Hierzu mit weiterführenden Nachweisen *OLG Stuttgart* NJW 2013, 2662, 2665.

Hilfsweise kommt nach Art. 5 HUÜ 1973 das gemeinsame Heimatrecht, höchsthilfsweise nach Art. 6 HUÜ 1973 das innerstaatliche Recht zur Anwendung, wenn das an sich berufene Recht keinen Unterhaltsanspruch gewährt.

Beachtung verdient schließlich noch die Regelung in Art. 15 HUÜ 1973, die bei starkem Inlandsbezug zur Anwendung deutschen Rechts führt, namentlich bei gemeinsamer deutscher Staatsangehörigkeit von Berechtigtem und Verpflichtetem sowie gleichzeitigem gewöhnlichen Aufenthalt des Unterhaltsschuldners im Inland. Bei allen angesprochenen Verweisungen handelt es sich wegen der staatsvertraglichen Herkunft um Sachnormverweisungen.

VI. Kindschaftsrecht

119   Das Internationale Kindschaftsrecht[141] wird weitgehend durch vorrangiges Übereinkommensrecht geregelt: Bis zum **1.1.2011** durch das Haager Minderjährigenschutzabkommen[142] (MSA), seither durch das Haager Kindesschutzübereinkommen[143] (KSÜ), das das MSA ersetzt hat. Die inhaltlichen Änderungen, die das KSÜ gegenüber dem MSA mit sich bringt, sind gering.

> **Hinweis**
>
> Das Internationale Kindschaftsrecht dürfte eher für Schwerpunktkandidaten relevant sein. Das KSÜ sollte aber allen Studierenden zumindest ein Begriff sein. Die Bedeutung des MSA ist durch das Inkrafttreten des KSÜ am 1.1.2011 stark zurückgegangen. Es ist heute praktisch nur noch im Verhältnis zur Türkei von Relevanz.[144]

1. Das KSÜ/MSA

120   Die Anwendbarkeit von KSÜ und MSA setzen jeweils dreierlei voraus:

- Es muss ein Kind/ein Minderjähriger i.S.d. Art. 2 KSÜ/12 MSA betroffen sein (persönlicher Anwendungsbereich).
- Das Kind/der Minderjährige muss seinen gewöhnlichen Aufenthalt in einem Vertragsstaat[145] haben (räumlicher Anwendungsbereich). Das verlangt Art. 13 MSA ausdrücklich. Für das KSÜ lässt sich ebendiese Voraussetzung aus Art. 5 Abs. 1 ableiten.[146]

121   - Es muss um Schutzmaßnahmen i.S.d. Art. 5 Abs. 1 KSÜ/Art. 1 MSA gehen (sachlicher Anwendungsbereich).

---

141 Ausführliche Darstellung bei *Rauscher* § 8 Rn. 937 ff.

142 Haager Übereinkommen über die Zuständigkeit der Behörden und das anzuwendende Recht auf dem Gebiet des Schutzes von Minderjährigen v. 5.10.1961 [*J/H* Nr. 52].

143 Haager Übereinkommen über die Zuständigkeit, das anzuwendende Recht, die Anerkennung, Vollstreckung und Zusammenarbeit auf dem Gebiet der elterlichen Verantwortung und Maßnahmen zum Schutz von Kindern v. 19.10.1996 [*J/H* Nr. 53].

144 Siehe dazu auch *J/H* Nr. 52 Fn. 4.

145 Die derzeit zwölf Vertragsstaaten des MSA sind aufgelistet bei *J/H* Nr. 52 Fn. 1.

146 *Andrae* IPRax 2006, 82, 83 f.; *Siehr* RabelsZ 62, 1998, 464, 470.

> Unter **Schutzmaßnahmen** werden Maßnahmen verstanden, die die Rolle der Eltern ergän-
> zen oder ersetzen.[147]

Dazu zählen neben Vormundschaft und Pflegschaft insbesondere die elterliche Sorge und das Umgangsrecht sowie Maßnahmen bei Gefährdung des Kindeswohls.[148]

Das KSÜ/MSA enthält ganz überwiegend internationalverfahrensrechtliche Vorschriften, auf die später einzugehen ist.[149] Als maßgebliche Kollisionsnorm findet sich jedoch Art. 15 Abs. 1 KSÜ/Art. 2 Abs. 1 MSA: Es wird jeweils in Form einer Sachnormverweisung angeordnet, dass die zuständigen Behörden und Gerichte ihr innerstaatliches Recht anzuwenden haben. Das anwendbare Recht folgt also den Zuständigkeitsregelungen (sog. Gleichlaufprinzip). Zum Auffinden des anwendbaren Rechts muss daher stets die internationale Zuständigkeit (dazu unten Rn. 233 ff.) ermittelt werden.

2. Deutsches Internationales Kindschaftsrecht

Außerhalb dieser Übereinkommen ist im Kindschaftsrecht auf die Art. 19–23 abzustellen. Insbesondere ist für die im KSÜ nicht geregelte (vgl. Art. 4 lit. a KSÜ) Abstammung stets auf Art. 19 zurückzugreifen.[150] In der Praxis spielt v.a. die Feststellung der Vaterschaft eine Rolle.[151] Die Vorschrift folgt nach h.M.[152] einer alternativen Anknüpfung, um dem Kind möglichst eine eheliche Abstammung zu vermitteln (*favor legitimationis*). Die Frage nach dem Bestehen einer Ehe ist als Vorfrage selbstständig anzuknüpfen.[153] **122**

Die **Anfechtung einer** einmal begründeten oder festgestellten **Vaterschaft** wird von **Art. 20** geregelt.[154] Art. 21 wird weitgehend durch Art. 15 ff. KSÜ verdrängt.[155] Für die Voraussetzungen und Folgen einer **Adoption** beruft **Art. 22** Abs. 1 S. 1 das Heimatrecht des unverheirateten Annehmenden; ist der Annehmende verheiratet, so knüpft Art. 22 Abs. 1 S. 2 an das Ehewirkungsstatut an.[156] **123**

> **Hinweis**
>
> Allenfalls von Fällen zum KSÜ abgesehen,[157] sind Prüfungsaufgaben zum Internationalen Kindschaftsrecht höchst selten; ggf. dürften sie schon durch sorgsame Lektüre der obigen Vorschriften lösbar sein.

---

147 *Hoffmann/Thorn* § 8 Rn. 107.
148 *Rauscher* § 8 Rn. 941.
149 Unten Rn. 283 f.
150 *Rauscher*, § 8 Rn. 970.
151 *Looschelders* Art. 19 Rn. 3.
152 Erman-*Hohloch* Art. 19 Rn. 4; *Kropholler* IPR § 48 IV 1f S. 409; *Looschelders* Art. 19 Rn. 15 m.w.N.; a.A. (subsidiäre Anknüpfung) etwa *Hoffmann/Thorn* § 8 Rn. 132.
153 Erman-*Hohloch* Art. 19 Rn. 13; *Kropholler* IPR § 48 IV 1b S. 406; a.A. *Hoffmann*/Thorn § 8 Rn. 127 ff.
154 Näher zu dieser kaum klausurrelevanten Vorschrift *Rauscher*, § 8 Rn. 992 ff.
155 *Rauscher*, § 8 Rn. 976; zu einem jüngeren Fall zu Art. 16 KSÜ *BGH* NJW 2011, 2360 m. Anm. *Rauscher* NJW 2011, 2332.
156 Näher zum Ganzen *Rauscher*, § 8 Rn. 1009 ff.
157 Näher zum KSÜ *Schulz* FamRZ 2011, 156 ff.

VII. Betreuungsrecht

124   Eng angelehnt an das KSÜ ist das am 1.1.2009 in Kraft getretene Erwachsenenschutzübereinkommen (ESÜ).[158] Das ESÜ enthält verfahrens- und kollisionsrechtliche Vorschriften zum
Schutz hilfebedürftiger Erwachsener (*Beispiel*: Demenz) bei grenzüberschreitenden Betreu-
ungsfällen. Es galt für Deutschland zunächst im Verhältnis zu Frankreich und Schottland.[159]
Dieser Kreis der Vertragsstaaten hat sich schon bald deutlich erweitert.[160] Es gilt nunmehr
auch für Estland, Finnland, Österreich, die Schweiz und die Tschechische Republik.[161]

Das Übereinkommen ist unter den Voraussetzungen des Art. 1 Abs. 1 ESÜ sachlich anwend-
bar, insbesondere für Maßnahmen zur Vormundschaft und Pflegschaft des hilfebedürftigen
Erwachsenen (vgl. Art. 3 lit. c ESÜ). **Art. 24** wird insoweit – für Erwachsene (vgl. Art. 2 Abs. 1
ESÜ) durch das ESÜ, für Kinder (vgl. Art. 2 KSÜ) durch das KSÜ – **weitgehend verdrängt.**[162]

Für das auf Erwachsenenschutzmaßnahmen anwendbare Recht (Art. 13–21 ESÜ) gilt nach
Art. 13 Abs. 1 ESÜ grundsätzlich das Gleichlaufprinzip, d.h. die jeweils international zuständigen Behörden (dazu Rn. 283) wenden das Sachrecht ihrer Heimatrechtsordnung an.[163]

---

158 Haager Übereinkommen über den internationalen Schutz von Erwachsenen v. 13.1.2000 [*J/H* Nr. 20].
159 Siehe *J/H* Nr. 20 Fn. 2.
160 Hierzu *Röthel/Woitge* IPRax 2010, 409, 410.
161 *J/H* Nr. 20 Fn. 2.
162 Vgl. zum ESÜ *Ludwig* DNotZ 2009, 251, 258; *Siehr* RabelsZ 64, 2000, 715, 725.
163 Näher – auch zu den Ausnahmen – *R. Wagner* IPRax 2007, 11, 13; *Helms* FamRZ 2008, 1995, 1998 ff.

VIII. Übungsfall Nr. 2

„Après-Ski mit Folgen"   **125**

Der britische Staatsangehörige E aus England und die Französin F haben sich vor 25 Jahren auf einer Après-Ski-Party in Österreich kennen und lieben gelernt. Anfang 1994 heiraten sie während eines Rom-Urlaubs in der dortigen anglikanischen Kirche. Der Geistliche, der das Ehepaar traut, schickt die Heiratsurkunde später zur Registrierung an das Zivilstandsamt in Rom. Zwei Monate später werden sowohl E als auch F, die aus beruflichen Gründen seit der Eheschließung zunächst keinen gemeinsamen Wohnsitz haben, von einer Agentur in Köln angestellt. In Köln beziehen sie eine gemeinsame Wohnung. Sie leben dort bis Mitte 2012, dann trennt sich F von E und zieht nach Lyon. Die gemeinsamen Kinder S und T nimmt sie mit nach Lyon. Im Frühjahr 2013 begehrt F

A. Scheidung,

B. nachehelichen Unterhalt, wobei F die Anwendung deutschen Unterhaltsrechts verlangt,

C. Unterhalt für S und T,

D. die Alleinsorge und

E. güterrechtlichen Ausgleich.

Bitte prüfen Sie – deutsche Gerichtszuständigkeit unterstellt –, welches Sachrecht jeweils zur Anwendung kommt. Sofern auf ausländisches IPR verwiesen wird, gehen Sie bitte davon aus, dass die Verweisung angenommen wird.

Lösung   **126**

A. Scheidung

Nach dem *lex-fori*-Prinzip wenden zuständige deutsche Gerichte stets das im Inland geltende IPR an. Hier könnte die Rom III-VO anzuwenden sein. Dazu müsste deren Anwendungsbereich eröffnet sein.

Vorliegend geht es um eine Ehescheidung, die eine Verbindung zum Recht verschiedener Staaten aufweist, weshalb der sachliche und räumliche Anwendungsbereich nach Art. 1 Abs. 1 Rom III-VO eröffnet ist. Zeitlich anwendbar ist die Verordnung für Scheidungsverfahren ab dem 21.6.2012 (Art. 18, 21 Rom III-VO). Da F im Frühjahr 2013 ihren Scheidungsantrag stellt, ist der Anwendungsbereich der Rom III-VO mithin insgesamt eröffnet.

Die Scheidung setzt als Vorfrage eine wirksam eingegangene und noch bestehende Ehe voraus. Diese ist grundsätzlich nach dem materiellen Eheschließungsstatut (Art. 13 Abs. 1) und dem Formstatut (Art. 11, 13 Abs. 3) selbstständig anzuknüpfen. Im Verhältnis zu Italien gilt jedoch vorrangig das Haager Abkommen zur Regelung des Geltungsbereichs der Gesetze auf dem Gebiet der Eheschließung vom 12. Juni 1902. Gemäß Art. 5 Abs. 1 des Abkommens bestimmt sich die Formwirksamkeit nach dem Recht des Landes, in dem die Eheschließung erfolgt, hier also nach italienischem Recht. Das italienische Eherecht sieht anders als das deutsche nicht die obligatorische Zivilehe vor, sondern lässt auch die kirchliche Ehe zu, die E und F vorliegend wirksam eingegangen sind.

Für die Scheidung ist das anwendbare Recht mangels Rechtswahl i.S.d. Art. 5 Abs. 1 Rom III-VO gem. Art. 8 Abs. 1 Rom III-VO zu ermitteln. Art. 8 Abs. 1 Rom III-VO sieht eine subsidiäre Anknüpfung vor, bei der – bildlich gesprochen – die nächste Sprosse der Anknüpfungsleiter erst betreten werden darf, wenn auf der vorher bereitgestellten Sprosse das anwendbare Recht noch nicht bestimmt werden kann (*Kegel*'sche Leiter). Primär knüpft Art. 8 Abs. 1 Rom III-VO in lit. a an einen gemeinsamen gewöhnlichen Aufenthalt zum Zeitpunkt der Anrufung des Gerichts an. Der E und die F haben einen solchen im Frühjahr 2013 indes nicht; F hat ihren gewöhnlichen Aufenthalt in Frankreich, E in Deutschland.

Daher ist nach der sekundären Anknüpfung in Art. 8 Abs. 1 lit. b Rom III-VO das Recht des Staates berufen, in dem beide Ehegatten innerhalb des letzten Jahres ihren gewöhnlichen Aufenthalt während der Ehe zuletzt hatten, wenn einer von ihnen dort noch seinen gewöhnlichen Aufenthalt hat. Zwar haben E und F derzeit keinen gemeinsamen gewöhnlichen Aufenthalt mehr. Da E aber nach wie vor in Köln lebt, wo die beiden Ehegatten innerhalb des letzten Jahres ihren letzten gemeinsamen gewöhnlichen Aufenthalt hatten, kommt nach Art. 8 Abs. 1 lit. b Rom III-VO i.V.m. Art. 11 Rom III-VO deutsches Sachrecht zur Anwendung.

B. Nachehelicher Unterhalt

Bei Verfahrenseinleitung in Deutschland könnte sich das auf den nachehelichen Unterhalt anwendbare Recht im Frühjahr 2013 nach der Rom III-VO oder dem HUP 2007 richten. Die Rom III-VO ist zwar zeitlich und räumlich anwendbar, doch fehlt es an der sachlichen Anwendbarkeit der Verordnung, da sie gem. Art. 1 Abs. 2 lit. g Rom III-VO ausdrücklich nicht für Unterhaltspflichten gilt.

Das HUP 2007 gilt sachlich für alle gesetzlichen Unterhaltsansprüche (vgl. Art. 1 Abs. 1 HUP 2007), also auch solche auf nachehelichen Unterhalt. Räumlich ist das HUP 2007 für die Mitgliedstaaten der Europäischen Union mit Ausnahme Dänemarks und des Vereinigten Königreichs anwendbar. In zeitlicher Hinsicht berührt das HUP 2007 nur solche Fälle, die nach dem 18.6.2011 spielen. Auch diese Voraussetzungen des Anwendungsbereichs sind im Frühjahr 2013 erfüllt, das HUP 2007 mithin anwendbar. Nach Art. 3 Abs. 1 HUP 2007 ist für Unterhaltspflichten das Recht des Staates maßgebend, in dem die berechtigte Person ihren gewöhnlichen Aufenthalt hat, sofern Spezialregeln des HUP 2007 nichts anderes bestimmen.

Der Lebensmittelpunkt der F hat Mitte 2012 gewechselt; der gewöhnliche Aufenthalt der F liegt jetzt in Frankreich (vgl. Art. 3 Abs. 2 HUP 2007). Daher würde sich der nacheheliche Unterhalt grundsätzlich nach französischem Recht bestimmen. Indessen wendet sich die F laut Sachverhalt hiergegen und begehrt stattessen die Anwendung deutschen Rechts. Dieses Anliegen der F könnte über Art. 5 HUP 2007 Berücksichtigung finden, wenn das Recht eines anderen Staates, insbesondere des Staates des letzten gemeinsamen gewöhnlichen Aufenthalts der Ehegatten, zu der betreffenden Ehe eine engere Verbindung aufweist.

Das kann hier angenommen werden, da E und F immerhin von 1994 bis Mitte 2012 ihren gemeinsamen gewöhnlichen Aufenthalt in Deutschland hatten und damit den ganz überwiegenden Teil ihres Ehelebens dort verbracht haben. Demgegenüber liegt der gewöhnliche Aufenthalt der F erst seit einigen Monaten in Frankreich. Folglich richtet sich der Anspruch auf nachehelichen Unterhalt dem Wunsch der F entsprechend nach deutschem Sachrecht gem. Art. 5, Art. 12 HUP 2007.

C. Kindesunterhalt

Für das auf Unterhaltsansprüche von Familienmitgliedern anwendbare Recht gilt ebenfalls das HUP 2007. Danach ist auf Unterhaltspflichten grundsätzlich das am jeweiligen Aufenthalt des Berechtigten geltende Sachrecht (vgl. Art. 12 HUP 2007) anzuwenden (Art. 3 Abs. 1 HUP 2007). S und T als Berechtigte haben ihren gewöhnlichen Aufenthalt in Lyon. Folglich ist französisches Sachrecht anwendbar. Könnten S und T nach französischem Sachrecht allerdings keinen Unterhalt von E beanspruchen, so käme gem. Art. 4 Abs. 2 HUP deutsches Unterhaltsrecht zur Anwendung.

D. Alleinsorge

Das auf die Alleinsorge anwendbare Recht könnte sich aus dem KSÜ ergeben, sofern dessen Anwendungsbereich eröffnet ist.

Der sachliche Anwendungsbereich ist eröffnet, soweit es um Schutzmaßnahmen i.S.d. Art. 5 Abs. 1 KSÜ geht. Der Begriff der Schutzmaßnahmen ist weit zu interpretieren; er umfasst v.a. Regelungen der elterlichen Sorge, wie sie hier in Rede stehen. Der sachliche Anwendungsbereich ist daher eröffnet.

Die Vorschriften des KSÜ sind räumlich-persönlich anwendbar, wenn ein Kind i.S.d. Art. 2 KSÜ betroffen ist, das seinen gewöhnlichen Aufenthalt in einem der Vertragsstaaten des KSÜ hat. Im Verhältnis zu Frankreich, wo S und T ihren gewöhnlichen Aufenthalt haben, ist das KSÜ am 1.2.2011 in Kraft getreten. Somit ist auch der räumlich-persönliche Anwendungsbereich eröffnet.

Zeitlich anwendbar ist das KSÜ, das an die Stelle des MSA getreten ist, seit dem 1.1.2011. Da F ihren Antrag im Frühjahr 2013 stellt, ist das KSÜ mithin insgesamt anwendbar.

Für das anwendbare Recht verweist Art. 15 Abs. 1 KSÜ unmittelbar auf das innerstaatliche Recht der zuständigen Gerichte (Gleichlaufprinzip). Es handelt sich um eine Sachnormverweisung. Da vorliegend nach der Aufgabenstellung eine deutsche Zuständigkeit zu unterstellen ist, gilt daher: Das anwendbare Sachrecht ist der Zuständigkeit folgend deutsches Recht.

E.   Güterrechtlicher Ausgleich

Das auf den güterrechtlichen Ausgleich anwendbare Recht bestimmt sich gem. Art. 15. Nach Art. 15 Abs. 1 unterliegen die güterrechtlichen Wirkungen der Ehe grundsätzlich dem gleichen Recht wie die allgemeinen Ehewirkungen. Um die Stabilität der vermögensrechtlichen Verhältnisse zu gewährleisten, stellt Art. 15 Abs. 1 aber allein auf den Zeitpunkt der Eheschließung ab (Grundsatz der Unwandelbarkeit des Güterstatuts).

Vorliegend hatten E und F im Zeitpunkt der Eheschließung weder eine gemeinsame Staatsangehörigkeit i.S.d. Art. 14 Abs. 1 Nr. 1 noch einen gemeinsamen gewöhnlichen Aufenthalt i.S.d. Art. 14 Abs. 1 Nr. 2. Demgemäß ist nach Art. 15 Abs. 1 i.V.m. Art. 14 Abs. 1 Nr. 3 die engste Verbindung zu ermitteln. Eine Anknüpfung an den letzten gemeinsamen gewöhnlichen Aufenthalt während der Ehe in Köln kommt wegen der Unwandelbarkeit des Güterstatuts grundsätzlich nicht in Betracht. Bei der Verweisung von Art. 15 Abs. 1 auf Art. 14 Abs. 1 Nr. 3 wird jedoch die Zukunftsplanung der Ehegatten im Zeitpunkt der Eheschließung mit berücksichtigt.[164] Hier spricht der Umstand, dass beide bereits zwei Monate nach der Eheschließung eine feste Anstellung in Köln erlangten, für eine solche gemeinsame Zukunftsplanung in Deutschland zum Zeitpunkt der Eheschließung. Daher findet nach Art. 15 Abs. 1 i.V.m. 14 Abs. 1 Nr. 3 deutsches Sachrecht Anwendung.[165]

---

164 *Hoffmann/Thorn* § 8 Rn. 37.
165 A.A. mit entsprechender Argumentation vertretbar.

C. Internationales Erbrecht

127 Das Internationale Erbrecht ist im Wandel begriffen, weshalb es vermehrt Gegenstand von Prüfungen sein wird. Rechtspraktisch kommt dem Internationalen Erbrecht ebenfalls hohe Bedeutung zu, da mittlerweile rund zehn Prozent aller Erbfälle in Europa einen grenzüberschreitenden Bezug aufweisen.[166] Das entspricht rund 450 000 Erbfällen mit einem Nachlasswert von ca. 120 Milliarden Euro jährlich.[167]

> **Hinweis**
>
> Für den Wandel im Internationalen Erbrecht steht die EuErbVO. Sie gilt allgemein[168] für die Rechtsnachfolge von Personen, die am **17.8.2015** oder danach verstorben sind (Art. 83 Abs. 1 EuErbVO). Die neue Verordnung genießt Anwendungsvorrang vor den Kollisionsrechten der Mitgliedstaaten.
>
> In Deutschland ist das Internationale Erbrecht bis zum 17.8.2015 im Wesentlichen durch Art. 25–26 geregelt. Diese Vorschriften gelten bis zum 17.8.2015 unverändert. Unter den Staatsverträgen verdient vor allem das Haager Testamentsformübereinkommen (HTestFÜ)[169] Beachtung, welches durch Art. 26 Abs. 1–3 in das nationale Kollisionsrecht inkorporiert wurde.
>
> Mit Wirkung zum 17.8.2015 werden Art. 25 und Art. 26 Abs. 5 aufgehoben; ebenfalls mit Wirkung zum 17.8.2015 wird Art. 26 Abs. 4 dergestalt neu gefasst, dass für die Form „anderer Verfügungen von Todes wegen" (hierunter fallen zweiseitige Verfügungen, wie der Erbvertrag) auf Art. 27 EuErbVO verwiesen wird.[170]
>
> Für die **Zeit des Übergangsstadiums** wird in dieser Neuauflage zunächst der Rechtsstand bis zum 17.8.2015 nach den Art. 25–Art. 26 vorgestellt (Rn. 128–133), ehe im Anschluss ab Rn. 134 auf die EuErbVO eingegangen wird. Klausuren mit Implikationen zum Internationalen Erbrecht, die nach dem 17.8.2015 geschrieben werden, dürften in aller Regel die EuErbVO und nicht die Art. 25–26 zum Prüfungsgegenstand haben. Ggf. können Sie sich auf die Ausführungen ab Rn. 134 konzentrieren.

I. Erbstatut (Art. 25)

1. Qualifikation

128 Art. 25 Abs. 1 unterscheidet nicht zwischen der Rechtsnachfolge in bewegliches und unbewegliches Vermögen, sondern bestimmt einheitlich über die gesamte „Rechtsnachfolge von Todes wegen" (sog. **Prinzip der Nachlasseinheit**).[171] Anders ist dies etwa in England, wo das bewegliche und das unbewegliche Vermögen des Erblassers kollisionsrechtlich unterschiedlich behandelt werden (sog. **kollisionsrechtliche Nachlassspaltung**).

---

166 NJW-aktuell 2012, 6 m.w.N.

167 *Stancke*, F.A.Z. vom 19.3.2014, S. 16 („Neues Erbrecht"); NJW-aktuell 2012, 6 m.w.N.

168 Zu gewissen zeitlichen Vorwirkungen der EuErbVO siehe Art. 83 Abs. 2–Abs. 4 EuErbVO sowie *Staudinger/ Friesen* JA 2014, 641, 646 f. und speziell zur Rechtswahl *Schoppe* IPRax 2014, 27 ff.

169 Haager Übereinkommen über das auf die Form letztwilliger Verfügungen anzuwendende Recht v. 5.10.1961 [*J/H* Nr. 60].

170 Siehe *J/H* Nr. 1 Fn. 22 und 23.

171 *Baetge* Jus 1996, 983, 985.

Von der „Rechtsnachfolge von Todes wegen" werden grundsätzlich alle erbrechtlichen Fragen erfasst, die die gesetzliche oder testamentarische Erbfolge betreffen. Der Anwendungsbereich ist damit sehr weit. Er reicht von dem Kreis der gesetzlich Erbberechtigten, der Annahme und Ausschlagung der Erbschaft sowie dem Pflichtteilsrecht über die Zulässigkeit einer Stellvertretung bei Testamentserrichtung bis zur Zulässigkeit und Auslegung letztwilliger Verfügungen. Besondere Regeln finden sich in Art. 17b Abs. 1 S. 2 für eingetragene Lebenspartnerschaften, in Art. 26 Abs. 1–4 für die Anforderungen an die Form des Testaments sowie in Art. 26 Abs. 5 für die Gültigkeit und Bindungswirkung von letztwilligen Verfügungen.

2.　Anknüpfung

Grundregel in Art. 25 Abs. 1 ist die unwandelbare Anknüpfung an die Staatsangehörigkeit des Erblassers im Zeitpunkt seines Todes. Es handelt sich um eine Gesamtverweisung. Vorfragen werden selbstständig angeknüpft.　**129**

Art. 25 Abs. 2 ermöglicht in beschränktem Maße eine Rechtswahl: Gewählt werden kann nur deutsches Recht – und auch das nur für unbewegliches Vermögen im Inland. Diese starke Restriktion erklärt sich v.a. daraus, dass durch großzügigere Wahlmöglichkeiten Pflichtteilsrechte, die nicht in allen Rechtsordnungen vorgesehen sind, umgangen werden könnten.[172] Hält sich die getroffene Rechtswahl nicht innerhalb dieser von Art. 25 Abs. 2 gezogenen Grenzen, so ist sie grundsätzlich unwirksam.[173] Folge ist dann die Anwendung von Art. 25 Abs. 1.　**130**

Für die Form, in der die Rechtswahl nach Art. 25 Abs. 2 zu erfolgen hat, gilt Art. 26 Abs. 1–4.[174]

Beispiel　Der in seinem Haus in Bonn verstorbene Italiener I hatte 8000 € Barvermögen in der Schweiz angelegt. Er testierte zu Lebzeiten in ordnungsgemäßer Form, dass sich die Erbfolge des Hausgrundstücks nach deutschem Recht richten soll.

Sowohl Form als auch Inhalt der Rechtswahl sind nicht zu beanstanden. Art. 25 Abs. 2 führt damit hinsichtlich der Erbfolge des Hausgrundstücks zu deutschem Recht. Bezüglich des Barvermögens gilt nach Art. 25 Abs. 1 italienisches Recht, das die Gesamtverweisung annimmt. Folglich richtet sich die Erbfolge hier nach zwei unterschiedlichen Sachrechten (sog. **sachrechtliche Nachlassspaltung**[175]). ◼

II.　Testamentsformstatut (Art. 26 Abs. 1–4)

Art. 1 ff. TestFÜ/Art. 26 Abs. 1–3 beziehen sich allein auf die Form letztwilliger Verfügungen (Testamente). Die Vorschriften gelten wegen Art. 26 Abs. 4 (eine entsprechende Vorschrift im TestFÜ gibt es nicht[176]) auch für zweiseitige Verfügungen, insbesondere den Erbvertrag.[177] Art. 1 Abs. 1 TestFÜ/Art. 26 Abs. 1 stellen eine Vielzahl alternativer Anknüpfungsmöglichkeiten　**131**

172　*Rauscher* § 9 Rn. 1057.
173　Näher *Hoffmann/Thorn* § 9 Rn. 25 ff.
174　*Hoffmann/Thorn* § 9 Rn. 17.
175　Schönes Beispiel hierzu: *OLG München* ZEV 2011, 469 ff.
176　Erman-*Hohloch* Art. 26 Rn. 19.
177　*Looschelders* Art. 26 Rn. 13.

bereit, um die Formwirksamkeit der Verfügungen zu begünstigen (*favor testamenti*). Nach Art. 2 Abs. 1 TestFÜ/Art. 26 Abs. 2 gelten diese Regelungen auch für die Form von „Widerrufs-verfügungen" wie dem Widerrufstestament.[178] Gegenüber Art. 11 gehen Art. 1 ff. TestFÜ/Art. 26 Abs. 1–4 als Sonderregeln vor.[179] Wegen des staatsvertraglichen Ursprungs handelt es sich um Sachnormverweisungen.

Beispiel Die Deutschen A und B streiten 2004 um das Erbe ihres verstorbenen deutschen Vaters. A meint als gesetzlicher Erbe stehe ihm die Hälfte des Nachlasses zu. B bestreitet eine gesetzliche Erbfolge, weil sein Vater 2003 – was zutrifft – auf einer Reise nach Salz-burg vor drei Zeugen ein mündliches Testament errichtet hat, das ihn zum Alleinerben erklärt. A bestreitet die Wirksamkeit des Testaments. Wer ist Erbe?

Bearbeiterhinweise: Unterstellen Sie, dass das österreichische Recht mündliche Testa-mente regulär vorsieht.[180] Von der Zuständigkeit deutscher Gericht ist auszugehen.

Wegen des Auslandsbezugs zu Österreich ist zunächst das anwendbare Recht zu bestim-men (Art. 3 a.E.). Zuständige deutsche Gerichte wenden nach dem *lex-fori*-Prinzip stets ihr nationales IPR an. Erbstatut ist hier nach Art. 25 Abs. 1 das Recht des Staates, dem der Erb-lasser im Zeitpunkt seines Todes angehörte. Der Erblasser war deutsch, folglich richtet sich die Erbfolge nach deutschem Sachrecht. Danach stünde A als gesetzlichem Erben erster Ordnung (§ 1924 Abs. 1 BGB) die Hälfte der Erbschaft zu, wenn nicht eine wirksame letztwil-lige Verfügung i.S.d. § 1937 BGB die gesetzliche Erbfolge ausschließt. Als solche kommt das mündliche Testament vor drei Zeugen in Frage. Fraglich ist, ob dieses formwirksam ist.

Das für die Form letztwilliger Verfügungen anwendbare Recht richtet sich nicht nach Art. 25 Abs. 1, sondern nach Art. 1 Abs. 1 TestFÜ/Art. 26 Abs. 1. Nach Art. 1 Abs. 1 lit. b TestFÜ/Art. 26 Abs. 1 Nr. 1 ist das Testament formgültig, wenn es dem Recht des Staates, dem der Erblasser angehörte, hier also deutschem Recht, entspricht. Deutsches Erbrecht verlangt in § 2247 Abs. 1 BGB eigenhändige, schriftliche Testamentserrichtung und lässt nur unter ganz besonderen Umständen (vgl. §§ 2250, 2251 BGB), die vorliegend evident nicht vorliegen, ein mündliches Testament zu.

Das Testament des Erblassers wäre nach Art. 1 Abs. 1 lit. a TestFÜ/Art. 26 Abs. 1 Nr. 2 aber auch dann formwirksam, wenn es den Formvoraussetzungen des Ortes entspricht, an dem der Erblasser letztwillig verfügt hat (hier: Österreich). Es handelt sich um eine Sach-normverweisung. Für das somit zu prüfende österreichische Sachrecht ist laut Bearbeiter-vermerk von der Zulässigkeit mündlicher Testamente auszugehen. Aufgrund des mithin formwirksam errichteten Testaments ist der B Alleinerbe. ■

III. Materielles Testamentsstatut (Art. 26 Abs. 5)

132 Eine ebenso versteckte wie wichtige Regelung des Internationalen Erbrechts findet sich in Art. 26 Abs. 5 S. 1. Sie steht in keinem unmittelbaren sachlichen Zusammenhang zu Art. 26 Abs. 1–4, da sie sich nicht auf die Form bezieht, sondern auf die materielle Wirksamkeit von Verfügungen von Todes wegen. Sie bildet die maßgebliche Kollisionsnorm für Fragen der materiellen Gültigkeit und Bindungswirkung von Testamenten und Erbverträgen.[181]

---

178 Schöner Fall dazu *OLG Frankfurt* ZEV 2009, 516 m. krit. Anm. *S. Lorenz* (beides sehr lesenswert).
179 Erman-*Hohloch* Art. 11 Rn. 3.
180 Das war bis zum 1.1.2005 nach §§ 585, 586 ABGB a. F. der Fall; dazu auch *OLG Frankfurt* ZEV 2009, 516.
181 Vgl. Erman-*Hohloch* Art. 26 Rn. 24 f.

Zur Gültigkeit i.S.d. Art. 26 Abs. 5 S. 1 Alt. 1, der nicht die Formgültigkeit meint, zählen Zugangs- und Widerrufsfragen (etwa §§ 2271, 2296 BGB), ob und unter welchen Voraussetzungen gemeinschaftliche Testamente oder Erbverträge zulässig errichtet werden können, ob sich der Erblasser vertreten lassen kann, ob Testamente und Erbverträge anfechtbar sind und nach h.M. auch die Voraussetzungen der Testierfähigkeit.[182] Hat der Betroffene danach die Testierfähigkeit erst einmal erlangt, so verliert er sie nach Art. 26 Abs. 5 S. 2 auch bei Erwerb oder Verlust der deutschen Staatsangehörigkeit nicht mehr.

Die Bindung i.S.d. Art. 26 Abs. 5 S. 1 Alt. 2 ist vor allem für gemeinschaftliche Testamente und Erbverträge bedeutsam. Davon erfasst werden insbesondere die Zulässigkeit und die Voraussetzungen eines Widerrufs (für die Form des Widerrufs gilt Art. 26 Abs. 2).

Für all diese Fragen der materiellen Gültigkeit und Bindung erklärt Art. 26 Abs. 5 S. 1 das Recht **133** für anwendbar, „das im Zeitpunkt der Verfügung auf die Rechtsnachfolge von Todes wegen anzuwenden wäre" (sog. hypothetisches Erbstatut). Verwiesen wird damit auf Art. 25 Abs. 1, allerdings mit der Besonderheit, dass auf den **Zeitpunkt der Verfügung** zur Ermittlung des anwendbaren Rechts abzustellen ist. Anwendbar ist also nicht das Recht des Staates, dem der Erblasser im Zeitpunkt seines Todes, sondern im Zeitpunkt der Errichtung des Testaments bzw. Erbvertrages angehört (sog. Errichtungsstatut). Sofern sich nach Errichtung die Staatsangehörigkeit des Betroffenen ändert, hat das auf die Gültigkeit und Bindung der letztwilligen Verfügung keine Auswirkung mehr. Und genau darin liegt der Sinn von Art. 26 Abs. 5 S. 1: Der Erblasser muss wissen, wie er inhaltlich wirksam verfügt, und darauf vertrauen können, dass diese Verfügung Bestand hat.[183]

IV. Vereinheitlichtes Erbkollisionsrecht ab 17.8.2015: Die EuErbVO

1. Allgemeines

Die EuErbVO[184] (häufig auch als Rom V-VO, seltener auch als Rom IV-VO bezeichnet[185]) ist **134** am 16.8.2012 in Kraft getreten.[186] Ihre universelle Anwendung (siehe Art. 20 EuErbVO) beansprucht die neue Verordnung – trotz gewisser Vorwirkungen (vgl. Art. 83 Abs. 2–Abs. 4 EuErbVO)[187] – erst ab **17.8.2015**.

Die EuErbVO enthält Vorschriften zur internationalen Zuständigkeit (Art. 4–19), zum anwendbaren Recht (Art. 20–38), zur Anerkennung und Vollstreckung von Entscheidungen und öffentlichen Urkunden (Art. 39–61) sowie zu einem Europäischen Nachlasszeugnis (Art. 62–73).

---

182 *Looschelders* Art. 26 Rn. 28 ff. m.w.N.; *Rauscher* § 9 Rn. 1062.

183 *Rauscher* § 9 Rn. 1061.

184 Verordnung (EU) Nr. 650/2012 des europäischen Parlaments und des Rates über die Zuständigkeit, das anzuwendende Recht, die Anerkennung und Vollstreckung von Entscheidungen und die Annahme und Vollstreckung öffentlicher Urkunden in Erbsachen sowie zur Einführung eines Europäischen Nachlasszeugnisses [J/H Nr. 61].

185 Siehe hierzu mit Nachweisen *Mansel/Thron/R. Wagner* IPRax 2013, 1, 6.

186 Siehe J/H Nr. 61 Fn. 1 Satz 1.

187 Hierzu etwa *Staudinger/Friesen* JA 2014, 641, 646 f.

2. Anwendungsbereich

135 Der **sachliche Anwendungsbereich** erstreckt sich auf die Rechtsnachfolge von Todes wegen (Art. 1 Abs. 1 S. 1 EuErbVO). Erfasst wird dabei der **gesamte**[188] **Nachlass**, wodurch insbesondere eine Nachlassspaltung vermieden werden soll (vgl. Erwägungsgrund 37 S. 4 EuErbVO). Unter der Rechtsnachfolge von Todes wegen versteht die Verordnung gem. Art. 3 Abs. 1 lit. a EuErbVO jede Form des Übergangs von Vermögenswerten, Rechten und Pflichten von Todes wegen, sei es im Wege der gewillkürten Erbfolge oder der gesetzlichen Erbfolge. Über die Reichweite des anzuwendenden Rechts gibt die nicht-abschließende Auflistung des Art. 23 Abs. 2 EuErbVO Aufschluss (bitte lesen). Sie reicht von Fragen der Erbfähigkeit und Enterbung bis zur Erbunwürdigkeit (siehe beispielhaft Art. 23 Abs. 2 lit. c und lit. d EuErbVO).

Neben Steuer- und Zollsachen sowie verwaltungsgerichtlichen Angelegenheiten werden durch die Bereichsausnahmen in Art. 1 Abs. 2 EuErbVO (bitte lesen) zahlreiche Angelegenheiten aus dem sachlichen Anwendungsbereich ausgeschlossen. So schließt etwa Art. 1 Abs. 2 lit. b EuErbVO grundsätzlich die Rechts- und Geschäftsfähigkeit natürlicher Personen vom sachlichen Anwendungsbereich aus. Anders als ursprünglich vorgesehen, wird demgegenüber die **Testierfähigkeit** vom Anwendungsbereich der Verordnung **erfasst** (vgl. Art. 26 Abs. 1 lit. a EuErbVO, Art. 1 Abs. 2 lit. b EuErbVO).[189]

Räumlich anwendbar ist die EuErbVO in den Mitgliedstaaten der EU mit Ausnahme Dänemarks, Großbritanniens und Irlands. Die Verordnung ist *loi uniforme*. Sofern die kollisionsrechtliche Prüfung zur Anwendung drittstaatlichen Rechts führt, ist dieses anzuwenden (Art. 20 EuErbVO).

Die Verordnung ist **zeitlich anwendbar**, wenn der Erbfall am oder nach dem 17.8.2015 eingetreten ist (Art. 83 Abs. 1 EuErbVO). Lediglich Art. 77 und Art. 78 EuErbVO gelten bereits ab dem 16.7.2014 und Art. 79–Art. 81 ab dem 5.7.2012;[190] diese Vorschriften dürften jedoch nicht klausurrelevant sein. Zu merken als Ausnahme von dem allgemeinen Geltungsbeginn der EuErbVO am 17.8.2015 gilt es aber, dass eine Rechtswahl gemäß der Verordnung nach Art. 83 Abs. 2 EuErbVO bereits seit dem Inkrafttreten der EuErbVO am 16.8.2012 prinzipiell möglich ist.[191]

3. Objektive und subjektive Anknüpfung (Art. 21 EuErbVO und Art. 22 EuErbVO)

136 Für das anwendbare Recht sieht Art. 21 Abs. 1 EuErbVO eine objektive Anknüpfung an den gewöhnlichen Aufenthalt des Erblassers vor. Es kommt dafür also auf den Ort des Lebensmittelpunktes des Erblassers an.

Die Verweisung auf das Recht am gewöhnlichen Aufenthalt des Erblassers ist gem. Art. 34 Abs. 1 EuErbVO Gesamtverweisung. Das ist insoweit bemerkenswert, als die europäischen IPR-Verordnungen bislang stets Sachnormverweisungen vorgesehen haben (siehe Art. 20

---

188 Das sagt zwar Art. 1 Abs. 1 S. 1 EuErbVO nicht ausdrücklich, ergibt sich jedoch deutlich aus Art. 23 Abs. 1 EuErbVO („unterliegt die gesamte Rechtsnachfolge") sowie Erwägungsgrund 37 S. 4 EuErbVO.
189 *Simon/Buschbaum* NJW 2012, 2393 m.w.N.
190 Siehe *J/H* Nr. 61 Fn. 1 Satz 2.
191 Ausführlich hierzu *Schoppe* IPRax 2014, 27 ff.; s. auch *Herzog* ErbR 2013, 2, 3; *R. Wagner* NJW 2013, 3128, 3130.

Rom I-VO, Art. 24 Rom II-VO, Art. 11 Rom III-VO). Eine Rück- oder Weiterverweisung i.S.d. Art. 34 Abs. 1 EuErbVO ist aber jeweils nur möglich, wenn die Gesamtverweisung zu dem Recht eines Nicht-Mitgliedstaates der EU führt oder auf das Recht Dänemarks, Großbritanniens oder Irlands verwiesen wird, da das dortige Internationale Erbrecht nicht durch die EuErbVO überlagert wird.[192] Verweist die EuErbVO dagegen auf das Recht eines der übrigen Mitgliedstaaten der EU, für die jeweils auch die EuErbVO gilt, so wirkt die Gesamtverweisung stets wie eine Sachnormverweisung.[193]

Die Anknüpfung an den gewöhnlichen Aufenthalt in Erbsachen entspricht im Wesentlichen der bisherigen Anknüpfung in den meisten Mitgliedstaaten, die – anders als Deutschland in Art. 25 Abs. 1 (Staatsangehörigkeitsprinzip) – die Anknüpfung an das Domizil vorsahen.[194] In Deutschland hingegen markiert die objektive Anknüpfung der EuErbVO an den gewöhnlichen Aufenthalt einen Systemwechsel mit hohen praktischen Auswirkungen.

Beispiel   Der Deutsche Rentner R lebt seit fünf Jahren in seiner Finca auf Mallorca. Im Sommer 2015 erkrankt er schwer. Seine Ehefrau E lebt in Deutschland. Aus der Ehe gingen die zwei Kinder S und T hervor. Ein Testament hat R nicht errichtet. E will wissen, ob sie Erbin wird, falls R im August 2015 versterben sollte.

Stirbt R am 16.8.2015 oder davor, so bestimmt sich die gesetzliche Erbfolge gem. Art. 25 Abs. 1 nach deutschem Erbrecht. Gesetzliche Erben würden in diesem Fall E, S und T werden, die eine Erbengemeinschaft bildeten.

Stirbt R dagegen am 17.8.2015 oder danach, so richtet sich die Erbfolge gem. Art. 21 Abs. 1 EuErbVO nach spanischem Sachrecht. Beim Vorhandensein von ehelichen Kindern erben nach spanischem Erbrecht nur diese, nicht der überlebende Ehepartner. Es würden in diesem Fall also nur S und T den R beerben; die Witwe E würde nur Erbin werden, wenn die erbberechtigten Kinder S und T die Erbschaft nicht annähmen. ◼

Im Vergleich zur Staatsangehörigkeit hat der gewöhnliche Aufenthalt v.a. den Nachteil der komplizierteren Bestimmbarkeit.[195] Die Anknüpfung an den gewöhnlichen Aufenthalt und die Ablehnung des Staatsangehörigkeitsprinzips entspricht jedoch dem üblichen Vorgehen des europäischen Gesetzgebers auf dem Weg der Kollisionsrechtsvereinheitlichung.

Korrektive für die Regelanknüpfung an den gewöhnlichen Aufenthalt sollen die Ausweichklausel in Art. 21 Abs. 2 EuErbVO und insbesondere die in Art. 22 EuErbVO vorgesehene Rechtswahlmöglichkeit bilden, wonach der Erblasser die Rechtsnachfolge in seinen Nachlass dem Recht des Staates unterstellen kann, dessen Staatsangehörigkeit er besitzt. Diese Verweisungen sind nach Art. 34 Abs. 2 jeweils Sachnormverweisungen. Die Rechtswahlmöglichkeit in Art. 22 Abs. 1 EuErbVO reicht deutlich weiter als der bis zum 16.8.2015 geltende Art. 25 Abs. 2, der nur für im Inland belegenes unbewegliches Vermögen die Wahl deutschen Rechts zuließ.   **137**

Art. 22 Abs. 1 EuErbVO ermöglicht die Rechtswahl für den gesamten Nachlass. Mit der Beschränkung der Rechtswahlmöglichkeit in Art. 22 Abs. 1 EuErbVO auf dasjenige Recht, dessen Staatsangehörigkeit der Erblasser besitzt, soll insbesondere vermieden werden, dass durch die Rechtswahl Pflichtteilsrechte ausgehöhlt werden, die nicht alle Rechtsordnungen

192 Beispiele hierzu finden sich bei Erman-*Hohloch* Art. 34 EuErbVO Rn. 6.
193 Siehe *Staudinger/Friesen* JA 2014, 641, 645.
194 Zu den Vorzügen dieser Anknüpfung *Kindler* IPRax 2010, 44, 46 f.
195 Insgesamt kritisch zur EuErbVO *Rauscher* § 9 Rn. 1055.

vorsehen (vgl. Erwägungsgrund 38 EuErbVO). Darüber hinaus werden Nachlassspaltungen verhindert. Der ursprüngliche Verordnungsvorschlag vom 14.10.2009[196] ließ zunächst offen, wie weit die Rechtswahlmöglichkeit bei Mehrstaaten reichen soll. Ebenfalls unklar war, ob es auf das Heimatrecht zum Zeitpunkt der Rechtswahl und/oder zum Zeitpunkt des Erbfalls ankommt.[197] Diese Fragen wurden durch den tatsächlich verabschiedeten Verordnungsvorschlag in Art. 22 Abs. 1 EuErbVO (bitte lesen) nunmehr ausdrücklich geregelt.

Die Anwendung des jeweils berufenen Rechts steht unter dem Vorbehalt des *ordre public* gem. Art. 35 EuErbVO. Dieser könnte insbesondere bei einem Ausschluss von Pflichtteilsrechten zum Tragen kommen.[198]

4. Testamentsformstatut

138 Die ab dem 17.8.2015 geltende EuErbVO führt in Deutschland zu keinen erheblichen Änderungen im Hinblick auf das Testamentsformstatut (siehe zur bisherigen Rechtslage Rn. 131). Wie bisher wird sich die Formgültigkeit von Testamenten vorrangig nach Art. 1 ff. TestFÜ[199] richten. Zwar sieht Art. 27 EuErbVO eine eigenständige Vorschrift zum Testamentsformstatut vor. Doch genießt das TestFÜ gem. Art. 75 Abs. 1 UAbs. 2 EuErbVO für die Formgültigkeit von Testamenten und gemeinschaftlichen Testamenten (legaldefiniert in Art. 3 Abs. 1 lit. c EuErbVO) Vorrang gegenüber Art. 27 EuErbVO. Erbverträge werden demgegenüber nicht vom TestFÜ erfasst.[200] Für die Formgültigkeit von Erbverträgen gilt daher die Auffangregel des Art. 27 EuErbVO (i.V.m. Art. 26 Abs. 4 EGBGB). Inhaltlich führt diese Anknüpfung für die Formgültigkeit von Erbverträgen aber nicht zu einer wesentlichen Veränderung gegenüber der bisherigen Rechtslage, da die Anknüpfungen des Art. 27 Abs. 1 EuErbVO denen des Art. 1 TestFÜ weitgehend entsprechen.[201]

> **Hinweis**
>
> Gem. Art. 75 Abs. 1 EuErbVO lässt die neue Verordnung allgemein internationale Übereinkommen unberührt. Daher richtet sich beispielsweise auch zukünftig das Erbstatut bei Fällen mit Berührungspunkten zur Türkei nach § 14 der Anlage 20 des deutsch-türkischen Konsularvertrags[202], wonach für den beweglichen Nachlass das Recht der Staatsangehörigkeit des Erblassers und für den unbeweglichen Nachlass der Belegenheitsort maßgeblich ist.[203] Weitere vorrangige Konventionen i.S.d. Art. 75 Abs. 1 EuErbVO hat die Bundesrepublik im Verhältnis zum Iran und zur ehemaligen Sowjetunion.[204]

---

196 KOM 2009, 154.

197 *Süß* ZErb 2009, 342, 345.

198 Näher *Staudinger/Friesen* JA 2014, 641, 646.

199 Haager Übereinkommen über das auf die Form letztwilliger Verfügungen anzuwendende Recht v. 5.10.1961 [*J/H* Nr. 60]; dazu bereits oben unter Rn. 131.

200 MüKo-*Dutta* Art. 27 EuErbVO Rn. 1.

201 Zu den geringfügigen Abweichungen im Einzelnen MüKo-*Dutta* Art. 27 EuErbVO Rn. 4 ff.

202 Konsularvertrag zwischen dem Deutschen Reich und der Türkischen Republik vom 28.5.1929 [*J/H* Nr. 62].

203 Siehe hierzu die universitäre Schwerpunktprüfung *M. Stürner/Wendelstein* JURA 2014, 707, 710 sowie aus der Rechtsprechung beispielhaft *OLG Köln* FGPrax 2011, 302.

204 Siehe näher *Staudinger/Friesen* JA 2014, 641.

5. Materielles Testamentsstatut

Das materielle Testamentsstatut bestimmt sich allgemein nach Art. 24 EuErbVO, für Erbver- **139** träge speziell nach Art. 25 EuErbVO, welcher über die materielle Wirksamkeit hinaus auch die Bindungswirkung ausdrücklich[205] erfasst.

> ### Hinweis
>
> Der Begriff des Erbvertrages ist hier selbstverständlich europäisch autonom zu verstehen! Er wird in Art. 3 Abs. 1 lit. b EuErbVO definiert. Der Begriff des Erbvertrags wird darin weit gefasst. Das europäische Verständnis geht insoweit über das deutsche Verständnis nach den §§ 1941, 2274 ff. BGB hinaus. Insbesondere fallen grundsätzlich **auch gemeinschaftliche Testamente**[206] darunter (!), jedenfalls soweit sie – wie zumeist – wechselbezügliche Verfügungen (vgl. §§ 2270 f. BGB) enthalten.[207] Der Erbvertrag i.S.d. Erbrechtsverordnung erfasst darüber hinaus auch die Schenkung von Todes wegen sowie den Erb-, Pflichtteils- und Zuwendungsverzicht.[208]
>
> Merken Sie sich, dass ein gemeinschaftliches Testament nach den §§ 2265 ff. BGB regelmäßig nicht als ein gemeinschaftliches Testament i.S.d. Art. 3 Abs. 1 lit. c EuErbVO anzusehen ist; vielmehr ist ein gemeinschaftliches Testament nach den §§ 2265 ff. BGB regelmäßig als Erbvertrag im unionsrechtlichen Sinne zu verstehen.

Welche Aspekte zur materiellen Wirksamkeit gehören, listet Art. 26 Abs. 1 EuErbVO auf. Hierzu zählt etwa die Frage, ob sich der Erblasser bei der Testamentserrichtung vertreten lassen kann (Art. 26 Abs. 1 lit. c EuErbVO), ob Testamente und Erbverträge anfechtbar sind (Art. 26 Abs. 1 lit. e EuErbVO) und ob die Testierfähigkeit gegeben ist (Art. 26 Abs. 1 lit. a EuErbVO). Hat der Betroffene danach die Testierfähigkeit erst einmal erlangt, so verliert er sie nach Art. 26 Abs. 2 EuErbVO auch durch einen Wechsel seines gewöhnlichen Aufenthalts nicht mehr.

Für die materielle Wirksamkeit ist das hypothetische Erbstatut maßgeblich; verwiesen wird damit insbesondere auf Art. 21 EuErbVO, allerdings mit der Besonderheit, dass auf den **Zeitpunkt der Verfügung** zur Ermittlung des anwendbaren Rechts abzustellen ist.[209] Anwendbar ist also nicht das Recht des Staates, in dem der Erblasser im Zeitpunkt seines Todes, sondern im Zeitpunkt der Errichtung des Testaments bzw. Erbvertrages seinen gewöhnlichen Aufenthalt hatte (Errichtungsstatut). Ungeachtet dieser objektiven Anknüpfungen kann das für die Zulässigkeit und die Wirksamkeit maßgebliche Recht

---

205 In Art. 24 EuErbVO wird die Bindungswirkung nicht genannt, da diese bei einfachen Testamenten regelmäßig keine Rolle spielt. Da es gleichwohl nicht ausgeschlossen ist, dass „auch ein einfaches Testament nach einem ausländischen Erbrecht gewisse Bindungswirkung entfalten kann" (so MüKo-*Dutta* Art. 24 EuErbVO Rn. 5), ist die Bindungswirkung als von Art. 24 EuErbVO miterfasst anzusehen, siehe ausführlich MüKo-*Dutta* Art. 24 EuErbVO Rn. 5.

206 Das gemeinschaftliche Testament wird zwar in Art. 3 Abs. 1 lit. c EuErbVO vom Unionsgesetzgeber definiert, aber darüber hinaus nur an einer Stelle in der Verordnung verwendet, namentlich in Art. 75 Abs. 1 UAbs. 2 EuErbVO. Daher ist die schwierige (siehe hierzu MüKo-*Dutta* Art. 3 EuErbVO Rn. 5 ff.) Abgrenzung zwischen dem unionsrechtlichen Begriff des Erbvertrages und dem gemeinschaftlichen Testament im unionsrechtlichen Sinne nur von geringer Relevanz, siehe MüKo-*Dutta* Art. 3 EuErbVO Rn. 7.

207 MüKo-*Dutta* Art. 25 EuErbVO Rn. 2.

208 Näher MüKo-*Dutta* Art. 3 EuErbVO Rn. 9.

209 Näher hierzu MüKo-*Dutta* Art. 24 EuErbVO Rn. 6 ff.

unter den Bedingungen des Art. 22 EuErbVO gewählt werden (Art. 24 Abs. 2 EuErbVO). Im Falle eines Erbvertrages gilt das gem. Art. 25 Abs. 3 EuErbVO ausdrücklich auch für die Bindungswirkung.

> ## Online-Wissens-Check
>
> **Wie wird die Morgengabe qualifiziert? Was versteht man unter dem Prinzip der Nachlasseinheit?**
>
> Überprüfen Sie jetzt online Ihr Wissen zu den in diesem Abschnitt erarbeiteten Themen. Unter **www.juracademy.de/skripte/login** steht Ihnen ein Online-Wissens-Check speziell zu diesem Skript zur Verfügung, den Sie kostenlos nutzen können. Den Zugangscode hierzu finden Sie auf der Codeseite.

D. Internationales Vertragsrecht

140 Der 17.12.2009 ist für das Internationale Vertragsrecht ein historisches Datum: Die Rom I-VO trat an jenem Tag in Kraft, die Art. 27–37 EGBGB a.F. wurden aufgehoben.[210] Nach diesem Wandel, der mehr formaler als inhaltlicher Art ist,[211] stellt sich die Rechtsquellenlage heute wie folgt dar: Innerhalb des Anwendungsbereichs des CISG ist dieses wie bisher vorrangig vor allen anderen Rechtsquellen heranzuziehen; außerhalb des CISG gilt die Rom I-VO für alle nach dem 17.12.2009 geschlossenen Verträge. Die Art. 27–37 EGBGB a.F., die das EVÜ[212] in das EGBGB inkorporiert hatten, gelten nur noch für vor dem 17.12.2009 geschlossene Verträge.[213]

I. Vereinheitlichtes Sachrecht: UN-Kaufrecht

1. Allgemeines

141 Beim UN-Kaufrecht (bzw. CISG = UN-Convention on the International Sale of Goods)[214] handelt es sich um sog. **Einheitsrecht**: Es vereinheitlicht unmittelbar das **Sachrecht** in den Mitgliedstaaten. In seinem Geltungsbereich stellt sich damit die IPR-Frage nach dem anwendbaren Recht nicht; das CISG selbst liefert das anzuwendende Recht.[215] Es geht als staatsvertraglich vereinheitlichtes Sachrecht den Internationalen Privatrechten und den nationalen Sachrechten vor. Demgemäß hat das CISG große rechtspraktische Bedeutung: Es findet in über 80 Vertragsstaaten[216] auf praktisch alle Exportgeschäfte und auf über 80

---

210 *Magnus* IPRax 2010, 27 f.

211 Zu den inhaltlichen Änderungen der objektiven Anknüpfungen *Neubert* EWS 2011, 369 ff.

212 Römisches EWG-Übereinkommen über das auf vertragliche Schuldverhältnisse anzuwendende Recht v. 19.6.1980.

213 *R. Wagner* NJW 2010, 1707, 1708 m.w.N.; *Staudinger/Steinrötter* JA 2011, 241, 242.

214 Wiener UN-Übereinkommen über Verträge über den internationalen Warenkauf v. 11.4.1980 [*J/H* Nr. 77; *A/S* Nr. B1].

215 Zu weiteren Vorteilen des CISG *Piltz* NJW 2012, 3061 ff.

216 Genauer Stand vom 18.12.2014: 83 Vertragsstaaten; allesamt aufgelistet unter: http://www.uncitral.org/uncitral/en/uncitral_texts/sale_goods/1980CISG_status.html.

Prozent der Importe Anwendung.[217] Für Deutschland ist das Übereinkommen seit dem 1.1.1991 in Kraft.[218] Eng verbunden mit dem Übereinkommen wird der 1955 verstorbene Jurist *Ernst Rabel*, der durch seine rechtsvergleichenden Vorarbeiten den Grundstein für das CISG legte.[219]

2. Anwendungsbereich

In den **sachlichen Anwendungsbereich** des CISG fallen Kaufverträge (Art. 1 Abs. 1 CISG) und Werklieferungsverträge (Art. 3 Abs. 1 CISG). „Waren" i.S.d. Art. 1 Abs. 1 CISG sind grundsätzlich alle beweglichen Sachen. Demnach fallen etwa Kaufverträge über Immaterialgüterrechte, Forderungen und Gesellschaftsanteile nicht darunter. Weitere wichtige Ausnahmen vom Anwendungsbereich des CISG finden sich in Art. 2 CISG. Hervorzuheben ist insbesondere **Art. 2 lit. a CISG**, der Käufe für den persönlichen Gebrauch vom Anwendungsbereich ausschließt, sofern der Verkäufer um den privaten Zweck wusste oder wissen musste. Dadurch soll die Anwendung nationaler Verbraucherschutzrechte gewährleistet werden.[220] **142**

Räumlich wird von Art. 1 Abs. 1 CISG verlangt, dass entweder die Parteien des Kaufvertrages ihre Niederlassung i.S.d. Art. 10 CISG in zwei unterschiedlichen Vertragsstaaten haben (Art. 1 Abs. 1 lit. a) oder das Kollisionsrecht das Recht eines Vertragsstaates für anwendbar erklärt (Art. 1 Abs. 1 lit. b). Meist ist der räumliche Anwendungsbereich bereits nach Art. 1 Abs. 1 lit. a CISG eröffnet, da das Übereinkommen mittlerweile in über 80 Staaten gilt. Dazu gehören wichtige Handelspartner Deutschlands, wie die Benelux-Staaten, Frankreich, Italien, Österreich und Spanien; Großbritannien und Portugal sind dagegen keine Vertragsstaaten.[221] Gerade im Verhältnis zu Großbritannien und Portugal kann daher Art. 1 Abs. 1 lit. b CISG relevant werden. **143**

Beispiel Ein englischer Spielwarenhersteller kauft Holz von einem Unternehmen aus dem Schwarzwald.

Es geht um einen „Kaufvertrag über Waren" i.S.d. Art. 1 Abs. 1 CISG, folglich ist der sachliche Anwendungsbereich des CISG eröffnet. Der räumliche Anwendungsbereich ist nicht nach Art. 1 Abs. 1 lit. a eröffnet, da zwar Deutschland seit 1.1.1991 Vertragsstaat ist, nicht aber England. Da jedoch die Regeln des internationalen Privatrechts (hier Art. 4 Abs. 1 lit. a Rom I-VO) zur Anwendung des Rechts eines Vertragsstaates (hier: Deutschland) führen, ist der räumliche Anwendungsbereich des CISG vorliegend gem. Art. 1 Abs. 1 lit. b CISG eröffnet. ◼

Zeitlich anwendbar ist das CISG gem. Art. 100 CISG, wenn das Übereinkommen im Zeitpunkt des Vertragsschlusses in den beteiligten Vertragsstaaten bereits galt. **144**

In persönlicher Hinsicht stellt das CISG **keine Anforderungen** auf, sodass unerheblich ist, welcher Staatsangehörigkeit die Parteien sind und ob sie Kaufleute oder Nichtkaufleute sind (Art. 1 Abs. 3 CISG). **145**

---

217 *Piltz* NJW 2009, 2258.
218 Vgl. *J/H* Nr. 77 Fn. 1; zu neuen Entwicklungen im UN-Kaufrecht *Piltz* NJW 2013, 2567 ff.
219 Vgl. *Kropholler* IPR § 52 IV 2 S. 475; näher *Rösler* RabelsZ 70, 2006, 793 ff.
220 *Daun* JuS 1997, 811, 813.
221 Chronologischer Überblick bei *J/H* Nr. 77 Fn. 1.

3. Regelungsbereiche

146 Das CSIG liefert für Kauf- und Werklieferungsverträge kein umfassendes Regelwerk wie das BGB, sondern beschränkt sich auf Vorschriften über den Abschluss und die Durchführung der Verträge. Es gliedert sich in vier Teile:

- Teil I (Art. 1–13 CISG) beinhaltet Vorschriften über den Anwendungsbereich und einige allgemeine materiell-rechtliche Bestimmungen (Auslegung von Willenserklärungen, Begriff der Niederlassung, Geltung von Gebräuchen, Form von Rechtsgeschäften).
- Teil II (Art. 14–24 CISG) regelt den Vertragsschluss (= Entsprechung zu §§ 145 ff. BGB).
- Teil III (Art. 25–88 CISG) enthält Vorschriften zum materiellen Kaufrecht (Rechte und Pflichten der Vertragsparteien sowie zu den Folgen von Leistungsstörungen = Entsprechung zu §§ 320 ff., 433 ff. BGB, 373 ff. HGB).
- Teil IV (Art. 89–101 CISG) beinhaltet völkerrechtliche Schlussbestimmungen.

4. Parteiautonomie

147 Die Parteien können die Anwendbarkeit des CISG ausschließen oder von seinen Bestimmungen abweichen, Art. 6 CISG. Dazu bedarf es einer eindeutigen Rechtswahl (etwa: „Es gilt das BGB"). Sie kann auch stillschweigend erfolgen.[222] Die Vereinbarung des Rechts eines Vertragsstaates (etwa: „Es gilt deutsches Recht") reicht jedoch nicht, um eine Abbedingung des CISG zu erreichen.[223] Dies liegt daran, dass das CISG Bestandteil des nationalen Rechts ist. In einem Kaufvertrag beruft die nicht näher konkretisierte Wahl deutschen Rechts daher das CISG selbst – als integralen Bestandteil der deutschen Rechtsordnung mit Vorrang gegenüber dem BGB und dem HGB (beliebte Klausurfalle[224]).[225]

II. Europäisches Kollisionsrecht: Rom I

1. Allgemeines

148 Wenn – wie häufig in der Klausur – weder das CISG noch sonstige internationale Sachrechtsakte[226] anwendbar sind, so ist auf die Rom I-VO einzugehen. Diese enthält kein vereinheitlichtes Sach- sondern Kollisionsrecht. Ihre Regelungen ähneln denen des Vorgänger-Übereinkommens, dem EVÜ,[227] an dessen Stelle die Rom I-VO trat, ohne dass das EVÜ vollständig aufgehoben wurde.[228] Die zum EVÜ ergangene Rechtsprechung behält für die Auslegung der Rom I-VO hohe Relevanz.

---

222 *Rauscher* § 10 Rn. 1132.

223 *Kropholler* IPR § 52 IV 2c (1) S. 479.

224 Vgl. etwa den guten Übungsfall von *Janssen/Meyer* JA 2005, 597; deutlich schwierigerer Fall zum CISG von *Hay* JuS 2000, 567; zu einem neueren Übungsfall, der einen deutsch-schweizerischen Vertragsschluss nach dem CISG behandelt, *Kettenberger* JuS 2012, 146 ff.; schließlich *Effer-Uhe/Gössel* JURA 2012, 816 ff.

225 *OLG Düsseldorf* IPRax 1993, 412, 413.

226 Weiterführend hierzu *Schilling* EuZW 2011, 776 ff.

227 Römisches EWG-Übereinkommen über das auf vertragliche Schuldverhältnisse anzuwendende Recht v. 19.6.1980.

228 Siehe Rn. 150; *Rauscher* § 10 Rn. 1134; *Magnus* IPRax 2010, 27, 30 f.

> **Hinweis**
>
> Die Bezeichnung der „Rom-VO" geht auf das EVÜ zurück, das im Jahre 1980 in der Stadt Rom geschlossen wurde. In mündlichen Prüfungen wird gerne nach dem begrifflichen Ursprung der „Rom-Verordnungen" gefragt!

Im Kern geht es bei der Rom I-VO um Internationales Vertragsrecht. Zugleich regelt die Verordnung aber auch angrenzende Gebiete, wie das Zustandekommen von Verträgen (Art. 10 Rom I-VO), ihre Form (Art. 11 Rom I-VO), den Forderungsübergang (Art. 14, 15 Rom I-VO) und die Aufrechnung (Art. 17 Rom I-VO).

Die Auslegung der Verordnung hat stets unionsautonom zu erfolgen.[229] Über sie wacht der Europäische Gerichtshof (vgl. Art. 267 Abs. 1 AEUV), der sich dabei um eine Auslegung bemüht, die mit der Rom II-VO und der EuGVO[230] harmoniert. Diese Verordnungen sind also stets im Einklag zueinander auszulegen (siehe jeweils Erwägungsgrund 7 der Rom I- und Rom II-VO). Eine unionsautonome Definition ist in Art. 19 Abs. 1 Rom I-VO für den gewöhnlichen Aufenthalt getroffen, der als das zentrale Anknüpfungsmoment der Rom I-VO fungiert. Für den gewöhnlichen Aufenthalt ist gem. Art. 19 Abs. 3 Rom I-VO der Moment des Vertragsschlusses maßgeblich.[231]

》 Welche Vorteile bringt die neue Rom I-VO gegenüber dem EVÜ (siehe Rn. 11)? **《**

2. Anwendungsbereich

Der **sachliche Anwendungsbereich** der Rom I-VO erfasst nach Art. 1 Abs. 1 Rom I-VO „vertragliche Schuldverhältnisse in Zivil- und Handelssachen".   **149**

> Nach dem unionsautonomen Verständnis ist ein **vertragliches Schuldverhältnis** eine freiwillig eingegangene Verpflichtung.[232]

Dieses Kriterium dient der Abgrenzung zu den durch die Rom II-VO geregelten außervertraglichen Schuldverhältnissen. Einseitige Rechtsgeschäfte, insbesondere die zwischen Vertrag und Delikt stehenden Gewinnzusagen (vgl. § 661a BGB), werden in diesem Sinne vertraglich qualifiziert.[233] Der Vertrag mit Schutzwirkungen zugunsten Dritter wird demgegenüber nicht vertraglich, sondern deliktisch qualifiziert.[234] Ausdrücklich ausgenommen von der Rom I-VO sind nach Art. 1 Abs. 1 S. 2 Rom I-VO Steuer- und Zollsachen sowie verwaltungsrechtliche Angelegenheiten und die in Art. 1 Abs. 2 Rom I-VO aufgeführten Materien (bitte lesen).

Räumlich anwendbar ist die Rom I-VO in allen Mitgliedstaaten mit Ausnahme Dänemarks, welches weiterhin das EVÜ anwendet.[235] Die Mitgliedstaaten wenden die Rom I-VO auch auf Sachverhalte mit Bezug zu Nicht-EU-Staaten an. Das ergibt sich aus dem Wortlaut von Art. 1   **150**

---

229 Siehe Rn. 31; *Schmidt* JURA 2011, 117, 118.

230 Dazu näher ab Rn. 235.

231 Art. 19 Abs. 3 Rom I-VO war elementar in der zweiten Zivilrechtsklausur der Ersten juristischen Staatsprüfung Baden-Württemberg im Frühjahr 2010.

232 Grundlegend *EuGH* NJW 2002, 3159 (Rechtssache *Tacconi*); *EuGH* JZ 2014, 40, 41 (Rechtssache ÖFAB) m. Anm. *Osterloh-Konrad*; Palandt-*Thorn* Art. 1 Rom I Rn. 3 m.w.N.

233 H.M., vgl. Palandt-*Thorn* Art. 1 Rom I Rn. 3 m.w.N.

234 Ausführlich dazu *Dutta* IPRax 2009, 293 ff.

235 So die h.M., siehe *Magnus* IPRax 2010, 27, 30; *Staudinger/Steinrötter* JA 2011, 241, 242 jeweils m.w.N.; ausführlich mit Hinweisen zur Gegenmeinung *Brödermann/Rosengarten* Rn. 68.

Abs. 1 Rom I-VO: Verlangt wird dort nur die „Verbindung zum Recht verschiedener Staaten", die gerade keine Mitgliedstaaten sein müssen. Die Verordnung ist *loi uniforme*. Sofern die kollisionsrechtliche Prüfung zur Anwendung drittstaatlichen Rechts führt, ist dieses anzuwenden, Art. 2 Rom I-VO.

Beispiel Der in Baden-Baden lebende Russe R schließt 2012 in Freiburg mit dem in Basel lebenden Chinesen C einen Kaufvertrag über ein gebrauchtes Auto und klagt später vor dem Landgericht Freiburg auf Erfüllung. Ist in diesem Fall die Rom I-VO räumlich anwendbar?

Ja. Die Rom I-VO verlangt nur die Verbindung zu mehreren Staaten, die gerade keine Mitgliedstaaten der EU sein müssen, vgl. Art. 1 Abs. 1 Rom I-VO. Dass der Sachverhalt Bezüge zu Nicht-Mitgliedstaaten aufweist (Schweiz, Russland, China), ist für die räumliche Anwendbarkeit der Rom I-VO nicht relevant. Die Rom I-VO genießt als *loi uniforme* nach Art. 2 Rom I-VO universelle Geltung. Voraussetzung für ihre Anwendung ist lediglich, dass der Rechtsstreit vor einem mitgliedstaatlichen Gericht anhängig gemacht wird, das an die EuGVO gebunden ist. Das ist hier der Fall, da R vor einem deutschen Gericht gegen C klagt. ■

151 Die genaue **zeitliche Anwendbarkeit** der Rom I-VO war wegen widersprüchlicher Formulierungen im Vertragstext zunächst unklar.[236] Der Fehler wurde mittlerweile berichtigt.[237] Die Verordnung gilt danach gem. Art. 28, 29 Abs. 2 Rom I-VO für alle Verträge, die ab dem 17.12.2009 geschlossen wurden.

Persönliche Anwendungsvoraussetzungen stellt die Rom I-VO nicht auf. Insbesondere müssen die Beteiligten nicht Staatsangehörige eines Mitgliedstaates sein.[238]

JURIQ-Klausurtipp

Auch wenn die Anwendbarkeit einer Verordnung offensichtlich erscheint, sollten Sie in der Klausur auf den sachlichen, räumlichen und zeitlichen Anwendungsbereich kurz eingehen.

---

3. Rechtswahl (Art. 3 Rom I-VO)

a) Grundsätze der Rechtswahl

152 Sofern der Anwendungsbereich der Rom I-VO eröffnet ist, ermöglicht die Primäranknüpfung des Art. 3 Rom I-VO die Rechtswahl. Die Rechtswahl ist im Grundsatz frei. Das bedeutet, dass die Beteiligten grundsätzlich frei entscheiden können, welches Recht auf ihren Vertrag angewendet werden soll. Dies muss nicht einmal zwingend eines der Rechte sein, aus deren Geltungsbereich die Parteien stammen. Die Rechtswahl kann

- jederzeit, also etwa auch noch während eines Prozesses, getroffen werden (Art. 3 Abs. 2 Rom I-VO),
- sich auf einen Teil des Vertrages beschränken (Art. 3 Abs. 1 S. 3 Rom I-VO),
- sowohl ausdrücklich als auch stillschweigend vorgenommen werden (Art. 3 Abs. 1 S. 2 Rom I-VO).

---

236 Siehe *Pfeiffer* EuZW 2008, 622.
237 ABlEU Nr. L 309 v. 24.11.2009 S. 87; siehe auch A/S Nr. A13a.
238 *Magnus* IPRax 2010, 27, 31.

Mit Blick auf den Wortlaut des Art. 3 Abs. 1 S. 2 Rom I-VO („eindeutig") sind strenge Anforderungen an eine konkludente Rechtswahl zu stellen. Von einer stillschweigenden Rechtswahl kann v.a. in den folgenden beiden Fällen oftmals auszugehen sein: Wenn die Beteiligten auf Vorschriften einer bestimmten Rechtsordnung Bezug nehmen[239] oder sich auf einen bestimmten (ausschließlichen) Gerichtsstand wirksam geeinigt haben (*qui eligit iudicem, eligit ius*).[240] Letztlich können das jedoch nur Hinweise für eine konkludente Rechtswahl sein; maßgeblich bleiben die Umstände des Einzelfalls.[241] **153**

Beispiel Der Deutsche A verpachtet dem Polen B ein Grundstück in der Schweiz. Sie vereinbaren Bochum als ausschließlichen Gerichtsstand. Wenn – wie hier – keine anderen Faktoren gegen eine konkludente Rechtswahl sprechen, ist damit stillschweigend deutsches Recht gewählt (vgl. Erwägungsgrund 12 Rom I-VO). ■

Das Zustandekommen und die Form der Rechtswahlvereinbarung, die strikt vom Hauptvertrag zu trennen ist, werden nach Art. 3 Abs. 5 i.V.m. Art. 10 bzw. 11 Rom I-VO separat angeknüpft.[242] **154**

b) Schranken der Rechtswahl

Die Rechtswahlfreiheit meint aber keine unbegrenzte Freiheit. Sie unterliegt insbesondere den folgenden Schranken: **155**

- Art. 3 Abs. 3 und Abs. 4 Rom I-VO: Danach kann bei reinen Inlands- (Abs. 3) bzw. EU-Sachverhalten (Abs. 4) nicht von zwingendem Inlands- (Abs. 3) bzw. Gemeinschaftsrecht (Abs. 4) abgewichen werden.

Beispiel[243] Zwei deutsche Unternehmer wählen für einen innerstaatlichen Vertrag Schweizer Recht. Da in diesem Fall alle Elemente (außer die Rechtswahl selbst) auf eine Verbindung zum deutschen Recht hinweisen, kann gem. Art. 3 Abs. 3 Rom I-VO nicht von zwingenden nationalen Vorschriften abgewichen werden. ■

- Zwingend in diesem Sinne sind alle Bestimmungen, von denen nicht durch Vereinbarung abgewichen werden kann.

Beispiel Im Inlandsrecht etwa § 312 BGB;[244] im Gemeinschaftsrecht etwa die Art. 17–18 der Handelsvertreterrichtlinie,[245] auf der der zwingende Ausgleichsanspruch des Handelsvertreters in § 89b HGB beruht.[246] ■

- Bei Verbraucherverträgen (definiert in Art. 6 Abs. 1 Rom I-VO) ist eine Rechtswahl zwar grundsätzlich möglich (siehe Art. 6 Abs. 2 S. 1 Rom I-VO); die Rechtswahl ist gem. Art. 6 Abs. 2 S. 2 Rom I-VO aber dann unzulässig, wenn das gewählte Recht den Verbraucher schlechter stellt als das Recht seines gewöhnlichen Aufenthalts („Günstigkeitsvergleich").[247]

---

239 *Althammer* JA 2008, 772, 773; *Beispiel* dazu *BGH* NJW-RR 2000, 1002 = JuS 2000, 1228 m. Anm. *Hohloch*.
240 Vgl. Erwägungsgrund 12 der Rom I-VO sowie MüKo-*Martiny* Art. 3 Rom I-VO Rn. 48 ff.
241 MüKo-*Martiny* Art. 3 Rom I-VO Rn. 45.
242 Näher *Rauscher* § 10 Rn. 1152 f.; *Schmidt* JURA 2011, 117, 118.
243 Nach *Hoffmann/Stegemann* JuS 2013, 207.
244 Vgl. *Staudinger/Steinrötter* JA 2011, 241, 244.
245 RL 86/653/EWG.
246 Anschauliche *Beispiele* dazu bei *Schmidt* JURA 2011, 117, 119.
247 Zu den Schwierigkeiten der praktischen Anwendung dieser Vorschrift *v. Bar* JZ 2014, 473, 476.

● Art. 9 Rom I-VO: Sog. Eingriffsnormen (vgl. Definition in Art. 9 Abs. 1 Rom I-VO) gelten immer.[248] Nicht alle innerstaatlich zwingenden Normen sind Eingriffsnormen, sondern nur solche, die internationalen Geltungsanspruch besitzen.[249] Solche Normen finden sich v.a. – aber nicht ausschließlich – im öffentlichen Recht, z.B. im Sozialrecht sowie im öffentlichen Wirtschaftsrecht.[250] Der Anwendungsbereich des Art. 9 Rom I-VO wird traditionell sehr eng gefasst.[251]

Beispiele   Aus dem öffentlichen Recht etwa: § 34 Außenwirtschaftsgesetz; § 19 BauGB; § 34c GewO; § 130 Abs. 2 GWB.[252]

Aus dem Zivilrecht etwa § 489 BGB. Daneben dürfte auch § 661a BGB nach Art. 9 Abs. 1 Rom I-VO stets zwingend anzuwenden sein.[253] ■

● Nur staatliches Recht ist wählbar.[249] Diese Einschränkung steht zwar nicht ausdrücklich im Text, ergibt sich aber insbesondere aus der Entstehungsgeschichte der Rom I-VO.[254] Unzulässig ist daher etwa die Wahl der *lex mercatoria* und der UNIDROIT-Regeln.[255]

Für die eigenständig geregelten Vertragstypen in Art. 5–8 Rom I-VO bestehen darüber hinaus jeweils spezielle Rechtswahlbeschränkungen (Art. 5 Abs. 2 S. 3, 6 Abs. 2 S. 2, 7 Abs. 3, 8 Abs. 1 S. 2 Rom I-VO).

4. Sonderanknüpfungen für einzelne Vertragstypen, insb. Verbraucherverträge

156   Für die objektive Anknüpfung enthalten die Art. 5–8 Rom I-VO Sonderregelungen zu Beförderungs- (Art. 5), Verbraucher- (Art. 6), Versicherungs- (Art. 7) und Individualarbeitsverträgen (Art. 8). Diese verdrängen innerhalb ihres Anwendungsbereichs die allgemeine Regel in Art. 4 Rom I-VO.

> **JURIQ-Klausurtipp**
>
> Prüfen Sie die Art. 5–8 Rom I-VO vorrangig gegenüber Art. 4 Rom I-VO, sofern ihre Anwendung in Frage kommt, was am häufigsten für den Verbrauchervertrag in Art. 6 Rom I-VO gelten dürfte.

157   Besondere Aufmerksamkeit verdient Art. 6 Rom I-VO.[256] Die Vorschrift bezweckt kollisionsrechtlichen Verbraucherschutz, indem sie häufig zur Anwendung des Rechts am gewöhnlichen Aufenthalt des Verbrauchers führt.

---

248   Zu diesen (selten klausurrelevanten) Normen näher *Leible/Lehmann* RIW 2008, 528, 542 f.; *Rauscher* § 10 Rn. 1269 ff.; *Schmidt* JURA 2011, 117, 122.
249   *Hoffmann/Stegemann* JuS 2013, 207, 209.
250   *Rauscher* § 10 Rn. 1270.
251   Hierzu *Lüttringhaus* IPRax 2014, 146, 147 ff. mit Ausführungen zu neueren Tendenzen in der Rechtsprechung.
252   Zu zahlreichen weiteren Beispielen Hüßtege/Mansel-*Doehner* Art. 9 Rom I-VO Rn. 27 ff.
253   *Maultzsch* RabelsZ 75, 2011, 60, 87.
254   MüKo-*Martiny* Art. 3 Rom I-VO Rn. 28; *Rösler* EuZW 2011, 1; *R. Wagner* IPRax 2008, 377, 379.
255   *Schmidt* JURA 2011, 117, 118; ausführlich *Mankowski* RIW 2011, 30, 40 f.
256   Zu Beförderungs-, Versicherungs- und Individualarbeitsverträgen *Schmidt* JURA 2011, 117, 120 f.

Für die Anwendung des Art. 6 Rom I-VO bedarf es zunächst eines Vertrages zwischen einem Verbraucher und einem Unternehmer (sog. B2C-Verträge[257]). Entscheidend für die von Art. 6 Rom I-VO geforderte Verbrauchereigenschaft ist der Zweck des konkreten Geschäfts. Er darf keiner beruflichen oder gewerblichen Tätigkeit des Berechtigten zurechenbar sein. Anders als bei Art. 29 EGBGB a.F., der nur bei Lieferung, Dienstleistung und Finanzierung anwendbar war, ist der Vertragstyp für Art. 6 Rom I-VO im Grundsatz unerheblich.[258] Allerdings schließt Art. 6 Abs. 4 Rom I-VO einige Verträge vom Anwendungsbereich aus; ferner sind die Bestimmungen zu Beförderungs- und Versicherungsverträgen in Art. 5 bzw. 7 Rom I-VO nach Art. 6 Abs. 1 Rom I-VO vorrangig („Unbeschadet der Artikel 5 und 7"). Eine Sonderregelung für die Form des Verbrauchervertrages findet sich in Art. 11 Abs. 4 Rom I-VO, wonach sich die Formanforderungen nach dem Aufenthaltsrecht des Verbrauchers richten.

158

>> Kommentieren Sie sich – sofern nach Ihrer Prüfungsordnung zulässig – Art. 11 Abs. 4 Rom I-VO an den Rand von Art. 6 Rom I-VO. <<

Wenn ein Verbraucher-Unternehmer-Geschäft vorliegt, ist nach Art. 6 Abs. 1 Rom I-VO nur dann das Aufenthaltsrecht des Verbrauchers berufen, wenn zugleich eine besondere Nähebeziehung i.S.d. Art. 6 Abs. 1 lit. a oder lit. b Rom I-VO vorliegt. Ist das nicht der Fall, gelten nach der deklaratorischen Regelung des Art. 6 Abs. 3 Rom I-VO die allgemeinen Bestimmungen der Art. 3 und 4 Rom I-VO.

159

Die besondere Nähebeziehung besteht, wenn der Unternehmer seine berufliche oder gewerbliche Tätigkeit im Verbraucherstaat ausübt (lit. a) oder zumindest auf den Verbraucherstaat ausrichtet (lit. b). „Ausüben" meint die aktive Beteiligung am dortigen Wirtschaftsleben, z.B. durch Erbringung von Dienstleistungen; eine Niederlassung ist dafür nicht erforderlich.[259]

160

Den unbestimmten Begriff des „Ausrichtens" erfüllen Angebote oder auch Werbung des Unternehmers im Aufenthaltsstaat des Verbrauchers, z.B. über Presse, Rundfunk oder Fernsehen.[260] Die bloße Zugänglichkeit einer Website[261] reicht dagegen nicht aus (siehe Erwägungsgrund 24 Rom I-VO). Der Gewerbetreibende muss bereits vor dem Vertragsschluss seinen Willen zum Ausdruck gebracht haben, Geschäftsbeziehungen zu Verbrauchern (auch) im Wohnsitzstaat des jeweiligen Verbrauchers herzustellen.[262]

Bei Internetangeboten ist dann von einem „Ausrichten" der unternehmerischen Geschäftstätigkeit auf den Wohnsitzmitgliedstaat des Verbrauchers auszugehen, wenn die Gestaltung der Website dafür besondere Anhaltspunkte liefert. Dazu zählen nach neuerer (und lesenswerter[263]) Rechtsprechung des *EuGH* insbesondere:[264]

161

---

257 B2C steht als Abkürzung für *Business-to-Consumer*.

258 MüKo-*Martiny* Art. 6 Rom I-VO Rn. 13.

259 *Leible/Lehmann* RIW 2008, 528, 538.

260 Vgl. *Schmidt* JURA 2011, 117, 120.

261 Bei einer bloß zugänglichen Website, die im Unterscheid zu einer sog. „aktiven Website" keinen elektronischen Vertragsschluss über ein Online-Formular ermöglicht, wird vielfach von einer sog. „passiven Website" gesprochen, vgl. *Gessaphe* JURA 2012, 810, 813 m.w.N.; präziser *Staudinger/Steinrötter* JA 2012, 241, 246. Der *EuGH* ist dieser Unterscheidung indes nicht gefolgt, vgl. *EuGH* NJW 2011, 505, 509.

262 *BGH* RIW 2012, 566, 570 m.w.N.

263 *Staudinger/Steinrötter* JA 2011, 241, 247 erklären diese Entscheidung zu Recht zur „Pflichtlektüre (zumindest) für Schwerpunktstudierende." Die Entscheidung ist aber auch für Examenskandidaten wichtig – sie wurde bereits im Herbst 2011 in einer Zivilrechtsklausur der Ersten juristischen Staatsprüfung in Baden-Württemberg aufgegriffen, vgl. hierzu *Schäuble/Kaltenbach* JuS 2012, 131 f.

264 *EuGH* NJW 2011, 505 m. Anm. *Leible/Müller* NJW 2011, 495 ff.; vgl. auch *Schnichels/Stege* EuZW 2011, 817, 820 sowie die Fallbearbeitung von *Gessaphe* JURA 2012, 810, 812 f.

- Der internationale Charakter der Tätigkeit,
- die Angabe von Anfahrtsbeschreibungen von anderen Mitgliedstaaten zu dem Ort, an dem der Gewerbetreibende niedergelassen ist,
- die Verwendung einer anderen Sprache oder Währung mit der Möglichkeit der Buchung oder Buchungsbestätigung in dieser anderen Sprache,
- die Angabe von Telefonnummern mit internationaler Vorwahl,
- die Verwendung eines anderen Domainnamens oberster Stufe (z.B. „.com") und
- die Erwähnung einer internationalen Kundschaft.

162   Ob das „Ausrichten" i.S.d. Art. 6 Abs. 1 lit. b Rom I-VO zwingend voraussetzt, dass das auf den Wohnsitzstaat des Verbrauchers eingesetzte Mittel kausal für den Vertragsschluss wird, ist noch nicht endgültig geklärt.[265] Dafür spricht insbesondere der eindeutige Wortlaut von Erwägungsgrund 25 S. 2 Rom I-VO.[266]

Wenn sich der Verbraucher aber aus eigenem Antrieb ohne vorherige Kontaktaufnahme durch den Unternehmer für einen grenzüberschreitenden Verbrauchervertrag entscheidet, kann er sich nicht auf den kollisionsrechtlichen Schutz von Art. 6 Rom I-VO berufen.

5.   Objektive Anknüpfung (Art. 4 Rom I-VO)

163   Sofern ein Recht nicht oder nicht wirksam gewählt wurde und auch keine Verträge i.S.d. Art. 5–8 Rom I-VO den Anknüpfungsgegenstand bilden, ist nach der Grundsatznorm des Art. 4 Rom I-VO anzuknüpfen. Art. 4 Rom I-VO hat vier Absätze:

164   - In Art. 4 Abs. 1 Rom I-VO ist ein Katalog vorgesehen, der für verschiedene Verträge unterschiedliche Anknüpfungsregeln bereithält. Dies dient der Rechtssicherheit. Oft wird man bei der kollisionsrechtlichen Prüfung in diesem Katalog bereits fündig, da viele der praktisch wichtigen Verträge dort vorkommen, insbesondere in den lit. a–d (Warenkauf-, Dienstleistungs-, Grundstückskauf- und andere Grundstücksverträge).

165 | **Hinweis** |
| --- |

Achten Sie bei Art. 4 Abs. 1 lit. b Rom I-VO darauf, dass Dienstleistungsverträge im unionsautonomen Sinne vor dem Hintergrund des Art. 57 AEUV deutlich weiter zu verstehen sind als im deutschen Sachrecht.[267] Darunter fallen etwa auch Werk-, Reise-, Verwahrungs-, Geschäftsbesorgungs- und Maklerverträge sowie der Auftrag.[268] Finanzdienstleistungen wie die Vergabe von Bankkrediten werden ebenfalls erfasst.[269] Auch Vertriebsverträge[270] können unter

---

265 Für ein entsprechendes Kausalitätserfordernis *Klöpfer/Wendelstein* JZ 2014, 298, 300 m.w.N. (auch zur Gegenansicht).

266 Gegen das Kausalitätserfordernis könnte eine Übertragung der *EuGH*-Rechtsprechung zum Verbrauchergerichtsstand im IZVR sprechen, vgl. hierzu *EuGH* NJW 2013, 3504 (Rechtssache *Emrek*) m. Anm. *Staudinger/Steinrötter* sowie später unter Rn. 264; die h.L. lehnt eine derartige Übertragung indes ab, siehe *Klöpfer/Wendelstein* JZ 2014, 298, 300 m.w.N.

267 Ausführlich zum Dienstleistungsbegriff im europäischen Sinne *v. Hein* IPRax 2013, 54, 56 ff.

268 Palandt-*Thorn* Art. 4 Rom I Rn. 8; zu weiteren Vertragstypen *Kropholler/Hein* Art. 5 EuGVO Rn. 44. Urheberrechtliche Lizenzverträge sind keine Dienstleistungsverträge in diesem Sinne, *EuGH* NJW 2009, 1865.

269 Siehe *BGH* RIW 2012, 566, 567 f.

270 Zu den Charakteristika von Vertriebsverträgen *EuGH* EuZW 2014, 181, 182; zu den Vertriebsverträgen zählen etwa Vertragshändler-, Kommissionsagenten- und Handelsvertreterverträge, siehe *Neubert* EWS 2011, 369, 372 m.w.N.

bestimmten Voraussetzungen als Dienstleistungsverträge anzusehen sein;[271] in der Rom I-VO erfahren Vertriebsverträge jedoch eine eigenständige Anknüpfung in Art. 4 Abs. 1 lit. f. Ein unentgeltlicher Beratungsvertrag ist kein Dienstleistungsvertrag.[272]

- Wenn im Fall keiner der in Art. 4 Abs. 1 lit. a–h Rom I-VO aufgeführten Vertragstypen **166** passt, so ist auf Art. 4 Abs. 2 Rom I-VO zurückzugreifen.

Beispiel Schenkung, Miete sowie Pacht von beweglichen Sachen, Darlehen, Bürgschaft, Rechtskauf.[273] ■

Nach Art. 4 Abs. 2 Rom I-VO ist an den gewöhnlichen Aufenthalt des Erbringers der sog. **cha-** **167** **rakteristischen Leistung** anzuknüpfen.

> Charakteristisch ist diejenige **Leistung**, die dem Vertrag seine Eigenart verleiht. Bei gegensei-
> tigen Verträgen ist das die Sach- oder Dienstleistung, nicht die Geldleistung.

Beispiel 1 Der niederländische Unternehmer A mietet beim österreichischen Vertrags-
händler B ein Kfz. Charakteristische Leistung dieses gegenseitigen Vertrages ist nicht die
Geldzahlung, sondern die von B geschuldete Gebrauchsüberlassung der Mietsache. Es gilt
daher nach Art. 4 Abs. 2 Rom I-VO das Recht am gewöhnlichen Aufenthalt des B, also
österreichisches Recht. ■

Beispiel 2 Die in Lyon lebende A verbürgt sich für eine Verbindlichkeit, die eine Freundin
bei der B-Bank in Mannheim hat. Charakteristische Leistung bei der Bürgschaft ist die
Leistung des Bürgen.[274] Folglich gilt französisches Recht. ■

- Wenn ein Recht nach Art. 4 Abs. 1 oder Abs. 2 Rom I-VO ermittelt wurde, bleibt nach der **168** Ausweichklausel in Art. 4 Abs. 3 Rom I-VO zu untersuchen, ob nicht eine offensichtlich engere Verbindung des Vertrages zu einem anderen Staat besteht. Die Absätze 1 und 2 stellen nämlich nur Vermutungen für die engste Verbindung auf, die in Ausnahmefällen durch Abs. 3 widerlegt werden können. Diese Flexibilität im ansonsten rigiden Anknüp-fungssystem des Art. 4 Rom I-VO dient der Einzelfallgerechtigkeit.
- Wegen seines Ausnahmecharakters ist Abs. 3 eng auszulegen.[275] Anwendungsfälle sind v.a. die akzessorische Anknüpfung von Vergleichen und Vorverträgen an den Hauptvertrag sowie von Sicherungsabreden an das Statut des zu sichernden Darle-hensvertrages.

> ### JURIQ-Klausurtipp
>
> Seien Sie in der Klausur zurückhaltend darin, die Voraussetzungen einer Ausweichklausel zu
> bejahen. Wenn Sie die Voraussetzungen ausnahmsweise als erfüllt ansehen, sollten Sie diese
> Annahme stets ausführlich begründen. Ein Satz genügt dafür nicht (häufiger Fehler).

---

271 Siehe *EuGH* EuZW 2014, 181 ff. m. Anm. *Lenzing*.
272 *OLG Saarbrücken* IPRax 2013, 74; zustimmend und darüber hinaus verallgemeinernd für alle unentgeltli-
chen Verträge *v. Hein* IPRax 2013, 54, 56 ff.
273 Palandt-*Thorn* Art. 4 Rom I Rn. 23–28.
274 *Kropholler* IPR § 52 III 3f S. 471.
275 Palandt-*Thorn* Art. 4 Rom I Rn. 29; *Schmidt* JURA 2011, 117, 119 mit *Beispiel* zur Popgruppe *Oasis*.

169   ●   Art. 4 Abs. 4 Rom I-VO ist für die sehr seltenen Fälle vorgesehen, in denen kein Katalogvertrag i.S.d. Art. 4 Abs. 1 Rom I-VO vorliegt und sich eine charakteristische Leistung i.S.d. Art. 4 Abs. 2 Rom I-VO nicht bestimmen lässt. Wichtigstes *Beispiel* ist der Tauschvertrag. Es ist dann an das Recht anzuknüpfen, zu dem der Vertrag die engste Verbindung aufweist.

> **Beispiel**   Auf dem Flohmarkt in München tauschen A aus Würzburg und B aus Helsinki ihre Münzsammlungen. Da der gewöhnliche Aufenthalt des A sowie der Vertragsschluss und der Erfüllungsort in Deutschland liegen, richtet sich der Vertrag gem. Art. 4 Abs. 4 Rom I-VO nach deutschem Recht. ◼

6. Reichweite des Vertragsstatuts

170   Das nach Art. 3–8 zu ermittelnde Vertragsstatut entscheidet grundsätzlich über die gesamte Durchführung des Vertrages. Wie Art. 12 Abs. 1 Rom I-VO klarstellt, gehören dazu etwa die Auslegung, die (Nicht-)Erfüllung, das Erlöschen sowie die Folgen der Nichtigkeit eines Vertrages. Auch die Beweislast (Art. 18 Rom I-VO) und das Zustandekommen des Vertrages (Art. 10 Rom I-VO) unterstehen dem (hypothetischen) Vertragsstatut. Art. 10 Abs. 1 Rom I-VO erfasst dabei nicht nur Angebot und Annahme, sondern beispielsweise auch die Einbeziehung und Wirksamkeit von AGB sowie die Beachtlichkeit von Willensmängeln.[276]

> **Beispiel**[277]   Der Verband V klagt am 4.5.2011 gegen einen im Ausland ansässigen Flugbetrieb auf Unterlassung nach § 4a UKlaG, weil er die von dem Unternehmen verwendeten AGB für unwirksam hält.
>
> Der Unterlassungsanspruch ist deliktisch zu qualifizieren (vgl. Art. 2 Abs. 2 und 3 Rom II-VO) und führt nach Art. 4 Abs. 1 Rom II-VO zur Anwendung deutschen Rechts.[278] Innerhalb dieses Anspruchs stellt sich die Vorfrage nach der Wirksamkeit der AGB. Diese ist gesondert nach Art. 10 Abs. 1 Rom I-VO anzuknüpfen. ◼

171   Andere Aspekte, wie der Forderungsübergang (Art. 14, 15 Rom I-VO), der Gesamtschuldnerausgleich (Art. 16 Rom I-VO), die Aufrechnung (Art. 17 Rom I-VO[279]) sowie die Form von Rechtsgeschäften (Art. 11 Rom I-VO[280]), unterliegen eigenen Regeln und sind innerhalb der Verordnung **gesondert anzuknüpfen**.[281] Eigenständige Anknüpfungen außerhalb der Verordnung gelten für die Rechts- und Geschäftsfähigkeit natürlicher Personen (Art. 7 EGBGB) sowie für die nicht kodifizierte Stellvertretung (Rn. 67 ff.).

7. Ausblick: Gemeinsames Europäisches Kaufrecht

172   Durch europäische Richtlinien und Verordnungen hat sich das materielle Vertragsrecht in den Mitgliedstaaten angenähert. Dieser Prozess wird andauern, ohne dass er in absehbarer Zeit zu einer vertragsrechtlichen Vollharmonisierung oder gar einem europäischen Zivilgesetz-

---

276   Näher Palandt-*Thorn* Art. 10 Rom I Rn. 3.
277   Angelehnt an *BGH* NJW 2009, 3371 m. Anm. *Staudinger*.
278   Ausführlich dazu *BGH* NJW 2009, 3371, 3372.
279   Siehe hierzu jüngst *BGH* JZ 2015, 46 m. krit. Anm. *Mankowski*.
280   Art. 11 Rom I-VO spielt insbesondere bei Verkauf und Abtretung von Gesellschaftsanteilen an ausländische Gesellschaften eine wichtige Rolle, siehe hierzu *Olk* NJW 2010, 1639 ff.
281   Siehe hierzu beispielsweise die Klausur von *Lamberz* JA 2014, 18, 19 f.

buch führen wird.[282] Allerdings zeichnet sich in jüngster Zeit der Erlass eines sog. „Gemeinsamen Europäischen Kaufrechts" (GEK) ab, das bestimmten Vertragspartnern (bitte lesen Sie hierzu Art. 7 EuKaufVO[283]) als Alternative zu nationalen Bestimmungen die Wahl eines einheitlichen Vertragsrechts ermöglichen soll (vgl. Art. 1 Abs. 1 EuKaufVO). Das GEK soll also einen rein fakultativen Charakter haben (Art. 3 EuKaufVO) und neben die nationalen Vertragsrechtsbestimmungen treten.[284] Es soll nur bei grenzüberschreitenden Verträgen gewählt werden können, die den Kauf von Waren, die Bereitstellung digitaler Inhalte und die Erbringung verbundener Dienstleistung betreffen (Art. 1 Abs. 1 S. 2 EuKaufVO). Das Projekt ist insgesamt sehr umstritten. In Deutschland dominieren kritische Stimmen.[285]

Es wird u.a. an der Regelungskompetenz der EU stark gezweifelt.[286] Die Kommission stützt das Vorhaben auf Art. 114 AEUV. Überzeugend ist das kaum;[287] das GEK könnte wohl allenfalls auf die Grundlage des Art. 352 AEUV gestützt werden.[288]

Darüber hinaus stellen die Sicherung eines hinreichenden Verbraucherschutzes und das Zusammenspiel mit Art. 6 Abs. 1 Rom I-VO sehr heikle Themen dar.[289]

Ob und wann das GEK in Kraft treten wird, ist bislang kaum absehbar.

> **Hinweis**
>
> Behalten Sie die Entwicklung der EuKaufVO im Auge. Schon vor ihrem Inkrafttreten wird sie für mündliche Prüfungen von Interesse sein. Schwerpunktkandidaten sollten sich mit den Regelungsinhalten der EuKaufVO näher vertraut machen.[290]

---

282 Zu den Vorzügen eines Unionsprivatrechts *v. Bar* JZ 2014, 473 ff.

283 Vorschlag für eine Verordnung (EU) des Europäischen Parlaments und des Rates über ein Gemeinsames Europäisches Kaufrecht [*J/H* Nr. 81].

284 Siehe NJW-aktuell 2011, 16.

285 Allgemein ablehnend etwa *Balthasar* RIW 2012, 361 ff.; zu den zahlreichen Defiziten des Kommissionsvorschlags *Eidenmüller/Jansen/Kieninger/G. Wagner/Zimmermann* JZ 2012, 269 ff.; exemplarisch zu der vielfach geäußerter Kritik an der sog. Vorschaltlösung, nach der vor einer Wahl des GEK zunächst über Art. 3 ff. Art. Rom I-VO das anwendbare Recht ermittelt werden muss, das dann darüber befindet, ob eine Wahl des GEK überhaupt zulässig ist, *Loacker* EuZW 2014, 888 ff.

286 *Eidenmüller/Jansen/Kieninger/G. Wagner/Zimmermann* JZ 2012, 269, 274; *v. Hein* in: FS Martiny 2014, 365, 386 ff.; *Staudenmayer* NJW 2011, 3491, 3495 f.; *Grigoleit* F.A.Z. vom 2.11.2011, S. 21 („Das europäische Kaufrecht ist ein kurioses Experimentierlabor").

287 Siehe *Basedow* EuZW 2012, 1f; *Riesenhuber* EWS 2012, 7 f.

288 *Riesenhuber* EWS 2012, 7, 8.

289 Hierzu *Eidenmüller/Jansen/Kieninger/G. Wagner/Zimmermann* JZ 2012, 269, 273 f.; *v. Hein* in: FS Martiny 2014, 365, 367 ff.

290 Hierfür eignen sich etwa *Mankowski* RIW 2012, 97 ff. sowie *Staudenmayer* NJW 2011, 3491 ff.

PRÜFUNGSSCHEMA

Internationales Vertragsrecht

I. Vertraglich zu qualifizierender Sachverhalt mit Auslandsbezug

II. Vorrangig: CISG als vereinheitlichtes Sachrecht anwendbar?
1. Sachlich (Rn. 142)
2. Räumlich (Rn. 143)
3. Zeitlich (Rn. 144)

III. Sonst: Rom I-VO
1. Anwendbarkeit
   a) sachlich (Rn. 149)
   b) räumlich (Rn. 150)
   c) zeitlich (Rn. 151)
2. Vorrangig: subjektive Anknüpfung nach Art. 3 Abs. 1 Rom I-VO
   a) Grundsatz der freien Rechtswahl (Rn. 152)
   b) Schranken der Rechtswahl (Rn. 155)
3. Sonst: objektive Anknüpfung
   a) vorrangig: Art. 5–8 Rom I-VO
   b) sonst: passen Art. 4 Abs. 1 oder Abs. 2 Rom I-VO (fast immer)?
      aa) wenn ja: greift Art. 4 Abs. 3 Rom I-VO ausnahmsweise ein?
      bb) wenn nein: Anknüpfung nach Art. 4 Abs. 4 Rom I-VO (insb. beim Tauschvertrag)
4. Ggf. gesonderte Anknüpfungen
   a) innerhalb der Rom I-VO (z.B. Form des Vertrages, Aufrechnung)
   b) außerhalb der Rom I-VO (insb. Rechts- und Geschäftsfähigkeit, Stellvertretung)
5. Verweisungsart: Sachnormverweisung, Art. 20 Rom I-VO
6. Korrekturen im Einzelfall, insbesondere Art. 21 Rom I-VO

III. Übungsfall Nr. 3

„Kibéry – ein treuer Fan"

173

Der Franzose Kibéry (K) verbringt ein Wochenende in München, wo er sich ein Fußballspiel seines deutschen Lieblingsvereins anschaut. Hinterher wird er auf dem Weg ins Hotel auf das neue Trikot der Mannschaft aufmerksam, das im Schaufenster eines Fanshops ausliegt. K entschließt sich zum Kauf und zahlt dem Ladeninhaber V dafür insgesamt 100 €. Da das Trikot nach dem Wunsch von K mit der Rückennummer „7" und dem Schriftzug „Kibéry – moi, je suis fidèle" beschriftet werden soll, vereinbaren V und K, dass V das Trikot nach Fertigstellung des Aufdrucks an die Adresse des K nach Paris schicken soll. Das geschieht auch so. Nach wenigen Wochen stellt K fest, dass sich die Rückennummer und die Aufschrift vom Trikot ablösen. Daraufhin fragt K beim Europäischen Verbraucherzentrum in Kehl an, ob er die Nachbesserung dieses Fehlers, die ca. 30 € kosten würde, zu Lasten des V in Paris in Auftrag geben kann. Das Verbraucherzentrum bittet Sie um eine gutachterliche Stellungnahme.

Lösung

174

Da der Sachverhalt Auslandsbezug i.S.d. Art. 3 a.E. aufweist, ist zunächst das anwendbare Recht zu ermitteln, nach dem sich entscheidet, ob K die Nachbesserung in Frankreich geltend machen kann.

I. Anwendbares Recht

1. Anwendbarkeit des CISG

Anwendbar könnte das CISG als vereinheitlichtes Sachrecht sein, das gegenüber nationalen und internationalen Kollisionsnormen Vorrang hat. Dann müsste sein Anwendungsbereich eröffnet sein.

Der sachliche Anwendungsbereich erfasst gem. Art. 1 Abs. 1 CISG Kaufverträge über Waren. Waren sind alle beweglichen, körperlichen Sachen, mithin auch das von K gekaufte Trikot. Dass K nicht als Unternehmer oder Kaufmann handelt, ist nach Art. 1 Abs. 3 CISG für die Anwendbarkeit unerheblich. Allerdings können sich aus Art. 2 CISG Ausnahmen vom Anwendungsbereich ergeben. Nach Art. 2 lit. a CISG findet das Übereinkommen keine Anwendung auf den Kauf von Waren für den persönlichen Gebrauch, es sei denn, dass dies für den Verkäufer bei Vertragsschluss nicht erkennbar ist.

Schon aufgrund des speziellen Aufdrucks war für V vorliegend erkennbar, dass K das Trikot für den persönlichen Gebrauch kaufte. Daher ist das CISG nach Art. 2 lit. a CISG nicht anwendbar.

2. Anwendbarkeit der Rom I-VO

Das anwendbare Recht könnte auf der Grundlage der Rom I-VO zu ermitteln sein, deren Anwendungsbereich zu prüfen ist.

a) Anwendungsbereich

Der sachliche Anwendungsbereich ist eröffnet, da es um ein vertragliches Schuldverhältnis in Zivilsachen i.S.d. Art. 1 Abs. 1 Rom I-VO geht.

Im Verhältnis der EU-Staaten Deutschland und Frankreich ist die Rom I-VO auch räumlich nach Art. 1 Abs. 1 S. 1 Rom I-VO anwendbar.

Die zeitliche Anwendbarkeit folgt aus Art. 28, 29 Abs. 2 Rom I-VO, die Verordnung ist damit insgesamt anwendbar.

b) Objektive Anknüpfung nach der Rom I-VO

Mangels Rechtswahl hat eine objektive Anknüpfung zu erfolgen.

Als *lex specialis* gegenüber Art. 4 Rom I-VO könnte sich die objektive Anknüpfung nach **Art. 6 Abs. 1 Rom I-VO** richten. Dazu müsste zwischen V und K ein Verbrauchervertrag geschlossen worden sein. V müsste als Unternehmer und K als Verbraucher gehandelt haben. Entscheidend für die von Art. 6 Rom I-VO geforderte Verbrauchereigenschaft ist der Zweck des konkreten Geschäfts. Er darf keiner beruflichen oder gewerblichen Tätigkeit des Berechtigten zurechenbar sein. Der Kauf des Trikots durch K ist weder einer beruflichen noch einer gewerblichen Tätigkeit, sondern allein seinem privaten Lebensbereich zuzurechnen. V auf der anderen Seite handelte gewerblich als Unternehmer. Folglich liegt ein Verbrauchervertrag vor.

Art. 6 Abs. 1 Rom I-VO beruft nur dann das Recht des Staates, in dem der Verbraucher seinen gewöhnlichen Aufenthalt hat, wenn der Unternehmer dort auch seine berufliche Tätigkeit ausübt (lit. a) oder auf irgendeine Weise ausrichtet (lit. b). V übt seine berufliche Tätigkeit nicht in Frankreich sondern in Deutschland aus. Daher greift Art. 6 Abs. 1 lit. a Rom I-VO nicht ein.

Das „Ausrichten" in Art. 6 Abs. 1 lit. b Rom I-VO ist grundsätzlich weit zu verstehen. Es genügt eine willentliche Tätigkeit im Sinne einer absatzfördernden Handlung des Unternehmers, die auf den Staat des gewöhnlichen Aufenthalts des Verbrauchers, hier also Frankreich, ausgerichtet sein muss.[291] Vorliegend ist zwar die Auslage des Trikots im Schaufenster des V als eine absatzfördernde, berufliche Tätigkeit anzusehen; sie ist jedoch nicht gerade auf Frankreich als Verbraucherland ausgerichtet. Auch das bloße Zusenden der Ware nach Frankreich genügt insofern nicht: Wenn – wie hier – der Verbraucher zufällig oder aufgrund eigener Recherchen auf den Unternehmer gestoßen ist, ohne dass dieser in irgendeiner Weise zuvor das Verbraucherland als Absatzort seiner Ware in Betracht gezogen hat, liegt kein „Ausrichten" i.S.d. Art. 6 Abs. 1 lit. b Rom I-VO vor.[292]

Da Art. 6 Abs. 1 Rom I-VO nicht Platz greift, ist – wie Art. 6 Abs. 3 Rom I-VO klarstellt – **auf die Grundsatznorm des Art. 4 Rom I-VO** abzustellen. Nach Art. 4 Abs. 1 lit. a Rom I-VO unterliegen Kaufverträge über bewegliche Sachen dem Recht des Staates, in dem der Verkäufer seinen gewöhnlichen Aufenthalt hat. V hat seinen gewöhnlichen Aufenthalt i.S.d. Art. 19 Rom I-VO in Deutschland. Folglich spricht die Vermutung des Art. 4 Abs. 1 lit. a Rom I-VO für die Anwendung deutschen Rechts.

Etwas anderes könnte sich aber noch aus Art. 4 Abs. 3 Rom I-VO ergeben. Dazu müsste aufgrund der Gesamtheit der Umstände auf eine offensichtlich engere Verbindung zu Frankreich zu schließen sein. Dafür könnte sprechen, dass K nicht nur seinen gewöhnlichen Aufenthalt in Frankreich hat, sondern V und K auch ausdrücklich die Lieferung des Trikots nach Paris vereinbarten. Allerdings ist Art. 4 Abs. 3 Rom I-VO wegen seines Ausnahmecharakters eng auszulegen. Vor dem Hintergrund, dass V nicht nur seinen Laden in Deutschland betreibt, sondern K dort auch die Verhandlungen geführt und den Kaufvertrag geschlossen hat, kann deshalb nicht von einer offensichtlich engeren Verbindung zu Frankreich ausgegangen werden.

Mithin bleibt es im Ergebnis bei der Anwendung von Art. 4 Abs. 1 Rom I-VO, mit der Folge, dass deutsches Recht gilt.

II. Anwendung deutschen Rechts

Auf der Grundlage deutschen Rechts ist hier von einem Sachmangel i.S.d § 434 Abs. 1 S. 2 Nr. 2 BGB auszugehen. Dieser gibt dem K gegenüber V einen Nacherfüllungsanspruch gem. §§ 437 Nr. 1, 439 BGB. Nach § 439 Abs. 1 Alt. 1 BGB kann K grundsätzlich Nachbesserung verlangen. Ehe er jedoch die Arbeiten bei einer dritten Person in Paris in Auftrag gibt, müsste er dem Vertragspartner wegen des deutschen Fristsetzungserfordernisses (vgl. § 281 Abs. 1 S. 1 BGB) eine „zweite Chance" geben. Von der Setzung einer Nachfrist könnte nur dann abgesehen werden, wenn V die Nacherfüllung ernsthaft und endgültig verweigert (§ 281 Abs. 2 BGB) oder die Voraussetzungen des § 440 BGB vorliegen. Hier kommt allenfalls eine Unzumutbarkeit i.S.d. § 440 S. 1 Var. 3 BGB in Betracht. Unzumutbar wäre die Nachbesserung, wenn der Wert, die Brauchbarkeit oder die Verwertbarkeit der Sache durch den Versand in erheblichem Maße nachteilig beeinträchtigt würde (so z.B. bei verderblicher Ware oder einer dringenden Heilbehandlung eines Hundes im Ausland).[293] Hier geht es um ein Kleidungsstück, das durch den

---

291 Vgl. MüKo-*Martiny* Art. 6 Rom I-VO Rn. 32 f.
292 Vgl. MüKo-*Martiny* Art. 6 Rom I-VO Rn. 33.

293 Vgl. Palandt-*Weidenkaff* § 440 BGB Rn. 8 m.w.N.

Transport zurück nach München nicht an Qualität einbüßt. Die beim Transport anfallenden Kosten, die K von V gem. § 439 Abs. 2 BGB ersetzt verlangen könnte, sind auch nicht derart hoch, dass sie eine Unverhältnismäßigkeit der Nacherfüllung i.S.d. § 439 Abs. 3 BGB begründen. Somit kann K vor Nachfristsetzung keinen Ersatz für Änderungskosten verlangen. Erst wenn V die Mängelbeseitigung verweigert oder diese fehlschlägt i.S.d. § 440 BGB, könnte K die Nachbesserung zu Lasten von V gem. §§ 434 Abs. 1 S. 2 Nr. 2, 437 Nr. 3, 280 Abs. 1 S. 1, Abs. 3, 281 Abs. 1 S. 1 BGB in Paris in Auftrag geben.

E. IPR der außervertraglichen Schuldverhältnisse

175 Mit dem Inkrafttreten der Rom II-VO am 11.1.2009 wurde erstmals ein wichtiger Teil des IPR durch einen Gemeinschaftsrechtsakt vollständig vereinheitlicht. Bis dahin regelten die 1999 in das EGBGB inkorporierten Art. 38–42 das IPR der außervertraglichen Schuldverhältnisse.[294] Anders als die Art. 27–37 wurden die Art. 38 ff. zwar nicht aufgehoben, doch sind sie heute weitgehend von der Rom II-VO verdrängt.

I. Europäisches Kollisionsrecht: Rom II

1. Allgemeines

176 Die Rom II-VO umfasst insgesamt sieben Kapitel. Kapitel I (Art. 1–3 Rom II-VO) bestimmt den Anwendungsbereich. Besonders wichtig ist Kapitel II (Art. 4–9 Rom II-VO), das sich mit der Anknüpfung unerlaubter Handlungen befasst. Es folgen Kollisionsnormen für ungerechtfertigte Bereicherung, Geschäftsführung ohne Auftrag und *culpa in contrahendo* in Kapitel III (Art. 10–13 Rom II-VO). Kapitel IV regelt die Rechtswahl (Art. 14 Rom II-VO). Die verbleibenden drei Kapitel enthalten allgemeine Bestimmungen (Art. 15–32 Rom II-VO).

177 Vorrangig gegenüber der Rom II-VO ist gem. Art. 28 Abs. 1 Rom II-VO v.a. das in der Praxis bedeutsame[295] Haager Straßenverkehrsunfall-Übereinkommen,[296] das von Deutschland allerdings nicht gezeichnet wurde.

178
> **Hinweis**
>
> Da Deutschland nicht gezeichnet hat, wenden deutsche Gerichte auf grenzüberschreitende Straßenverkehrsunfälle nicht das Straßenverkehrsunfall-Übereinkommen, sondern die Art. 4 ff. Rom II-VO an. Anderes gilt etwa in Frankreich: Da Frankreich das Übereinkommen gezeichnet hat, wenden französische Gerichte das gegenüber der Rom II-VO vorrangige Straßenverkehrsunfall-Übereinkommen an. Dies illustriert, dass das anzuwendende Kollisionsrecht entscheidend von der internationalen Zuständigkeit der Gerichte (dazu später Rn. 227 ff.) abhängt.[297] In Prüfungen wird das jeweils anzuwendende Recht in aller Regel aus der Sicht zuständiger deutscher Gerichte zu ermitteln sein, weshalb auf das Straßenverkehrsunfall-Übereinkommen hier nicht näher einzugehen ist.[298]

2. Anwendungsbereich

179 Der **sachliche Anwendungsbereich** der Rom II-VO erfasst nach Art. 1 Abs. 1 S. 1 Rom II-VO „außervertragliche Schuldverhältnisse in Zivil- und Handelssachen". Art. 2 Rom II-VO konkretisiert den Begriff des außervertraglichen Schuldverhältnisses. Im Übrigen dient das bereits

---

294 Eine Synopse zu Rom I, Rom II und EGBGB findet sich bei *Kindler/Klemann* IPRax 2008, 365 f.
295 Vgl. *Junker* JZ 2008, 169, 171; *Staudinger* NJW 2011, 650; *Staudinger/Czaplinki* NJW 2009, 2249.
296 Haager Übereinkommen über das auf Straßenverkehrsunfälle anzuwendende Recht v. 4.5.1971 [*J/H* Nr. 100]; näher hierzu *Lehmann/Duczek* JuS 2012, 681, 686.
297 Das damit verbundene Problem des *forum shopping*, das durch die Rom-Verordnungen an sich bekämpft werden soll (Rn. 11), besteht bei Straßenverkehrsunfällen demnach weiter, vgl. *Kadner Graziano* RabelsZ 73, 2009, 1, 4; *Lehmann/Duczek* JuS 2012, 681, 686.
298 Zum Übereinkommen etwa MüKo-*Junker* Art. 28 Rom II-VO Rn. 17 ff. mit vielen weiterführenden Hinweisen.

erwähnte Kriterium der „(un)freiwillig eingegangenen Verpflichtung" zur Abgrenzung von vertraglichen und außervertraglichen Schuldverhältnissen.[299]

In diesem Zusammenhang hat die Frage, ob Ansprüche aus Verschulden bei Vertragsverhandlungen (*culpa in contrahendo* [im Folgenden: c.i.c.]) vertraglich oder deliktisch zu qualifizieren sind, lange Zeit Probleme bereitet.[300] Im deutschen Recht hat die c.i.c. ihren Standort im vertraglichen Bereich (§§ 280 Abs. 1, 311 Abs. 2, 241 Abs. 2 BGB), für die gemeinschaftsrechtliche Zuordnung ist das freilich nicht maßgeblich (siehe auch Erwägungsgrund 30 Rom II-VO). **180**

Auf den ersten Blick scheint sich dieser klausurträchtige[301] Streit um die Qualifikation der c.i.c. mit Inkrafttreten der Rom II-VO erledigt zu haben, weil **Art. 2 Abs. 1 Rom II-VO die c.i.c. ausdrücklich deliktisch einordnet**[302] und die Rom I-VO die c.i.c. aus ihrem Anwendungsbereich ausdrücklich ausnimmt in Art. 1 Abs. 2 lit. i) Rom I-VO (siehe auch Erwägungsgrund 10 der Rom I-VO). In etwas anderem Gewand lebt die Auseinandersetzung jedoch in Art. 12 Rom II-VO fort (dazu sogleich unter Rn. 198).

Wie die Rom I-VO schließt Art. 1 Abs. 1 S. 2 Rom II-VO Steuer- und Zollsachen sowie verwaltungsrechtliche Angelegenheiten vom sachlichen Anwendungsbereich aus. Darüber hinaus werden Staatshaftungsansprüche infolge von *acta iure imperii* (lat.: juristische Akte hoheitlicher Natur) ausgeschlossen. Die außervertragliche Haftung des Staates infolge von *acta iure imperii* unterliegt anstelle des allgemeinen Deliktsstatuts dem sog. Amtshaftungsstatut; aufgrund des völkerrechtlichen Grundsatzes der Staatensouveränität handelt es sich hierbei um das Recht des in Anspruch genommenen Amtsstaates.[303] Die Haftung des Staates für nichthoheitliche Tätigkeit richtet sich aber nach dem Deliktsstatut.[304] Weitere Ausnahmen vom sachlichen Anwendungsbereich der Rom II-VO ergeben sich aus dem Katalog in Art. 1 Abs. 2 Rom II-VO (bitte lesen).[305] Wichtig ist insbesondere der Ausschluss in Art. 1 Abs. 2 lit. g Rom II-VO für außervertragliche Schuldverhältnisse aus der Verletzung von Persönlichkeitsrechten. Diese Ausnahme bildet den wesentlichen Grund für die Fortgeltung der Art. 38–42 im nationalen IPR.[306] **181**

Zum **räumlichen Anwendungsbereich** gilt das zur Rom I-VO Ausgeführte[307] entsprechend: Die Rom II-VO gilt in allen Mitgliedstaaten mit Ausnahme Dänemarks (vgl. Art. 1 Abs. 4 Rom II-VO) und beachtet als *loi uniforme* auch Verweise auf drittstaatliches Recht (Art. 3 Rom II-VO); der Sachverhalt muss Auslandsbezug zu „Staaten" (Art. 1 Abs. 1 Rom II-VO) aufweisen, die also nicht zwingend Mitgliedstaaten sein müssen. **182**

---

299 Siehe Rn. 149 sowie *Leible/Lehmann* 2007, 721, 723.

300 Zum Meinungsstand *Looschelders* Art. 32 Rn. 27 ff.

301 Das Problem war etwa Gegenstand der dritten Zivilrechtsklausur der Ersten juristischen Staatsprüfung Baden-Württemberg im Frühjahr 2001.

302 Diese gesetzliche Zuordnung vollzieht die Rechtsprechung des *EuGH* nach, der die c.i.c. bereits in der Rechtssache *Tacconi* deliktisch qualifiziert hatte, siehe *EuGH* NJW 2002, 3159.

303 *BGH* NJW 2011, 3584, 3585 m.w.N.

304 *BGH* NJW 2011, 3584, 3586 (dort auch zu der Frage, welche Rechtsordnung für die Abgrenzung zwischen hoheitlicher und nicht-hoheitlicher Tätigkeit maßgeblich ist).

305 Ausführlich zu diesen Bereichsausnahmen *Hohloch* IPRax 2012, 110 ff.

306 *Junker* RIW 2010, 257 m.w.N.

307 Siehe oben Rn. 150.

> **Beispiel**[308]   Deutsche Gerichte wenden die Rom II-VO daher auch etwa bei einer Schadens-
> ersatzklage an, die ein Tunesier wegen eines Verkehrsunfalls in Tunis gegen einen nach
> Deutschland gezogenen Algerier erhebt. ■

183 **Zeitlich anwendbar** ist die Verordnung nach Art. 31, 32 Rom II-VO für Schadensereignisse ab
dem 11.1.2009.[309] Obwohl Art. 31 Rom II-VO dem Wortlaut nach („schadensbegründende
Ereignisse") nur auf unerlaubte Handlungen zu passen scheint, bezieht sich die Vorschrift
auch auf die übrigen außervertraglichen Schuldverhältnisse.

3. Rechtswahl (Art. 14 Rom II-VO)

184 Wenn der Anwendungsbereich eröffnet ist, ist der Sachverhalt zuerst auf eine vorrangige
Rechtswahl zu untersuchen, die die übrigen Anknüpfungen verdrängt. Die Rechtswahl muss
nicht immer „ins Auge springen", da Art. 14 Abs. 1 S. 2 Rom II-VO neben der ausdrücklichen
auch die stillschweigende Rechtswahl zulässt. Es gilt insoweit das zu Art. 3 Abs. 1 Rom I-VO
Gesagte mit dem Unterschied, dass eine Rechtswahl nach Art. 14 Abs. 1 S. 2 Rom II-VO die
Rechte Dritter, z.B. einer Versicherung, nicht verkürzen kann.

185 Insgesamt weist Art. 14 Rom II-VO etliche Gemeinsamkeiten mit Art. 3 Rom I-VO auf: Die Parteien sind in der Wahl ihres Rechts grundsätzlich frei, können allerdings nur staatliches Recht
wählen, Eingriffsnormen nicht abbedingen (Art. 16 Rom II-VO) und bei reinen Inlands- bzw.
EU-Sachverhalten nach Art. 14 Abs. 2 und 3 Rom II-VO nicht von zwingenden Bestimmungen
abweichen (vgl. Rn. 155). Zugleich wird die Rechtswahlmöglichkeit – wie auch in der Rom I-
VO – für spezielle Bereiche (unlauterer Wettbewerb, geistiges Eigentum) ausgeschlossen
(Art. 6 Abs. 4 sowie Art. 8 Abs. 3 Rom II-VO).

186 Andererseits besteht ein wesentlicher Unterschied zur Rechtswahl in der Rom I-VO darin,
dass nach Art. 14 Abs. 1 lit. a Rom II-VO **grundsätzlich** erst „nach Eintritt des schadensbegründenden Ereignisses" das Recht gewählt werden kann (sog. **nachträgliche Rechtswahl**).
Eine vorherige Rechtswahl ist nur möglich, wenn „alle Parteien einer kommerziellen Tätigkeit
nachgehen" und die Vereinbarung „frei ausgehandelt" ist (Art. 14 Abs. 1 lit. b Rom II-VO).[310]

> Von einer **kommerziellen Tätigkeit** i.S.d. Art. 14 Abs. 1 lit. b ist auszugehen, wenn die Rechts-
> wahl im Rahmen einer selbstständigen oder beruflichen Tätigkeit vorgenommen wird.[311]

187 Das Erfordernis des freien Aushandelns schließt nach wohl h.M. eine Rechtswahl durch einseitige AGB aus.[312] Die Rechtswahl darf nicht „Diktat einer Partei" sein, sondern muss zur Dis-
position der Parteien stehen und von ihnen im Einzelfall ausgehandelt werden.[313]

---

308 Nach *Leible/Lehmann* RIW 2007, 721, 724; instruktiv zur praktischen Schadensregulierung mit Auslands-
     bezug *Kuhnert* NJW 2011, 3347 ff.

309 Klargestellt durch *EuGH* NJW 2012, 441 = EuZW 2012, 35; zur vorausgegangenen Diskussion zum zeitli-
     chen Anwendungsbereich der Rom II-VO *Sujecki* EuZW 2011, 815 f.

310 *Mankowski* IPRax 2010, 389, 399 bezeichnet diese vorherige Rechtswahlmöglichkeit gegenüber Art. 42,
     der nur die nachträgliche Rechtswahl zulässt, als „kleine Revolution".

311 *Sujecki* EWS 2009, 310, 313; *G. Wagner* IPRax 2008, 1, 13; *v. Hein* ZEuP 2009, 6, 20.

312 *Rugullis*, IPRax 2008, 319, 320; ausführlich *Landbrecht* RIW 2010, 783, 784 f. sowie *Lehmann/Duczek*
     JuS 2012, 788, 794; a.A. etwa MüKo-*Junker* Art. 14 Rom II-VO Rn. 36, der das freie Aushandeln als „Wort-
     geklingel ohne eigenständige Bedeutung" bezeichnet.

313 So *Mankowski* IPRax 2010, 389, 400.

In der Praxis spielt Art. 3 Rom I-VO eine wichtigere Rolle als Art. 14 Rom II-VO, weil bei unerlaub- **188**
ten Handlungen – als dem häufigsten gesetzlichen Schuldverhältnis – vor dem schädigenden
Ereignis meist überhaupt kein Kontakt zwischen Schädiger und Geschädigtem besteht und sich
die Parteien nach dem schädigenden Ereignis häufig nicht mehr einig werden.

> **Hinweis**
>
> Beachten Sie die systematische Stellung des Art. 14 Rom II-VO! Sie macht deutlich, dass die
> Rechtswahl nicht nur für unerlaubte Handlungen, sondern auch für die anderen gesetzlichen
> Schuldverhältnisse gilt, die in Kapitel III der Verordnung geregelt sind.

4. Deliktsrecht (Art. 4–9 Rom II-VO)

a) Allgemeines

Im Deliktsrecht steht traditionell die objektive Anknüpfung nach dem sog. **Tatortprinzip** im **189**
Vordergrund. Es beruft das Recht des Staates, in dem sich das Delikt zugetragen hat (*lex loci
delicti commissi*). Auch die Rom II-VO und das EGBGB gehen von diesem Prinzip aus. Seine
Anwendung ist unproblematisch, wenn der Ort, an dem der Täter handelt (**Handlungsort**)
und der Ort, an dem die Rechtsgutverletzung eintritt (**Erfolgsort**), in demselben Staat liegen
(sog. **Platzdelikte**).

Beispiele   Wenn ein Niederländer bei der WM in Frankreich einen Deutschen verprügelt,
gilt nach dem Tatortprinzip in Art. 4 Abs. 1 Rom I-VO französisches Recht.

Kollidieren ein belgischer und ein russischer Urlauber auf einer österreichischen Skipiste,
gilt österreichisches Recht. ◼

Das Tatortprinzip für sich gibt jedoch keinen Aufschluss über die Anknüpfung von Fällen, in **190**
denen Handlungs- und der Erfolgsort in zwei unterschiedlichen Staaten liegen (sog. **Distanz-
delikte**).

Beispiele   A verletzt von deutscher Rheinseite aus den auf französischer Rheinseite stehenden B, indem er mit seinem Gewehr auf ihn schießt.

E schickt aus Dortmund einen beleidigenden Brief an ihren in Rotterdam lebenden Ex-
Freund. ◼

Gleiches gilt, wenn der Erfolg in mehreren Staaten eintritt (sog. **Streudelikte**). **191**

Beispiel   Die Explosion eines Atomkraftwerks in Frankreich führt europaweit zu Schäden. ◼

b) Objektive Anknüpfung

Die angesprochenen Distanz- und Streudelikte verdeutlichen den Konkretisierungsbedarf des **192**
Tatortprinzips. Die Rom II-VO setzt dies dahingehend um, dass sie den **Erfolgsort** für maßgeblich erklärt. Das ist mit der Formulierung in **Art. 4 Abs. 1 Rom II-VO** gemeint („Recht des
Staates anzuwenden, in dem der Schaden eintritt").[314] Für die *Beispiele* unter Rn. 190 bedeutet das, dass einmal französisches, dann niederländisches Recht berufen ist.

---

314   *Junker* NJW 2007, 3675, 3678; Palandt-*Thorn* Art. 4 Rom II Rn. 1; *v. Hein* ZEuP 2009, 6, 16.

Bei Streudelikten ist die Anknüpfung an den Tatort so zu verstehen, dass die einzelnen Erfolgsortrechte jeweils nur für die Schäden gelten, die in dem jeweiligen Staat eingetreten sind (sog. Mosaikbetrachtung).[315]

> ### Hinweis
>
> Da Persönlichkeitsrechtsverletzungen als typische Streudelikte nicht von der Rom II-VO, sondern von Art. 40 ff. erfasst werden, wird später näher auf die Mosaikbetrachtung eingegangen (unten Rn. 206). Im Rahmen des Art. 4 Abs. 1 Rom II-VO werden meist nur Platz- und Distanzdelikte relevant.[316]

193 Als Erfolgsort ist der Ort der Rechtsgutsverletzung anzusehen („Ort des Erstschadens"); Folgeschäden bleiben unberücksichtigt.

Beispiel Wenn der auf französischer Rheinseite von A angeschossene B (*Beispiel* Rn. 190) in ein schweizerisches Krankenhaus gebracht wird, wo er nach drei Tagen verstirbt, liegt der Erfolgsort allein in Frankreich und nicht in der Schweiz. ◼

194 **Art. 4 Abs. 2 Rom II-VO** verdrängt die Anknüpfung an den Erfolgsort, wenn die Parteien im Zeitpunkt des Schadenseintritts ihren gewöhnlichen Aufenthalt (vgl. Art. 23 Rom II-VO) in demselben Staat haben (*lex domicilii communis*). Deshalb ist Art. 4 Abs. 2 vor Art. 4 Abs. 1 Rom II-VO zu prüfen.[317] Bedeutung gewinnt Art. 4 Abs. 2 Rom II-VO v.a. bei Verkehrsunfällen.[318]

Beispiel Der begeisterte Autofahrer A aus Ulm fährt mit seiner Freundin aus der Nachbarschaft (B) in den Urlaub nach Madrid. Unvertraut mit den zweispurigen Kreisverkehren in Spanien, verursacht A dort einen Unfall, bei dem sich B schwer verletzt.

Die Ansprüche von B gegen A bestimmen sich hier abweichend von Art. 4 Abs. 1 Rom II-VO nach deutschem Deliktsrecht, da beide ihren gewöhnlichen Aufenthalt in Deutschland haben. (Davon unabhängig richten sich die Verkehrsregeln im zweispurigen Kreisverkehr gem. Art. 17 Rom II-VO nach spanischem Recht.) ◼

195 Die eng auszulegende Ausweichklausel in **Art. 4 Abs. 3 S. 1 Rom II-VO** lässt eine Korrektur der beiden Grundanknüpfungen zu, wenn die unerlaubte Handlung eine offensichtlich engere Verbindung zu einem anderen Staat aufweist. Als Regelbeispiel dafür nennt Art. 4 Abs. 3 S. 2 Rom II-VO die akzessorische Anknüpfung an ein bestehendes Rechtsverhältnis zwischen den Beteiligten, insbesondere an einen Vertrag.

Beispiel Die Wirtschaftsprüfungsgesellschaft A aus London hat sich gegenüber dem Unternehmen B aus Berlin vertraglich verpflichtet, das Unternehmen zu prüfen. Bei der Prüfung durch den Mitarbeiter C stiehlt dieser einen Laptop bei B.

Ob A wegen dieses Fehlers gegenüber B aus Vertrag haftet, richtet sich gem. Art. 4 Abs. 1 lit. b Rom I-VO nach englischem Recht. Gleiches gilt wegen Art. 4 Abs. 3 Rom II-VO für den deliktischen Anspruch. ◼

---

315 Vgl. *EuGH* IPRax 1997, 111 (Rechtssache *Shevill v. Press Alliance SA*); Erman-*Hohloch* Art. 40 Rn. 31a.
316 Vgl. Palandt-*Thorn* Art. 4 Rom II Rn. 8.
317 Vgl. nur MüKo-*Junker* Art. 4 Rom II-VO Rn. 7 ff. (allgemein zur Prüfungsreihenfolge).
318 Siehe *Junker* NJW 2007, 3675, 3678.

Dieser Gleichlauf von vertraglichen und deliktischen Ansprüchen vermeidet bei Anspruchskonkurrenz ein Nebeneinander verschiedener Rechtsordnungen.

Aber auch ohne vertragliche Beziehung kann die Anwendung von Art. 4 Abs. 3 S. 2 Rom II-VO angezeigt sein, etwa bei Delikten zwischen Ehegatten oder Eltern und ihren Kindern: Die deliktischen Ansprüche sind dann an das Ehewirkungsstatut bzw. an das Kindschaftsstatut anzulehnen.[319]

196 So wie sich in den Art. 5–8 Rom I-VO Sonderanknüpfungen für spezielle Vertragstypen finden, sehen **Art. 5–9 Rom II-VO** besondere Regeln für die **objektive Anknüpfung spezieller Delikte** vor, namentlich zur Produkthaftung (Art. 5 Rom II-VO), zum unlauteren Wettbewerb und Wettbewerbsbeschränkungen (Art. 6 Rom II-VO), zu Umweltschädigungen (Art. 7 Rom II-VO), der Verletzung von Rechten des geistigen Eigentums (Art. 8 Rom II-VO) sowie zu Arbeitskampfmaßnahmen (Art. 9 Rom II-VO). Diese besonderen Anknüpfungsregeln gehen Art. 4 Rom II-VO vor.

> **Hinweis**
>
> Die Art. 5–9 Rom II-VO sind deshalb vorrangig gegenüber Art. 4 Rom II-VO zu prüfen. Mit Ausnahme von Art. 5 Rom II-VO[320] spielen sie in Klausuren eher selten eine Rolle und sind regelmäßig durch sorgsames Lesen erschließbar.[321]

197 Im Fall eines Schadens durch ein Produkt sieht Art. 5 Abs. 1 Rom II-VO eine Anknüpfungsleiter mit drei Sprossen vor, die die allgemeine Tatortregel modifiziert, um eine gerechtere Risikoverteilung zu erreichen (vgl. Erwägungsgrund 20 Rom II-VO). Die drei Sprossen knüpfen subsidiär an, wie der Wortlaut zeigt („oder andernfalls"). Sofern allerdings der Ersatzpflichtige und der Geschädigte zum Zeitpunkt des Schadenseintritts ihren gewöhnlichen Aufenthalt in demselben Staat haben, geht dieses Recht nach Art. 5 Abs. 1 i.V.m. Art. 4 Abs. 2 Rom II-VO vor.

Beispiel A aus Würzburg kauft sich im Mallorca-Urlaub eine Flasche seines Lieblingsbieres, das von der Herstellerin B-GmbH mit Hauptsitz in Dortmund vertrieben wird. Am Strand von Palma explodiert die fehlerhaft produzierte Flasche und verletzt den A.

Für den deliktischen Anspruch des A gegen B gilt nach Art. 5 Abs. 1 i.V.m. Art. 4 Abs. 2 Rom II-VO deutsches Recht. ◾

» An welche ebenfalls dreisprossige Anknüpfungsleiter aus dem EGBGB erinnern Sie sich (siehe Rn. 103)? «

Die in Art. 5 Abs. 2 Rom II-VO vorgesehene Ausweichklausel gleicht Art. 4 Abs. 3 Rom II-VO (Rn. 195).

5. Weitere außervertragliche Schuldverhältnisse

a) Verschulden bei Vertragsverhandlungen (Art. 12 Rom II-VO)

198 Die deliktisch zu qualifizierende c.i.c. (siehe bereits Rn. 180) wird in Art. 12 Rom II-VO differenziert behandelt: Art. 12 Abs. 1 Rom II-VO knüpft an das hypothetische Vertragsstatut an, Art. 12 Abs. 2 dagegen deliktisch.

---

319 Vgl. *Hoffmann/Thorn* § 11 Rn. 41; *Kropholler* IPR § 53 IV 4 S. 530.
320 Weiterführend zu den anderen Sonderdelikten *Schmidt* JURA 2011, 117, 125 f.
321 Näher zu diesen Vorschriften *Lehmann/Duczek* JuS 2012, 788, 790 ff.

Die Abgrenzung beider Absätze bereitet Schwierigkeiten.[322] **Erwägungsgrund 30 der Rom II-VO** spricht dafür, bei Verletzung von vertragszweckbezogenen Aufklärungs- und Beratungspflichten an das hypothetische Vertragsstatut gem. Art. 12 Abs. 1 Rom II-VO und bei Verletzung allgemeiner Verkehrspflichten an Art. 12 Abs. 2 Rom II-VO anzuknüpfen.[323] Aus dieser Unterscheidung ergibt sich, dass die c.i.c. in den allermeisten Fällen nach Art. 12 Abs. 1 Rom II-VO anzuknüpfen ist.[324]

Beispiel[325]   Das deutsche Unternehmen A möchte eine Tochtergesellschaft des französischen Unternehmens B übernehmen. A und B führen ab Januar 2015 intensive Verhandlungen, die durch Anwälte auf beiden Seiten begleitet werden. Nachdem die Anwälte einen vollständigen Vertragsentwurf für die Transaktion ausgearbeitet haben, welcher eine Rechtswahlklausel zugunsten deutschen Rechts vorsieht, nimmt B kurz vor dem für März 2015 geplanten *Signing*[326] überraschend Abstand vom Verkauf seiner Tochtergesellschaft. A verlangt von B daraufhin Ersatz seiner Anwaltskosten. Nach welchem Recht richtet sich dieser Anspruch?

Der Anspruch könnte sich aus c.i.c. ergeben. Die c.i.c. wird unionsrechtlich deliktisch qualifiziert. Für Verschulden bei Vertragsverhandlungen ist gem. Art. 12 Abs. 1 Rom II-VO das Recht anzuwenden, das auf den Vertrag anzuwenden gewesen wäre, wenn er geschlossen worden wäre. Der Vertragsentwurf sah die Wahl deutschen Rechts vor. Diese Rechtswahl wäre gem. Art. 3 Rom I-VO möglich gewesen. Folglich hätte sich der Übernahmevertrag nach deutschem Recht gerichtet, wenn er tatsächlich geschlossen worden wäre. Der Anspruch aus c.i.c. auf Ersatz der dem Unternehmen A entstandenen Anwaltskosten bestimmt sich daher nach deutschem Recht. ■

Aber Vorsicht: Art. 12 Rom II-VO gilt nach Erwägungsgrund 30 Rom II-VO insgesamt nur für Pflichtverletzungen, die in unmittelbarem Zusammenhang mit den Verhandlungen vor Abschluss eines Vertrages entstehen. Das (unionsrechtliche) Verständnis der c.i.c. in Art. 12 Rom II-VO ist damit deutlich enger als im deutschen Recht:[327] Für Personenschäden, die bei Anbahnung eines Vertrages entstehen (klassisches *Bsp.*: Ausrutschen auf einem Gemüseblatt im Einkaufsladen[328]), gelten anstatt Art. 12 Rom II-VO direkt die Art. 4 ff. Rom II-VO.[329] Gleiches wird grundsätzlich bei Verletzungen von Geheimpflichten zu gelten haben.[330] In allen Fällen hat eine Rechtswahl nach Art. 14 Rom II-VO Vorrang.[331]

---

322 Näher hierzu *Lehmann/Duczek* JuS 2012, 788, 790.

323 Vgl. auch *Rauscher* § 10 Rn. 1290 f.; *Staudinger/Steinrötter* JA 2011, 241, 243; *Palandt-Thorn* Art. 12 Rom II Rn. 2; *Leible/Lehmann* RIW 2007, 721, 733 mit Beispielen; zu weiteren Beispielen *Hocke* IPRax 2014, 305, 306 ff.

324 Siehe *Lehmann/Duczek* JuS 2012, 788, 790; *Kadner Graziano* RabelsZ 73, 2009, 1, 65; *Lüttringhaus* RIW 2008, 193, 198.

325 Angelehnt an Fall 6 von *Brödermann/Rosengarten* Rn. 88.

326 Das ist die bei grenzüberschreitenden Unternehmenstransaktionen übliche englische Bezeichnung für die Vertragsunterzeichnung. Die Eigentumsübertragung wird bei derartigen *Mergers&Acquisitions*-Geschäften („Fusionen und Übernahmen") als *Closing* (vom engl. *to close* = schließen) bezeichnet. Das *Closing* bildet regelmäßig den Schlusspunkt einer Transaktion.

327 *Leible/Lehmann* RIW 2007, 721, 733.

328 *BGHZ* 66, 51 = JuS 1977, 302 m. Anm. *Hohloch*.

329 Vgl. Erwägungsgrund 30 S. 3; *Lehmann/Duczek* JuS 2012, 788, 790; *Kadner Graziano* RabelsZ 73, 2009, 1, 64; *Schmidt* JURA 2011, 117, 126.

330 Hierzu im Einzelnen *Hocke* IPRax 2014, 305, 306 ff.

331 *Junker* in: FS R. Stürner 2013, 1043, 1048.

b) Geschäftsführung ohne Auftrag (Art. 11 Rom II-VO)

Die Geschäftsführung ohne Auftrag (GoA) sieht bei fehlender Rechtswahl eine dreistufige **199** Anknüpfungsleiter vor:

- Primär wird akzessorisch an ein zwischen den Parteien bereits bestehendes Rechtsverhältnis angeknüpft (Art. 11 Abs. 1 Rom II-VO).
- Ist ein solches nicht gegeben, gilt das Recht am gemeinsamen gewöhnlichen Aufenthalt (Art. 11 Abs. 2 Rom II-VO).
- Subsidiär gilt das Recht am Vornahmeort (Art. 11 Abs. 3 Rom II-VO).

Sofern Handlungs- und Erfolgsort bei der Geschäftsführung ausnahmsweise nicht zusammenfallen („Distanz-GoA"), ist für Art. 11 Abs. 3 Rom II-VO der Erfolgsort maßgeblich.[332]

Beispiel Wenn A von Freiburg aus veranlasst, dass der bei starken Regenfällen vollgelaufene Keller seines in Basel lebenden und derzeit verreisten Freundes B ausgepumpt wird, so gilt für den Aufwendungsersatzanspruch des A gegen B nach Art. 11 Abs. 3 Rom II-VO schweizerisches Recht. ◾

Die Anknüpfungen in Art. 11 Abs. 1–3 erfahren durch die Ausweichklausel in Art. 11 Abs. 4 Rom II-VO eine Korrektur, wenn eine offensichtlich engere Verbindung zu einem anderen Staat besteht.

c) Bereicherungsrecht (Art. 10 Rom II-VO)

Die bereicherungsrechtliche Anknüpfung in Art. 10 Rom II-VO ist ganz ähnlich aufgebaut **200** wie Art. 11 Rom II-VO. Sie sieht ebenfalls eine dreistufige Anknüpfungsleiter vor, die – anders als das deutsche Recht – nicht zwischen Leistungs- und Nichtleistungskondiktion unterscheidet:[333]

- Primär knüpft Art. 10 Abs. 1 Rom II-VO akzessorisch an ein „bestehendes" Rechtsverhältnis an, das eine enge Verbindung zu der ungerechtfertigten Bereicherung aufweist. Korrigierend ist dieser **missglückte Wortlaut** so zu verstehen, dass auch an ein unwirksames Rechtsverhältnis angeknüpft werden kann.[334]
- Fehlt es an einem solchen Rechtsverhältnis, wird gem. Art. 10 Abs. 2 Rom II-VO das Recht am gemeinsamen gewöhnlichen Aufenthaltsort berufen.
- Ansonsten ist gem. Art. 10 Abs. 3 Rom II-VO das Recht am Ort des Bereicherungseintritts anzuwenden.

Die Ausweichklausel in Art. 10 Abs. 4 Rom II-VO lässt wiederum eine Korrektur im Ausnahmefall zu.

Wichtig i.R.d. Art. 10 Rom II-VO ist noch Folgendes: Art. 10 Abs. 1 Rom II-VO gilt nicht für die- **201** jenigen Leistungskondiktionen, die der Rückabwicklung nichtiger bzw. unwirksamer Verträge dienen. Für diese häufig vorkommenden Fälle beansprucht die Rückabwicklung nach dem gem. Art. 3 ff. Rom I-VO ermittelten Vertragsstatut Vorrang gegenüber Art. 10 Rom II-VO (vgl. Art. 12 lit. e Rom I-VO, Art. 27 Rom II-VO).[335]

---

332 H.M., vgl. *Leible/Lehmann* RIW 2007, 721, 732 m.w.N., *Sonnentag* ZVglRwiss 103, 2006, 256, 305.
333 *Rauscher* § 10 Rn. 1367; zur Behandlung von Drei-Personen-Verhältnissen *ders.* § 10 Rn. 1343 ff.
334 *Leible/Lehmann* RIW 2007, 721, 732; Palandt-*Thorn* Art. 10 Rom II Rn. 7.
335 H.M., vgl. *Schmidt* JURA 2011, 117, 126 m.w.N.; ausführlich MüKo-*Junker* Art. 10 Rom II-VO Rn. 10, 13 f.

Beispiel   A aus Italien verkaufte dem B aus Belgien 2015 ein Auto zum persönlichen Gebrauch. Später ficht A den Vertrag erfolgreich an und möchte den Wagen kondizieren.

Die ungerechtfertigte Bereicherung richtet sich hier gem. Art. 4 Abs. 1 lit. a Rom I-VO i.V.m. Art. 12 Abs. 1 lit. e Rom I-VO nach italienischem Recht. Art. 10 Abs. 1 Rom II-VO, der freilich in gleicher Weise anknüpft und damit zu gleichen Ergebnissen führt, ist nach Art. 27 Rom II-VO verdrängt. ■

6.   Allgemeine Bestimmungen der Rom II-VO

202   Die Art. 15 ff. Rom II-VO enthalten schließlich allgemeine Bestimmungen zu den außervertraglichen Schuldverhältnissen. Die nicht abschließende Auflistung in Art. 15 Rom II-VO gibt zunächst Aufschluss über die sachliche Reichweite des nach Art. 4–14 Rom II-VO berufenen Rechts. So richtet sich etwa auch die Frage der Verjährung des deliktischen Anspruchs nach dem mithilfe von Art. 4–14 Rom II-VO ermittelten Recht (siehe Art. 15 lit. h Rom II-VO).[336] Der Hervorhebung verdient Art. 17 Rom II-VO, wonach sich Sicherheits- und Verhaltensregeln, insbesondere Straßenverkehrsregeln, nach dem Ort des schadensbegründenden Ereignisses richten (siehe *Beispiel* Rn. 194).[337]

Dem Ziel der Rechtsvereinheitlichung dienend, erklärt Art. 24 Rom II-VO Rück- und Weiterverweisungen für unbeachtlich. Ebenfalls identisch mit der Rom I-VO finden sich in Art. 23 und Art. 26 Rom II-VO Regelungen zum gewöhnlichen Aufenthalt und zum *ordre public*.

II.   Nationales Kollisionsrecht: Art. 38–42

1.   Verbleibender Anwendungsbereich

203   Von 1999 bis Anfang 2009 regierten die Art. 38–42 über die Anknüpfung von Ansprüchen aus außervertraglichen Schuldverhältnissen. Doch auch nach dem Inkrafttreten der vorrangigen Rom II-VO am 11.1.2009, verbleibt den Art. 38–42 ein (schmaler) Anwendungsbereich. Sie gelten insbesondere weiter für:

- **Verletzungen von Persönlichkeitsrechten**, die vom sachlichen Anwendungsbereich der Rom II-VO ausgeschlossen werden (Art. 1 Abs. 2 lit. g Rom II-VO) und
- sog. **Altfälle**, also für außervertragliche Schuldverhältnisse, die vor dem 11.1.2009 begründet wurden.

Da die Art. 38 ff. insoweit weiterhin relevant werden können, ist hier auf den wichtigsten Bereich einzugehen: Das Deliktsrecht.[338]

2.   Rechtswahl (Art. 42)

204   Wie Art. 14 Rom II-VO, erlaubt Art. 42 für die ungerechtfertigte Bereicherung (Art. 38), die GoA (Art. 39) und unerlaubte Handlungen (Art. 40) die Rechtswahl. Im Unterschied zu Art. Art. 14 Rom II-VO lässt Art. 42 nach seinem eindeutigen Wortlaut indes **ausschließlich die nachträg-**

---

336 Kritisch hierzu im Hinblick auf Straßenverkehrsunfälle *R. Wagner/Winkelmann* RIW 2012, 277, 280 f.

337 Personen sollen sich insofern an die Regeln ihrer Umgebung halten („When in Rome, do as the Romans do").

338 Zu ungerechtfertigter Bereicherung und GoA *Rauscher* § 10 Rn. 1404 ff. bzw. 1374 ff.

liche Rechtswahl zu.[339] Im Übrigen ist die Rechtswahl nach Art. 42 weitgehend frei: Es kann jederzeit, also auch noch in der Revisionsinstanz, jede staatliche Rechtsordnung im Ganzen oder auch nur zum Teil gewählt werden.[340] Die zulässige Rechtswahl beruft nach Art. 4 Abs. 2 das Sachrecht, sofern die Parteien nichts anderes vereinbaren.[341]

3. Deliktische Grundsatzanknüpfung (Tatortregel nach Art. 40 Abs. 1)

Wenn keine zulässige Rechtswahl getroffen wurde, unterstellt Art. 40 Abs. 1 die Haftung aus 205 unerlaubten Handlungen dem Recht des Tatortes. Während Art. 4 Abs. 1 Rom II-VO diesen Ort einseitig als Erfolgsort festlegt, lokalisiert Art. 40 Abs. 1 S. 1 und S. 2 den Tatort sowohl als Handlungs- als auch als Erfolgsort (sog. **Ubiquitätsprinzip**). Rechtssicher handhabbar wird dieses Prinzip indem Art. 40 Abs. 1 S. 1 primär den Handlungsort für maßgeblich erklärt und auf das Erfolgsortrecht nur dann verweist, wenn der Geschädigte die Anwendung dieses Rechts gem. Art. 40 Abs. 1 S. 2 verlangt. Der Verletzte kann das von Art. 40 Abs. 1 S. 2 einge-räumte **Bestimmungsrecht** allerdings nur im ersten Rechtszug bis zum Ende des frühen ers-ten Termins (§ 275 ZPO) oder des schriftlichen Vorverfahrens (§ 276 ZPO) geltend machen, Art. 40 Abs. 1 S. 3.

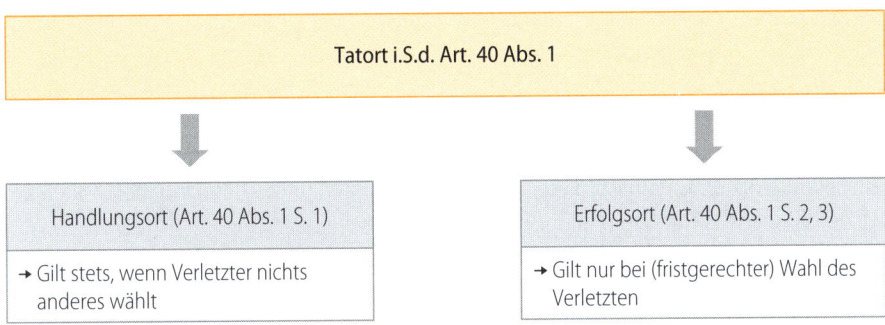

Beispiel 1 Der Terrorist T schickt Ende 2008 eine Briefbombe von Athen nach Berlin, wo A durch die Explosion schwer verletzt wird.

Die Rom II-VO ist zeitlich unanwendbar, sodass deutsche Gerichte Art. 40 heranziehen müssten. A könnte nach Art. 40 Abs. 1 S. 2 deutsches Recht als Erfolgsortsrecht wählen. Macht A von diesem Bestimmungsrecht keinen Gebrauch, gilt nach Art. 40 Abs. 1 S. 1 grie-chisches Recht. ◼

Beispiel 2 Den beleidigenden Brief, den E 2008 von Dortmund aus an ihren in Rotterdam lebenden Ex-Freund F schickt, hat sie im belgischen Brügge verfasst. Nachdem F vor dem AG Dortmund unterliegt, verlangt er in der Berufsinstanz die Anwendung niederländi-schen Deliktsrechts.

Sein Optionsrecht hat F nicht innerhalb der zeitlichen Grenzen des Art. 40 Abs. 1 S. 3 aus-geübt, daher bleibt es bei der Anwendung des Rechts am Handlungsort. Fraglich ist, ob der Handlungsort hier in Belgien oder Deutschland liegt. Da **bloße Vorbereitungshand-lungen** mangels Außenwirkung für die Bestimmung des Handlungsortes allgemein

339 Ganz h.M., vgl. nur *Looschelders* Art. 42 Rn. 2 m.w.N.; anders nur *contra legem Hoffmann/Thorn* § 11 Rn. 45.

340 Erman-*Hohloch* Art. 42 Rn. 8; *Looschelders* Art. 42 Rn. 10, 12.

341 Vgl. Erman-*Hohloch* Art. 42 Rn. 4.

unmaßgeblich sind, kommt es für den Handlungsort nicht auf die Abfassung des Briefes, sondern dessen Versendung an.[342] Da der Versendungsort in Dortmund liegt, wird im Ergebnis auf deutsches Recht verwiesen. ◼

Beide Verweisungen in Art. 40 Abs. 1 sind Gesamtverweisungen i.S.d. Art. 4 Abs. 1 S. 1.[343]

206 Problematisch ist die Anwendung des Art. 40 Abs. 1 bei Streudelikten, insbesondere bei **Persönlichkeitsverletzungen** durch Presseerzeugnisse oder Inhalte des Internets. Die weltweite Verbreitung über Massenmedien führt hier häufig zu einer Vielzahl von Erfolgsorten. Stünde es dem Geschädigten frei, seinen gesamten Schaden nicht nur am Handlungsort (= Sitz des Verlages bzw. der Sendeanstalt[344]) sondern auch nach einem dieser zahlreichen Erfolgsorte geltend zu machen, auch wenn der jeweilige Verletzungserfolg dort noch so klein ist, so würde dies den Schädiger über Gebühr benachteiligen. In diesen Fällen bedarf das Bestimmungsrecht nach Art. 40 Abs. 1 S. 2 deshalb einer gewissen Einschränkung.

Ein Teil der Literatur will den Erfolgsort auf den Wohnsitz des Geschädigten bzw. mit Hilfe einer Schwerpunktbetrachtung auf den Haupterfolgsort verengen.[345]

Die herrschende **Mosaiktheorie**[346] vollzieht die notwendige Einschränkung hingegen durch eine Aufspaltung des ersatzfähigen Schadens:[347] Bei Pressedelikten soll danach jeder Ort, an dem das Druckwerk bestimmungsgemäß verbreitet wird (bei Internetdelikten jeder Aufrufort) als Erfolgsort i.S.d. Art. 40 Abs. 1 S. 2 anzusehen sein, doch kann nur der in dem jeweiligen Land eingetretene Schaden nach diesen Erfolgsortrechten geltend gemacht werden.[348] Der Gesamtschaden kann nach dieser Ansicht nur am Handlungsort (bei Internetdelikten am Ort des Einspeisens der Information) geltend gemacht werden.[349]

Letztere Ansicht harmoniert nach wie vor mit der Rechtsprechung des *EuGH* zur internationalen Zuständigkeit i.R.d. Art. 7 Nr. 2 EuGVO (= Art. 5 Nr. 3 EuGVO a. F.).[350]

4. Auflockerung und Verdrängung der Tatortregel (Art. 40 Abs. 2, 41)

207 Genau wie Art. 4 Abs. 2 Rom II-VO führt auch Art. 40 Abs. 2 S. 1 zur Verdrängung des Tatortrechts, wenn Schädiger und Geschädigter einen gemeinsamen gewöhnlichen Aufenthalt haben. Maßgeblicher Zeitpunkt für das Bestehen des gewöhnlichen Aufenthalts ist wiederum der Zeitpunkt des Haftungsereignisses.

Wie Art. 4 Abs. 3 S. 1 Rom II-VO sieht Art. 41 eine Ausweichklausel vor, die sich neben Art. 40 auch auf Art. 38 und 39 bezieht. Gem. Art. 41 Abs. 2 Nr. 1 kommt danach insbesondere eine akzessorische Anknüpfung an ein zwischen den Beteiligten bestehendes Schuldverhältnis in

---

342 Vgl. *Hoffmann/Thorn* § 11 Rn. 27; *Looschelders* Art. 40 Rn. 104.
343 *Rauscher* § 10 Rn. 1320 und 1328.
344 Siehe *Lehr* NJW 2012, 705, 708.
345 *Hoffmann/Thorn* § 11 Rn. 32 m.w.N.; *Looschelders* Art. 40 Rn. 31; weitere Nachweise bei *Klöpfer* JA 2013, 165, 170.
346 MüKo-*Junker* Art. 4 Rom II-VO Rn. 32.
347 Siehe bereits oben unter Rn. 192.
348 Vertiefend *Rauscher* § 10 Rn. 1333 f.; *Looschelders* Art. 40 Rn. 105 f.; *Klöpfer* JA 2013, 165, 169 f.
349 Siehe *Lehr* NJW 2012, 705, 708; *Klöpfer* JA 2013, 165, 170.
350 Dazu Rn. 251 f.; vgl. auch *Kropholler* § 53 V 4, S. 542.

Betracht, was der Regelung in Art. 4 Abs. 3 S. 2 Rom II-VO im Wesentlichen entspricht (dazu Rn. 195). Eine Rück- oder Weiterverweisung ist in diesem Fall nach dem Sinn der Verweisung ausgeschlossen (Art. 4 Abs. 1 Hs. 2).[351]

5. Beschränkung von Ansprüchen (Art. 40 Abs. 3)

Art. 40 Abs. 3 stellt eine besondere Ausprägung des *ordre public* dar. Die Vorschrift soll über-   **208**
mäßig hohe Schadensersatzansprüche nach ausländischem Recht beschränken, insbeson-
dere für Fälle des mehrfachen Schadensersatzes (*multiple damages*) und des Strafschadensersatzes (**punitive damages**[352]) nach US-amerikanischem Recht (vgl. Art. 40 Abs. 3 Nr. 1 und
Nr. 2).[353]

Beispiel[354]   A hat den 13jährigen B sexuell missbraucht. Das zuständige deutsche Gericht
gelangt zur Anwendung US-amerikanischen Rechts, wonach Heilbehandlungskosten,
Schmerzensgeld und Strafschadensersatz zusammen 760.260 $ ergäben. Der Anspruch
müsste jedoch nach Art. 40 Abs. 3 Nr. 2 um den Anteil des Strafschadensersatzes gekürzt
werden, der sich mit den Grundvorstellungen der deutschen Rechtsordnung nicht
verträgt.[355] ◼

Art. 40 Abs. 3 Nr. 2 ist v.a. bei Persönlichkeitsverletzungen von Bewandtnis.[356] Gerade auf diesem Gebiet muss die Vorschrift jedoch besonders zurückhaltend angewendet werden, da das
deutsche Haftungsrecht bei Persönlichkeitsverletzungen ebenfalls Abschreckungs- und Straf-
funktionen verfolgt.[357]

In der Rom II-VO findet sich zwar kein unmittelbares Pendant zu Art. 40 Abs. 3, in der Sache   **209**
werden die gleichen Ergebnisse aber über Art. 26 Rom II-VO erzielt (vgl. Erwägungsgrund 32
der Rom II-VO).[358]

> ### Hinweis
>
> Prüfungsaufgaben zu Art. 40 ff. sind auch nach dem Übergang zur Rom II-VO keine Seltenheit
> sein. Sie sind besonders geeignet, das Zusammenspiel von nationalem und europäischem
> Kollisionsrecht abzuprüfen; darüber hinaus sind Persönlichkeitsrechtsverletzungen traditionell
> beliebter Prüfungsstoff im IPR.

---

351 *BGH* NJW 2011, 3584 (lesenswert).
352 Dazu ausführlich *Behr* ZJS 2010, 292; *Schmitz* JuS 1999, 941; *Rosengarten* NJW 1996, 1935.
353 *Hoffmann/Thorn* § 11 Rn. 59; *Looschelders* Art. 40 Rn. 64 ff; Palandt-*Thorn* Art. 40 Rn. 14.
354 Lose angelehnt an das (anerkennungsrechtliche) Grundsatzurteil *BGH* NJW 1992, 3096.
355 Vgl. Staudinger-*Mankowski* Art. 40 Rn. 421; *Looschelders* Art. 40 Rn. 69.
356 Erman-*Hohloch* Art. 40 Rn. 25c.
357 Vgl. *BGH* NJW 1996, 984, 985; näher *Behr* ZJS 2010, 292, 295 f; *Hay* in: FS Stoll 2001, 521, 529.
358 MüKo-*Junker* Art. 26 Rom II-VO Rn. 25; näher *Gebauer* ZEuP 2009, 412, 416 ff.

Internationales Deliktsrecht[359]

I. Deliktisch zu qualifizierender Sachverhalt mit Auslandsbezug

II. Rom II-VO oder Art. 40–42 EGBGB anwendbar?
1. Sachlicher Anwendungsbereich der Rom II-VO (Rn. 179)
2. Räumlicher Anwendungsbereich der Rom II-VO (Rn. 182)
3. Zeitlicher Anwendungsbereich der Rom II-VO (Rn. 183)

III. Wenn Rom II-VO anwendbar, dann weiter wie folgt:
1. Vorrangig: subjektive Anknüpfung nach Art. 14 Abs. 1 Rom II-VO
2. Sonst: objektive Anknüpfung
   a) vorrangig: Art. 5–9 Rom II-VO
   b) sonst: Art. 4 Rom II-VO
      aa) vorrangig Art. 4 Abs. 2 Rom II-VO
      bb) sonst: Anknüpfung nach Art. 4 Abs. 1 Rom II-VO (Erfolgsort)
      cc) Ausnahmsweise Korrektur von Abs. 1 oder Abs. 2 nach Art. 4 Abs. 3 Rom II-VO, insbesondere bei bereits bestehendem Rechtsverhältnis
3. Verweisungsart: Sachnormverweisung, Art. 24 Rom II-VO
4. Korrekturen im Einzelfall, insbesondere Art. 26 Rom II-VO

IV. Wenn Rom II-VO nicht anwendbar (Persönlichkeitsverletzungen, Altfälle), weiter nach Art. 40 ff.:
1. Vorrangig: subjektive Anknüpfung nach Art. 42 (Sachnormverweisung, Art. 4 Abs. 2)
2. Sonst: objektive Anknüpfung nach Art. 40:
   a) vorrangig: Art. 40 Abs. 2
   b) sonst: Art. 40 Abs. 1
      aa) Anwendung des Tatortrechts bei Platzdelikten
      bb) Bei Distanz- und Streudelikten Rückgriff auf:
         (1) Erfolgsortrecht nach Art. 40 Abs. 1 S. 2 bei Option des Verletzten innerhalb der zeitlichen Grenze des Art. 40 Abs. 1 S. 3
            ⓘ Erfolgsort bei Persönlichkeitsverletzungen   Rn. 206
         (2) sonst: Recht am Handlungsort nach Art. 40 Abs. 1 S. 1
   c) ausnahmsweise Korrektur nach Art. 41
   d) Verweisungsart: Gesamtverweisung, Art. 4 Abs. 1 S. 1
   e) Korrekturen im Einzelfall, insbesondere nach Art. 40 Abs. 3 und Art. 6

---

359 Ein sehr ausführlich-detailliertes Prüfungsschema findet sich bei *Lehmann/Duczek* JuS 2012, 788, 794 f.

III. Übungsfall Nr. 4[360]

„Crash auf der N 7 National Road"   210

Die in Deutschland ansässigen Freundinnen A
und B, die sich 2009 beim Medizinstudium kennen gelernt haben, haben gemeinsam den Ent-
schluss gefasst, drei Monate des damals für die
Ausbildung zur Ärztin erforderlichen praktischen
Jahres an einer Klinik in Südafrika zu verbringen.
Sie bereiten die Reise gemeinsam vor. Nach
ihrer Ankunft in Kapstadt mieten sie am
2.1.2011 auf den Namen der B einen Pkw. A
und B haben in deutscher Sprache vereinbart,
dass ihnen das Fahrzeug für die Dauer des Aufenthalts in Südafrika gemeinsam zur Verfügung
stehen soll, sie die hieraus resultierenden Kosten

gemeinsam tragen und sie sich beim Fahren abwechseln. Beide sind mit der in Südafrika geltenden gesetzlichen Regelung zum Schutz von Verkehrsteilnehmern bei Personen- und Sachschäden
nicht vertraut und gehen irrtümlich davon aus, dass bei einem Unfall eine dem Rechtszustand in
Deutschland vergleichbare Absicherung bestünde. Das von dem Mietwagenunternehmen unter-
breitete Angebot auf Abschluss einer privaten Unfallversicherung lehnen sie daher ab.

Am 9.1.2011 unternehmen A und B einen Wochenendausflug. An diesem Tag fährt die B den
Mietwagen. Sie biegt unter Missachtung des in Südafrika geltenden Linksfahrgebots von einem
Feldweg auf die N 7 National Road ein und kollidiert frontal mit einem ordnungsgemäß auf der
linken Fahrbahn fahrenden Fahrzeug. Die Beifahrerin A wird bei dem Unfall erheblich verletzt und
begehrt nun von B Ersatz ihres unfallbedingten materiellen Schadens in Höhe von 2000 € und die
Zahlung eines Schmerzensgeldes. Sie ist der Auffassung, die Haftung der B sei nicht auf Vorsatz
und grobe Fahrlässigkeit beschränkt. Stehen der A aus Sicht zuständiger deutscher Gerichte deliktische Ansprüche gegen B zu?

Bearbeitervermerk: Es ist davon auszugehen, dass A und B aufgrund eines Gesellschaftsvertrags,
für den deutsches Recht gilt, eine Innengesellschaft bilden.

Lösung   211

Als deliktischer Anspruch auf Schadensersatz
und Schmerzensgeld kommt zunächst ein
Anspruch aus § 823 Abs. 1 i.V.m. §§ 249 Abs. 2,
253 BGB in Betracht.

I. Anwendbares Recht

Wegen des Auslandsbezugs zu Südafrika ist
zunächst fraglich, ob deutsches Recht überhaupt anwendbar ist. Mangels deutscher Ratifizierung richtet sich diese Frage nicht nach
dem Haager Straßenverkehrsunfall-Überein-

kommen. Sie bestimmt sich vielmehr nach der
Rom II-VO, sofern deren Anwendungsbereich
eröffnet ist.

1. Anwendbarkeit der Rom II-VO

Der **sachliche Anwendungsbereich** ist gem.
Art. 1 Abs. 1 S. 1 Rom II-VO eröffnet, da ein
außervertragliches Schuldverhältnis in Zivilsachen in Rede steht und kein Ausschlussgrund
i.S.d. Art. 1 Abs. 2 Rom II-VO ersichtlich ist.

An der **räumlichen Anwendbarkeit** könnten
insofern Zweifel bestehen, als Südafrika im
Unterschied zu Deutschland kein Vertragsstaat
der Rom II-VO ist. Indessen bedarf es für die

---

360 In Anlehnung an den „examensverdächtigen"
Fall *BGH* NJW 2009, 1482.

räumliche Anwendbarkeit nach Art. 1 Abs. 1 Rom II-VO gerade keiner Verbindung zu einem Mitgliedstaat; als *loi uniforme* lässt die Rom II-VO den Bezug zu irgendeinem Staat genügen.

Das schadensbegründende Ereignis ist nach dem 11.1.2009 eingetreten. Folglich ist die Verordnung gem. Art. 31, 32 Rom II-VO auch **zeitlich anwendbar**.

2. Anknüpfung nach der Rom II-VO

a) Subjektive Anknüpfung

Eine vorrangige Rechtswahl i.S.d. Art. 14 Abs. 1 Rom II-VO haben A und B jedenfalls nicht ausdrücklich getroffen. Eine **konkludente Rechtswahl** könnte jedoch darin zu sehen sein, dass A und B ihre Abrede über die gemeinsame Nutzung des Pkw in deutscher Sprache trafen, die sich als Fortsetzung der bereits in Deutschland begonnenen Planung und Organisation des gemeinsamen Aufenthalts in Südafrika darstellt.[361] Ob diese Umstände für die Annahme einer konkludenten Rechtswahl genügen,[362] kann hier **dahinstehen**, da diese Absprache entgegen Art. 14 Abs. 1 lit. a Rom II-VO vor Eintritt des schadensbegründenden Ereignisses getroffen wurde und auch keiner kommerziellen Tätigkeit i.S.d. Art. 14 Abs. 1 lit. b Rom II-VO zuzurechnen ist. Daher fehlt es an einer zulässigen Rechtswahl.

b) Objektive Anknüpfung

Für die objektive Anknüpfung greifen die Sonderregeln in Art. 5-9 Rom II-VO nicht ein, sodass die allgemeine Kollisionsnorm für unerlaubte Handlungen in Art. 4 Rom II-VO anzuwenden ist.

Vorrangig gegenüber Art. 4 Abs. 1 ist **Art. 4 Abs. 2 Rom II-VO** zu prüfen, der für den Fall eines gemeinsamen gewöhnlichen Aufenthalts von Schädiger und Geschädigtem das Recht dieses Staates zur Anwendung bringt.

A und B hatten vor ihrer Reise nach Südafrika ihren gemeinsamen gewöhnlichen Aufenthalt in Deutschland. **Fraglich** ist, ob der

Aufenthalt in Südafrika zu einer **Änderung des gewöhnlichen Aufenthalts** führte. Die Aufenthaltsdauer von drei Monaten lässt als objektives Merkmal zunächst nicht darauf schließen.[363] Im Gegenzug ist auf subjektiver Seite zu berücksichtigen, dass A und B von Anfang an geplant hatten, nach ihrem der Ausbildung dienenden Auslandsaufenthalt nach Deutschland zurückzukehren. Aufgrund dieses **Rückkehrwillens** der Beteiligten bestand der gemeinsame gewöhnliche Aufenthalt in Deutschland fort.

Folglich verweist hier Art. 4 Abs. 2 Rom II-VO auf deutsches Recht. Anlass für eine ausweichende Anknüpfung nach Art. 4 Abs. 3 Rom II-VO besteht nicht. Die Verweisung ist nach Art. 24 Rom II-VO Sachnormverweisung, sodass **deutsches Deliktsrecht zur Anwendung kommt**.

Abweichend hiervon richten sich die Verkehrsregelungen nicht nach § 2 Abs. 1 StVO (deutsches Rechtsfahrgebot), da die Sicherheits- und Verhaltensregeln nach **Art. 17 Rom II-VO** gesondert anzuknüpfen sind. Sie unterliegen dem Ort des haftungsbegründenden Ereignisses. Art. 17 Rom II-VO verweist insoweit auf südafrikanisches Recht mit seinem **Linksfahrgebot**.

II. Anwendung deutschen Deliktsrechts

Durch den Verstoß gegen das Linksfahrgebot hat B die A kausal an Körper und Gesundheit rechtswidrig verletzt i.S.d. § 823 Abs. 1 BGB. B müsste nach § 823 Abs. 1 BGB auch schuldhaft gehandelt haben. Dafür genügt grundsätzlich fahrlässiges Handeln, was in der Verletzung des Linksfahrgebots durch B zu sehen ist. **Fraglich** ist jedoch, ob der **Haftungsmaßstab** mit Blick auf die gemeinsame Unternehmung und Anmietung des Kfz nicht abgemildert werden muss.

Die Haftung könnte sich zunächst nach **§ 708 BGB** auf die eigenübliche Sorgfalt beschränken, da A und B eine Innengesellschaft bildeten. Indes gilt diese Haftungsbeschränkung

---

361 Haben Sie diesen etwas versteckten Ansatzpunkt (vgl. insoweit Rn. 184) für eine Rechtswahl gesehen?

362 So ohne Weiteres angenommen von *BGH* NJW 2009, 1482 zu Art. 27 Abs. 1 S. 2 EGBGB a.F.

363 Vgl. dazu Rn. 37: wird ab sechs Monaten Aufenthaltsdauer vermutet.

nach Sinn und Zweck **nicht für die Teilnahme am Straßenverkehr**.[364]

Es könnte sich aber ein Haftungsverzicht nach § 242 BGB aus ergänzender Auslegung des zwischen A und B bestehenden Gesellschaftsvertrags ergeben, für den laut Bearbeitervermerk ebenfalls deutsches Recht gilt. Dazu müssten die strengen **Voraussetzungen eines Haftungsverzichts**[365] erfüllt sein:

Erstens: B besaß keinen bzw. einen nur völlig **unzureichenden Versicherungsschutz**, da in Südafrika keine Haftpflichtversicherung besteht, wovon A und B jedoch irrtümlich ausgingen.

Zweitens: Ohne die Haftungsbeschränkung wäre B einem **unzumutbaren Haftungsrisiko** ausgesetzt.

Drittens müsste eine **Gesamtbetrachtung** den Haftungsverzicht als besonders naheliegend erscheinen lassen. Vorliegend kannten sich die Parteien seit längerer Zeit, hatten den dreimonatigen Aufenthalt in Südafrika gemeinsam geplant und waren durch die – als Innengesellschaft bürgerlichen Rechts zu qualifizie-

rende – Absprache miteinander verbunden, das gemietete Fahrzeug gemeinsam zu nutzen, die Kosten gemeinsam zu tragen und sich beim Fahren abzuwechseln. Darüber hinaus hätten beide Parteien in austauschbarer Weise aus einem Unfall als Anspruchsteller oder Anspruchsgegner hervorgehen können. A und B bildeten eine Gefahrengemeinschaft, die besonders durch den für A und B unvertrauten Linksverkehr erhöhten Risiken ausgesetzt war. Bei dieser Sachlage ist ein **wechselbezüglicher Haftungsverzicht für einfache Fahrlässigkeit anzunehmen**.[366] Da keine ausreichenden Hinweise für die Annahme einer groben Fahrlässigkeit bestehen,[367] hat **B die Verletzung** der A somit **nicht zu vertreten**.

Folglich hat A gegen B aufgrund des Haftungsverzichts keinen Anspruch aus § 823 Abs. 1 i.V.m. §§ 249 Abs. 2, 253 BGB.

Aus dem gleichen Grund scheiden deliktische Ansprüche aus § 823 Abs. 2 i.V.m. 229 StGB und den §§ 7, 18 StVG aus.[368]

364　„Prüfungsklassiker" und ständige Rechtsprechung seit *BGHZ* 46, 313; auch bei gemeinsamem Freizeitsport (hier: Wasserski) der Ehegatten scheidet die Haftungsprivilegierung aus, siehe NJW 2009, 1875 f.

365　Ausführlich zu diesen drei Voraussetzungen *BGH* NJW 2009, 1482, 1483 f.

366　*BGH* NJW 2009, 1482, 1484.

367　Auch dazu näher *BGH* NJW 2009, 1482, 1485.

368　Nach vertraglichen Ansprüchen wegen Verletzung aus dem Gesellschaftsvertrag resultierenden Sorgfaltspflichten (§§ 280, 241 Abs. 2 BGB) war nicht gefragt; sie würden aus dem gleichen Grund scheitern.

Online-Wissens-Check

Seit wann ist die Rom I-VO zeitlich anwendbar? Für welche Fälle gelten auch nach Inkrafttreten der Rom II-VO weiterhin die Art. 38–42 EGBGB?

Überprüfen Sie jetzt online Ihr Wissen zu den in diesem Abschnitt erarbeiteten Themen. Unter **www.juracademy.de/skripte/login** steht Ihnen ein Online-Wissens-Check speziell zu diesem Skript zur Verfügung, den Sie kostenlos nutzen können. Den Zugangscode hierzu finden Sie auf der Codeseite.

F. Internationales Sachenrecht

I. Anwendungsbereich

212   Das Internationale Sachenrecht bestimmt darüber, welche Rechtsordnung bei Sachverhalten mit Auslandsbezug über die Zuordnung von Sachen und Rechten zu natürlichen oder juristischen Personen befindet. Staatsverträge bestehen auf diesem Gebiet nur für wenige (hier vernachlässigbare) Teilbereiche.[369] Auch auf europäischer Ebene ist keine Vereinheitlichung in Sicht. Daher ist das Sachstatut nach den 1999 inkorporierten und zuvor gewohnheitsrechtlich geübten Regeln der Art. 43–46 zu ermitteln.

213   Das Sachstatut erfasst grundsätzlich alle sachenrechtlichen Tatbestände, reicht also von der Entstehung, dem Inhalt und der Änderung von Rechten an einer Sache bis hin zu ihrem Über- und Untergang. Daneben entscheidet es darüber, ob überhaupt eine Sache vorliegt und ob ein dingliches Rechtsgeschäft vom Verpflichtungsgeschäft abhängt. Auch Ansprüche und Rechtsverhältnisse aus Eigentum, Besitz und beschränkt dinglichen Rechten werden erfasst.[370] Schließlich werden auch die Voraussetzungen eines gutgläubigen Erwerbs sowie des Abhandenkommens einer Sache und dessen Folgen vom Sachstatut geregelt.[371] Andere Fragen, wie die der Rechts- und Geschäftsfähigkeit (Art. 7) oder der Vertretungsmacht (Rn. 67 ff.), müssen dagegen wiederum eigenständig angeknüpft werden.[372] Die Qualifikation des Sachverhalts erfolgt – wie üblich (vgl. Rn. 30) – nach der *lex fori*.[373]

II. Grundsatzanknüpfung: Lex rei sitae (Art. 43 Abs. 1)

214   Art. 43 Abs. 1 verweist für bewegliche und unbewegliche Sachen auf das **Recht des Belegenheitsortes** (sog. *lex rei sitae*). Dies dient v.a. den Verkehrsinteressen und der leichten Bestimmbarkeit des anwendbaren Rechts. Bei Art. 43 Abs. 1 handelt es sich – wie bei den anderen gesetzlichen Verweisungen im Sachenrecht mit Ausnahme von Art. 45 Abs. 2 S. 1 und Art. 46 – um eine Gesamtverweisung.[374] Da die meisten ausländischen Rechtsordnungen ebenfalls dem *lex-rei-sitae*-Grundsatz folgen, wird die Verweisung vom fremden IPR in aller Regel angenommen.[375]

> **Beispiel**   2011 verkauft D aus Deutschland an E aus England ein Grundstück in Bern. Für den Eigentumsübergang des Grundstücks verweist Art. 43 Abs. 1 auf schweizerisches IPR, das die Verweisung (nach Art. 99 Abs. 1 des schweizerischen IPRG) annimmt. ∎

---

369 Aufgeführt bei *Hoffmann/Thorn* § 12 Rn. 4 sowie *Kegel/Schurig* § 19 VII S. 768 ff.

370 Zum Ganzen *Rauscher* § 11 Rn. 1478; *Hohloch/Jaeger* JuS 2000, 1133, 1136 f.; *Kegel/Schurig* § 19 II S. 767 f.

371 Dazu etwa *BGH* NJW 1987, 3077 = JuS 1988, 157 m. Anm. *Hohloch* (lesenswerter „Klassiker").

372 Näher *Erman-Hohloch* Art. 43 Rn. 16; *PWW-Brinkmann* Art. 43 Rn. 16; *Looschelders* Art. 43 Rn. 37.

373 Zur zum Teil schwierigen Abgrenzung zu anderen Statuten, v.a. zum Schuld- und Erbstatut, *Rauscher* § 11 Rn. 1485 ff.; zum Vorrang des Erbschaftsstatuts bei Gesamtrechtsnachfolge auch *Hoffmann/Thorn* § 12 Rn. 26.

374 *Rauscher* § 11 Rn. 1475; *PWW-Brinkmann* Art. 43 Rn. 5.

375 *Kreuzer* RabelsZ 65, 2001, 383, 442 f.; *Looschelders* Art. 43 Rn. 13; *Pfeiffer* IPRax 2000, 270, 271.

III. Statutenwechsel

Maßgeblicher Anknüpfungszeitpunkt im Internationalen Sachenrecht ist derjenige, in dem **215**
die jeweilige Rechtsfolge (z.B. Entstehung, Übertragung oder Untergang des dinglichen
Rechts) eintritt.[376] Die Anknüpfung an den jeweiligen Betrachtungszeitpunkt hat zur Folge,
dass jedes Verbringen der beweglichen Sache in ein anderes Land zu einem Statutenwechsel
führt. Ab dem Grenzübertritt bestimmt also das Recht am neuen Lageort über die dingliche
Situation der Sache.

Für die im Internationalen Sachenrecht besonders häufig vorkommenden Statutenwechsel,[377]
ist danach zu unterscheiden, ob der jeweilige sachenrechtliche Tatbestand bereits vor Grenzübertritt vollständig abgeschlossen ist oder nicht.

1. Abgeschlossener Tatbestand/schlichter Statutenwechsel (Art. 43 Abs. 2)

Sofern alle Tatbestandvoraussetzungen bereits vor dem Grenzübergang erfüllt wurden, liegt **216**
ein sog. schlichter Statutenwechsel vor. Für diese Fälle ordnet Art. 43 Abs. 2 implizit an, dass
die nach dem alten Belegenheitsrecht wirksam begründeten Sachenrechte von der Rechtsordnung des neuen Lageortes anzuerkennen sind. Sie bestehen als sog. „**wohlerworbenen
Rechte**" auch im neuen Sachstatut fort.

> **Beispiel**　Wenn die Ersitzungsfrist nach dem alten Sachstatut bereits abgelaufen ist, so ist
> die Ersitzung auch im neuen Belegenheitsrecht anzuerkennen, selbst wenn das Recht
> dieses Staates eine längere, noch nicht abgelaufene Ersitzungsfrist vorsieht. ◼

Ausdrücklich bestimmt Art. 43 Abs. 2, dass die nach dem früheren Statut erworbenen Rechte **217**
nicht im Widerspruch zur neuen Rechtsordnung ausgeübt werden können. Hierdurch wird
der *numerus clausus* der Sachenrechte geschützt.

Bei weltweit anerkannten Rechtsinstituten wie dem Volleigentum, treten Widersprüche zwischen alter und neuer Rechtsordnung kaum auf. Anders liegt es v.a. bei dinglichen Siche-
rungsrechten, die in den verschiedenen Rechtsordnungen oft sehr unterschiedlich ausgestaltet sind.[378] Sie müssen nach h.M.[379] in einen vergleichbaren inländischen Sachenrechtstyp
übergeleitet werden (sog. **Transpositionslehre**).[380]

> **Beispiele**　Eine Autohypothek nach italienischem Recht oder ein französisches Register-
> pfandrecht an Kraftfahrzeugen – beide dem deutschem Recht in dieser Form unbekannte
> Institute –, können hierzulande als Sicherungseigentum verstanden werden.[381] ◼

Wenn die Rechtsordnung des neuen Lageortes ausnahmsweise kein solches Funktionsäqui- **218**
valent kennt, wird das nach altem Sachstatut begründete Recht vom neuen Sachstatut nicht

---

376　Ba/Ro-*Spickhoff* Art. 43 Rn. 6; MüKo-*Wendehorst* Art. 43 Rn. 111.
377　Siehe *Sendmeyer* JURA 2011, 588, 591.
378　*Looschelders* Art. 43 Rn. 49.
379　Die Gegenansicht (sog. Hinnahmetheorie) erkennt das fremde Rechtsinstitut auch im Inland an, sofern
　　es nicht gänzlich im Widerspruch zur inländischen Rechtsordnung steht. Dadurch gerät die Hinnahme-
　　theorie jedoch leicht in Konflikt zum *numerus clausus* der Sachenrechte. Fallbezogen zu beiden Ansich-
　　ten *Baier/Krebs* JuS 2014, 45, 49 m.w.N.
380　*Rauscher* § 11 Rn. 1521; *Baier/Krebs* JuS 2014, 45, 49 m.w.N.
381　*BGH* NJW 1991, 1415 = JuS 1991, 779 und *BGH* NJW 1963, 1200.

anerkannt. Das Recht erlischt dann aber nicht, sondern ruht bloß, kann also durch erneuten Statutenwechsel „wiederaufleben".[382]

Beispiel Wenn der Autohändler A dem B in Deutschland ein Auto sicherungsübereignet und der B damit in den Urlaub nach Österreich fährt, so geht der A mit dem Grenzübertritt seines Sicherungseigentums (vorübergehend) verlustig, da das österreichische Recht weder das Sicherungseigentum noch ein Äquivalent dazu kennt.[383] Wenn B aber aus dem Urlaub nach Deutschland zurückkehrt, lebt das Sicherungseigentum mit dem Grenzübertritt wieder auf.[384] ■

2. Offener Tatbestand/qualifizierter Statutenwechsel (Art. 43 Abs. 3)

219   Wird der sachenrechtliche Tatbestand nur teilweise im Ausland erfüllt und gelangt die Sache sodann ins Inland, liegt ein sog. qualifizierter Statutenwechsel vor. Für diesen Fall bestimmt die Anrechnungsnorm in Art. 43 Abs. 3, dass die bereits vollzogenen Vorgänge im Ausland wie inländische Vorgänge in Deutschland zu berücksichtigen sind.

Beispiel B hat in Mailand eine Uhr sieben Jahre in gutgläubigem Eigenbesitz. Dann zieht er nach Weimar. Als B fünf Jahre nach dem Umzug mit der Uhr am Arm das Nationaltheater besucht, erkennt der A, dem die goldene Uhr vor langer Zeit gestohlen worden war, „sein" Schmuckstück wieder und verlangt es von B heraus. Der völlig überraschte B beruft sich auf Ersitzung. Zu Recht?

Das ursprünglich gem. Art. 43 Abs. 1 maßgebliche italienische Recht sieht für die Ersitzung im Grundsatz eine Frist von zehn Jahren vor, Art. 1161 Abs. 1 Codice Civile. B hatte die Uhr in Italien nur sieben Jahre im Eigenbesitz, der Erwerbsvorgang war also nach dem bis zum Umzug geltenden italienischen Recht noch nicht abgeschlossen (offener Tatbestand). Der siebenjährige Eigenbesitz wird jedoch in Deutschland gem. Art. 43 Abs. 3 angerechnet. Folglich hat B bereits drei Jahre nach seinem Umzug gem. dem nun von Art. 43 Abs. 1 berufenen § 937 Abs. 1 BGB, der ebenfalls eine zehnjährige Ersitzungsfrist vorsieht, die Uhr ersessen. ■

3. Sonderfall: Internationaler Versendungskauf

220   Praktische Bedeutung hat Art. 43 Abs. 3 v.a. bei sog. Internationalen Verkehrsgeschäften, insb. beim Internationalen Versendungskauf, bei dem der Verkäufer den Kaufgegenstand dem Erwerber zusendet.[385] Das Recht eines bloßen Durchgangsstaates bleibt in diesen Fällen außer Betracht.

Beispiel[386] Ein italienisches Unternehmen verkauft eine Strickmaschine nach Deutschland. Es wird durch Briefwechsel ein Eigentumsvorbehalt vereinbart. Später wird die Maschine über die Schweiz nach Deutschland geliefert.

---

382 Von *Kienle* Rn. 250 als „eine Art Dornröschenschlaf" bezeichnet.

383 *OGH* IPRax 1985, 165; krit. etwa *Rauscher* RIW 1985, 265, 268 f.

384 „Anderenfalls wären Österreich-Urlaube deutscher Pkw-Halter für die deutsche Kreditwirtschaft fatal", so *Rauscher* § 11 Rn. 1525.

385 Aus der neueren Rechtsprechung etwa *BGH* NJW 2009, 3492 (lesenswert).

386 Stark verkürzt und leicht abgewandelt nach dem berühmten „Strickmaschinen-Fall", *BGH* NJW 1966, 879; näher dazu *Rauscher* § 11 Rn. 1508 f.; *Kegel* JuS 1968, 162 ff.; *Junker* RIW 2000, 241, 254 f.

Der Eigentumsvorbehalt nach italienischem Recht wirkt gem. Art. 1523, 1524 Abs. 1 Codice Civile mangels notarieller Beglaubigung nur zwischen den Parteien, nicht aber gegenüber Dritten. Dieser zunächst relativ wirkende Eigentumsvorbehalt entfaltet beim Eintreffen in dem Bestimmungsstaat Deutschland absolute Wirkung, weil die tatbestandlichen Voraussetzungen für einen nach deutschem Recht formlos begründbaren, absolut wirkenden Eigentumsvorbehalt (unter Einbeziehung der Geschehnisse in Italien) erfüllt sind (Transposition). Das Recht des Durchgangslandes Schweiz bleibt unberücksichtigt. ▪

IV. Ausnahmen von der Situs-Regel (Art. 44–46)

1. Grundstücksimmissionen (Art. 44)

Eine Ausnahme vom Grundsatz der *lex rei sitae* macht Art. 44. Die Vorschrift verweist für **221** Ansprüche aufgrund von Grundstücksimmissionen (im deutschen Recht insb. solche nach §§ 862, 1004 und 906 BGB) auf die Rom II-VO, um einen Gleichlauf zum Deliktsstatut herzustellen. Vorrangig ist demnach eine Rechtswahl i.S.d. Art. 14 Rom II-VO. Fehlt eine solche, so bestimmen sich die Ansprüche aufgrund von Grundstücksimmissionen nach Art. 7 Rom II-VO, wenn es um Umweltschädigungen[387] geht, im Übrigen nach Art. 4 Rom II-VO.

Beispiel　Landwirt A bewässert seinen Acker in Breisach (Deutschland) mit Wasser aus dem Rhein. 2015 sieht A seine Ernte gefährdet, weil er annimmt, dass radioaktive Strahlung des alten AKW Fessenheim (Frankreich) die Wasserqualität beeinträchtigt. Beseitigungs-, Unterlassungs- bzw. Ausgleichsansprüche würden sich gem. Art. 7 Rom II-VO nach deutschem Recht richten, wenn A nicht die Anwendung französischen Handlungsrechts nach dem ihm durch Art. 7 Rom II-VO eingeräumten Optionsrecht verlangt. ▪

2. Transportmittel (Art. 45)

Eine weitere Ausnahme von der Situs-Regel gilt gem. Art. 45 Abs. 1 für dingliche Rechte an **222** Luft-, Wasser- und Schienenfahrzeugen. Für sie gilt das Recht des Herkunftsstaates. Das Recht des Herkunftsstaates ist aufgrund der Registereintragung bzw. Zulassung der Fahrzeuge meist leicht zu bestimmen und trägt dem Umstand Rechnung, dass diese Transportmittel schnell und häufig ihre Lage ändern, weshalb die Anknüpfung an den Belegenheitsort eher zufällig wäre.[388]

Da die ebengenannten Erwägungen auch für dingliche Rechte an Kraftfahrzeugen gelten, **223** die dem Personen- und Güterverkehr dienen (z.B. Reisebusse, Lkw), wird in der Literatur für diese Fahrzeuge eine analoge Anwendung von Art. 45 Abs. 1 S. 2 Nr. 3 vorgeschlagen.[389]

Eine analoge Anwendung würde indessen dem Willen des Gesetzgebers widersprechen, der Kraftfahrzeuge dieser Art bewusst nicht in Art. 45 aufgenommen hat. Die h.M. unterstellt Sachenrechte an jenen Fahrzeugen daher zu Recht Art. 43 Abs. 1.[390]

387　Zum Begriff Palandt-*Thorn* Art. 7 Rom II-VO Rn. 2: „Erfasst werden neben unmittelbaren Schäden an Umweltgütern wie Wasser, Boden oder Luft (vgl. Erwägungsgrund 24) auch hierdurch vermittelte Personen- oder Sachschäden."

388　Vgl. *Hohloch* JuS 2000, 1133, 1137; *Looschelders* Art. 45 Rn. 1; *Stoll* IPRax 2000, 259, 266.

389　So etwa Ba/Ro-*Spickhoff* Art. 45 Rn. 7.

390　Vgl. Palandt-*Thorn* Art. 45 Rn. 1; PWW-*Brinkmann* Art. 45 Rn. 3; *Looschelders* Art. 45 Rn. 12 m.w.N.

3. Ausweichklausel (Art. 46)

224 Schließlich ist eine Abweichung von der Situs-Regel sowie von Art. 44, 45 nach der Ausweichklausel des Art. 46 möglich; allerdings nur in Ausnahmefällen, in denen Verkehrsinteressen am Lageort zurücktreten oder gar nicht betroffen sind. Es lassen sich insofern folgende Fallgruppen bilden:

- Bei Verfügungen unter Reisenden mit gemeinsamem gewöhnlichem Aufenthalt ist Art. 46 anwendbar.[391]

- Gleiches gilt bei Eigentumsübertragung einer gestohlenen Sache vom Versicherungsnehmer auf den Versicherer: Unabhängig vom Lageort gilt das Recht des Staates, in dem das Kfz versichert ist.[392]

- In jüngerer Vergangenheit vermied der *BGH* die Anwendung ausländischen Belegenheitsrechts über Art. 46, weil der Ortswechsel ins Ausland bloß einem in erster Instanz bejahten Anspruch aus § 985 BGB folgte.[393]

- Diskutiert, aber überwiegend abgelehnt, wird die Anwendung von Art. 46 bei den bereits angesprochenen (Rn. 220) Internationalen Versendungskäufen.[394]

- Eng damit verwandt ist die Problematik der *res in transitu* (= Sachen auf der Reise), bei der nicht vor, sondern während des Transports über die Ware verfügt wird. Hier knüpft die h.M. über Art. 46 an das Recht des Bestimmungslandes (*lex destinationis*) der Ware an.[395]

- Sofern die Parteien eine Rechtswahl getroffen haben, die im Internationalen Sachenrecht nicht vorgesehen ist und daher von der ganz h.M. mit Recht abgelehnt wird,[396] kann der Parteiwille mittelbar über Art. 46 Berücksichtigung finden, wenn keine Verkehrsinteressen entgegenstehen.[397]

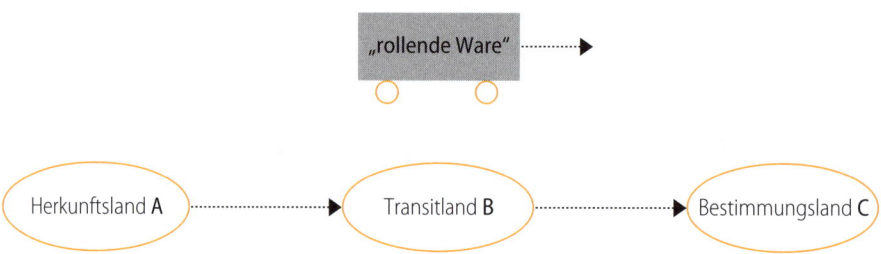

Anknüpfung der „res in transitu" nach Art. 46

„rollende Ware"

Herkunftsland **A** → Transitland **B** → Bestimmungsland **C**

Eigentumserwerb an „rollender Ware" richtet sich während des Transports nach dem Recht des Bestimmungslandes (hier: **C**), auch wenn sich die Ware aktuell in einem Transitland befindet.

---

391 *Looschelders* Art. 46 Rn. 20 m.w.N.; näher *Hoffmann/Thorn* § 12 Rn. 12 m.w.N.

392 *Looschelders* Art. 46 Rn. 21 sowie Palandt-*Thorn* Art. 46 Rn. 3 jeweils m.w.N.

393 *BGH* NJW-RR 2010, 983 = JA 2010, 657 m. Anm. *Wolf*; zur Folgeentscheidung: *BGH* NZG 2012, 1192.

394 Dazu knappe Darstellung mit Beispiel bei *Hoffmann/Thorn* § 12 Rn. 37.

395 *Hoffmann/Thorn* § 12 Rn. 39; *Looschelders* Art. 46 Rn. 18 jeweils m.w.N.; Palandt-*Thorn* Art. 46 Rn. 3.

396 Hierzu *Kieninger* in: FS Martiny 2014, 391 f.; *Kropholler* § 54 II S. 558 f.; *Pfeiffer* IPRax 2000, 270, 273 f.; *Hoffmann/Thorn* § 12 Rn. 10 f. m.w.N.

397 Zur Diskussion *Looschelders* Art. 46 Rn. 8 m.w.N.; *Stoll* IPRax 2000, 259, 264 f.; Erman-*Hohloch* Art. 43 Rn. 6.

V. Übungsfall 5[398]

„Gibt's das?"   **225**

Der Deutsche A hat sein neues Auto bei der deutschen V-Versicherung kaskoversichert. In den wirksam einbezogenen AGB ist folgende Klausel enthalten:

„§ 13 Abs. 7 AKB: Werden entwendete Gegenstände innerhalb eines Monats nach Eingang der Schadensanzeige wieder zur Stelle gebracht, so ist der Versicherungsnehmer verpflichtet, sie zurückzunehmen. Nach Ablauf dieser Frist werden sie Eigentum des Versicherers."

Am 6.6.2009 wird der Pkw von A in Bielefeld gestohlen. „Das gibt's doch nicht", flucht A, und meldet den Schaden seiner Versicherung. Nach zwei Wochen bringt der Dieb D den Wagen nach Polen, wo er ihn an B veräußert. Als B am 3.10.2011 nach Deutschland fahren will, wird das Auto an der Grenze von der deutschen Polizei beschlagnahmt. Die Polizei fragt Sie, wer Eigentümer(in) des Pkw ist?

Es wird auf folgende polnischen Vorschriften hingewiesen:

Art. 24 des Polnischen Gesetzes über das Internationale Privatrecht (PolnIPRG):

§ 1 Das Eigentum und andere dingliche Rechte unterliegen dem Recht des Staates, in dem sich der Gegenstand befindet.

§ 2 Der Erwerb und der Verlust des Eigentums, ebenso wie der Erwerb und der Verlust sowie Änderung des Inhalts oder des Ranges anderer dinglichen Rechte sind nach dem Recht des Staates zu beurteilen, in dem sich der Gegenstand dieser Rechte zu dem Zeitpunkt befunden hat, als sich das Ereignis, an das die genannten Rechtsfolgen geknüpft werden, zugetragen hat.

Art. 169 des Polnischen Zivilgesetzbuchs (PolnZGB):

§ 1 Veräußert ein zur Verfügung über eine bewegliche Sache nicht Berechtigter die Sache und übergibt sie dem Erwerber, so erwirbt der Erwerber das Eigentum im Zeitpunkt der Übernahme des Besitzes an der Sache, es sei denn, er handelt bösgläubig.

§ 2 Wird eine dem Eigentümer verloren gegangene, gestohlene oder in sonstiger Weise abhanden gekommene Sache vor Ablauf von 3 Jahren seit dem Zeitpunkt des Verlustes, des Diebstahls oder des Abhandenkommens veräußert, so kann der Erwerber erst mit dem Ablauf der oben genannten dreijährigen Frist Eigentum erwerben.

Lösung   **226**

Ursprünglich war A Eigentümer des Wagens. Er könnte durch Abtretung seines Herausgabeanspruchs nach Art. 13 Abs. 7 AKB das Eigentum an dem Wagen gem. § 931 BGB an V verloren haben. Dazu müsste § 931 BGB mit Blick auf die Auslandsberührung des Sachverhalts aber überhaupt anwendbar sein.

I. Anwendbares Recht

Für sachenrechtliche Erwerbsvorgänge, wie sie hier in Rede stehen, beruft die **Grundsatznorm des Art. 43 Abs. 1** die *lex rei sitae*. Maß-

geblicher Zeitpunkt für die Gesamtverweisung ist der Zeitpunkt des Erwerbsvorgangs.

Die Abtretung des Herausgabeanspruchs könnte vorliegend gem. Art. 13 Abs. 7 AKB einen Monat nach der Verlustanzeige erfolgt sein. Zu jenem Zeitpunkt befand sich der Wagen bereits in Polen, sodass Art. 43 Abs. 1 als Gesamtverweisung auf polnisches Recht verweisen würde.

Indessen könnte nach **Art. 46** eine **wesentlich engere Verbindung zum deutschen Recht** bestehen. Die Lage des gestohlenen Kfz ist im Hinblick auf die Übereignung zwischen A und V zufällig. Umgekehrt besteht zum Recht des Staates, in dem das Kfz versichert ist, eine

398 Abgewandelt nach *OLG Brandenburg* NJW-RR 2001, 597 = JuS 2001, 609 m. Anm. *Hohloch*.

wesentlich engere Verbindung. Da auch Verkehrsinteressen Dritter durch die Übereignung von A an V nicht betroffen sind, findet Art. 46 mit der Folge Anwendung, dass auf deutsches Sachrecht verwiesen wird und § 931 BGB somit anwendbar ist.[399]

II. Anwendung deutschen Sachrechts

Durch § 13 Abs. 7 AKB wurde der Herausgabeanspruch des damaligen Eigentümers A in antizipierter Form abgetreten, sofern die entwendete Sache auch einen Monat nach der Schadensanzeige nicht wieder auftaucht. Das war hier der Fall. Folglich wurde V gem. § 931 BGB Eigentümerin des Pkw.

III. Gutgläubiger Erwerb durch B?

V könnte das Eigentum jedoch an B verloren haben, wenn B das Eigentum von D gutgläubig erworben hat. Fraglich ist, welches Recht auf diesen Erwerbsvorgang Anwendung findet.

1. Anwendbares Recht

Da der Pkw zu jener Zeit in Polen belegen war, verweist Art. 43 Abs. 1 als Gesamtverwei-

---

399 Vgl. Fallgruppe 2 unter Rn. 224.

sung auf polnisches Recht. Art. 24 § 1 PolnIPRG folgt ebenfalls der *lex rei sitae*, nimmt die Verweisung also an. Wie sich Art. 24 § 2 PolnIPRG entnehmen lässt, änderte der (schlichte) Statutenwechsel zunächst nichts an der Eigentümerstellung der V. Der in Deutschland bereits abgeschlossene Eigentumserwerb der V wird vom polnischen Recht anerkannt.

2. Anwendung polnisches Sachrechts

Nach dem somit anzuwendenden polnischen materiellen Recht könnte B deshalb Eigentum erworben haben, weil dieses in Art. 169 § 2 PolnZGB – im Unterschied zu § 935 BGB – auch den gutgläubigen Erwerb von gestohlenen Sachen zulässt. Dafür müsste B gutgläubig gewesen sein (Art. 169 § 1 PolnZGB) und es müssten mindestens drei Jahre seit dem Diebstahl vergangen sein (Art. 169 § 2 PolnZGB). Jedenfalls Letzteres ist am 3.10.2011 nicht der Fall, da der Wagen erst am 6.6.2009 gestohlen wurde. Folglich scheidet ein Gutglaubenserwerb durch B aus.

Mithin ist **V** die **Eigentümerin** des Pkw.

Online-Wissens-Check

Was meint res in transitu? Wie wird sie angeknüpft?

Überprüfen Sie jetzt online Ihr Wissen zu den in diesem Abschnitt erarbeiteten Themen. Unter **www.juracademy.de/skripte/login** steht Ihnen ein Online-Wissens-Check speziell zu diesem Skript zur Verfügung, den Sie kostenlos nutzen können. Den Zugangscode hierzu finden Sie auf der Codeseite.

4. Teil
Internationales Zivilverfahrensrecht

A. Einführung und Überblick

I. Prüfungsrelevanz und Gegenstand des IZVR

IPR ohne Internationales Zivilverfahrensrecht (IZVR) bleibt blutarm.[1] Daher sollen die folgenden Ausführungen einen Überblick zum IZVR mit Vertiefungshinweisen geben. **227**

Das IZVR ist im Unterschied zum IPR kein Kollisions- sondern Verfahrensrecht, das das Zivilverfahren für Fälle mit Auslandsbezug regelt. Es unterscheidet sich vom Internationalen Zivilprozessrecht (IZPR) dadurch, dass es auch die Internationale Freiwillige Gerichtsbarkeit, das Internationale Insolvenzrecht und die Internationale Schiedsgerichtsbarkeit umfasst. Im Mittelpunkt des IZVR stehen zwei Themen: Die internationale Zuständigkeit (Rn. 233 ff.) und die Anerkennung und Vollstreckung ausländischer Urteile im Inland (Rn. 289 ff.).[2] Daneben behandelt es weitere Aspekte, die mit dem Internationalen Zivilverfahren im Zusammenhang stehen, wie etwa die Zustellung und Beweisaufnahme im Ausland und die Stellung von ausländischen Beteiligten im Zivilverfahren.

JURIQ-Klausurtipp

Zwar bildet die Frage nach dem anwendbaren Recht zumeist den Schwerpunkt einer internationalprivatrechtlichen Klausur. Da der Richter aber stets vorweg prüft, ob er den Rechtsstreit überhaupt zu entscheiden hat („Wer will sich schon unnötig Arbeit aufhalsen?"), wird auch in Klausuren mitunter zunächst auf die Zulässigkeit eines Antrags bzw. einer Klage einzugehen sein. Hier kommt das IZVR ins Spiel. Im Vordergrund steht dann regelmäßig die Frage nach der internationalen Zuständigkeit deutscher Gerichte. Denn nur wenn deutsche Gerichte international zuständig sind, kommt das oben erläuterte IPR überhaupt zur Anwendung.[3] Sind dagegen Gerichte eines anderen Staates international zuständig, so wenden diese ihr eigenes, nationales IPR an.[4]

Gängig in Klausuren ist folgende Fragenabfolge: 1. „Welche Gerichte haben über den Antrag zu entscheiden?", 2. „Welches Recht ist anwendbar?". Es ist also erst die internationale Zuständigkeit nach IZVR, dann das anzuwendende Recht nach IPR zu ermitteln.

Diese Schritte sind auch vorzunehmen, wenn nach Zulässigkeit und Begründetheit eines Antrags gefragt wird, wobei dann für die Begründetheit nach der IPR-Prüfung eine sachrechtliche Prüfung zu erfolgen hat. Auf Zulässigkeitsebene bedarf es bei dieser (selteneren) Aufgabenstellung neben der Prüfung der internationalen Zuständigkeit Ausführungen zu weiteren Prozessvoraussetzungen, wie etwa der Partei-, Prozess- und Postulationsfähigkeit

---

1 In diesem Sinne treffend *Brödermann/Rosengarten* Rn. 63: „[…] Deshalb erfordert die Beherrschung des Internationalen Privatrechts auch Grundkenntnisse des Internationalen Verfahrensrechts […]".

2 *Hoffmann/Thorn* § 3 Rn. 1–2.

3 Siehe dazu bereits Rn. 178; ausführlich zu diesem wichtigem Aspekt *Schack* § 8 Rn. 245 ff.

4 Übersetzungen ausländischer IPR-Gesetze finden sich etwas in *Riering*, IPR-Gesetze in Europa, 1997; ferner *Kropholler/Krüger/Riering/Samtleben/Siehr*, Außereuropäische IPR-Gesetze, 1999.

ausländischer Verfahrensbeteiligter. Da diese Aspekte aber selten im Fokus internationalprivatrechtlicher Klausuren stehen, sei insoweit – insbesondere für Schwerpunktkandidaten – auf weiterführende Literatur[5] verwiesen.

II. Lex-fori-Prinzip

228 Während das IPR von inländischen Gerichten oftmals verlangt, ausländisches materielles Recht anzuwenden, herrscht im IZVR der Grundsatz vor, dass inländische Gerichte immer das inländische Verfahrensrecht, d.h. die *lex fori*, anwenden („*forum regit processum*").[6] Als Gründe dafür gelten:[7]

- Der öffentlich-rechtliche Charakter des Verfahrensrechts,
- die Praktikabilität (das nationale Verfahrensrecht ist den Beteiligten vertraut[er]),
- die Neutralität des Verfahrensrechts.

Beispiel Das *LG Frankfurt* ist für die Entscheidung über einen Zahlungsanspruch aus Werkvertrag international zuständig. Gemäß dem deutschen IPR richtet sich der Anspruch nach italienischem Sachrecht. Welchem Verfahrensrecht unterliegt der Prozess?

Unabhängig von dem anzuwendenden Recht gilt nach dem *lex-fori*-Grundsatz im IZVR immer das nationale Zivilverfahrensrecht. Die international zuständigen deutschen Gerichte wenden daher stets deutsches Zivilprozessrecht an.[8] ■

III. Rechtsquellen

229 Wie das IPR wird auch das IZVR durch vorrangiges EU-Recht (1.), durch völkerrechtliche Staatsverträge (2.) sowie durch autonomes deutsches Recht (3.) geregelt.

1. Europäisches Recht

》 Erinnern Sie sich, wofür die Abkürzungen EuBVO, EuTVO, etc. stehen (siehe Rn. 13)? 《

230 Auf europäischer Ebene wurde in den letzten Jahren eine Vielzahl von Verordnungen zum IZVR erlassen. Zu nennen sind etwa die EuZustellVO, die EuMVVO, die EuBVO, die EuBagatellVO und die EuTVO.[9] Praktisch besonders bedeutsam sind:

- Die Ehesachen betreffende EuEheVO,[10] auch Brüssel IIa-VO genannt, sowie und v.a.
- die mit Wirkung zum 10.1.2015 reformierte EuGVO,[11] die auch als Brüssel Ia-VO bezeichnet wird.

---

5 *Rauscher* § 13 Rn. 1611 ff.; *Schack* § 6 Rn. 154 ff., § 11 Rn. 579 ff., § 12 Rn. 594 ff.

6 Vgl. *BGH* NJW 1985, 552, 554: „Das für die Verfahrensfragen maßgeblich Recht (ist) die lex fori."

7 S. *Hoffmann/Thorn* § 3 Rn. 7–9; krit. *Kropholler* § 56 IV S. 595 f. sowie *Schack* § 2 Rn. 45–49.

8 Die Verjährung einer Forderung ist nach den Verjährungsgesetzen des US-Staates Tennessee eine prozessuale Frage, nach deutschem Recht ist das Institut der Verjährung hingegen dem materiellen Recht zugehörig (siehe hierzu den „Klassiker" RGZ 7, 21, 22 – sog. „Tennessee-Wechsel"-Fall). Daher bestimmt ein deutsches Gericht die Verjährung nicht automatisch nach seinem eigenen (Prozess-)Recht, sondern ermittelt das auf die Verjährung anwendbare Recht nach international-privatrechtlichen Grundsätzen.

9 Dazu bereits Rn. 13.

10 Verordnung (EG) Nr. 2201/2003 des Rates über die Zuständigkeit und die Anerkennung und Vollstreckung von Entscheidungen in Ehesachen und in Verfahren betreffend die elterliche Verantwortung v. 27.11.2003 [*J/H* Nr. 162; *A/S* Nr. A5]; dazu Rn. 276 ff.

11 Verordnung (EU) Nr. 1215/2012 des Europäischen Parlaments und des Rates über die gerichtliche Zuständigkeit und die Anerkennung und Vollstreckung von Entscheidungen in Zivil- und Handelssachen v. 12.12.2012 [*J/H* Nr. 160b]; dazu Rn. 235 ff.

> ### Hinweis
>
> Die ursprüngliche EuGVO[12] (im Folgenden „EuGVO a.F." genannt), die auch als Brüssel I-VO bezeichnet wird, trat am 1.3.2002 in Kraft (siehe Art. 76 EuGVO a.F.). Ihr Vorläufer ist das 1973 in Kraft getretene EuGVÜ,[13] das am 1.3.2002 durch die EuGVO a.F. ersetzt wurde. Die EuGVO a.F. wurde durch die neue EuGVO am **10.1.2015** abgelöst (siehe Art. 80 Satz 1 EuGVO). Durch die neue EuGVO hat sich die Nummerierung zahlreicher Artikel gegenüber der EuGVO a.F. verändert. Die inhaltlichen Änderungen sind hingegen überschaubar; auf sie wird an der jeweiligen Stelle separat hingewiesen, soweit sie von Interesse sind.
>
> Den folgenden Ausführungen zur EuGVO wird die aktuelle Fassung der EuGVO zugrunde gelegt. Soweit die neue Nummerierung der Artikel von der bisherigen abweicht, wird zumeist – der besseren Lesbarkeit halber nicht ständig – in Klammern die Parallelvorschrift der EuGVO a.F. angegeben (z.B. Art. 27 EuGVO = Art. 25 EuGVO a.F.).[14] Wenn die Vorgängervorschrift inhaltlich nicht ganz identisch ist mit der neuen Vorschrift, wird das etwa wie folgt deutlich gemacht: Art. 24 EuGVO ≈ Art. 22 EuGVO a.F.
>
> Sofern die jeweilige Vorschrift neu ist und damit kein Vorbild in der EuGVO a.F. besitzt, wird darauf ausdrücklich hingewiesen.

2. Völkerrechtliche Staatsverträge

Bedeutsam im völkerrechtlichen IZVR sind v.a. das KSÜ (bis 1.1.2011: MSA), das neben Kollisionsrecht auch Verfahrensrecht enthält, und das Luganer Übereinkommen (LugÜ),[15] das ein im Verhältnis zur Schweiz, Norwegen und Island geltendes Parallelabkommen[16] zur EuGVO darstellt.[17] **231**

3. Nationales Recht

Die Quellen des IZVR im autonomen deutschen Recht sind quer über verschiedene Gesetze verteilt. Wichtig sind v.a. die ZPO (§§ 12 ff. zur Zuständigkeit, § 55 zur Prozessfähigkeit, § 328 und 722 f. zu Urteilsanerkennung und Vollstreckung) und das FamFG[18] (§§ 97 ff.).[19] **232**

---

12 Verordnung (EG) Nr. 44/2001 des Rates über die gerichtliche Zuständigkeit und die Anerkennung und Vollstreckung von Zivil- und Handelssachen v. 22.12.2000 [*J/H* Nr. 160; *A/S* Nr. A3].

13 Brüsseler EWG-Übereinkommen über die gerichtliche Zuständigkeit und die Vollstreckung gerichtlicher Entscheidungen in Zivil- und Handelssachen v. 27.9.1968.

14 Eine vollständige Synopse, die zugleich übersichtlich auf inhaltliche Änderungen hinweist, findet sich bei *Schack* § 3 Rn. 115.

15 Luganer Übereinkommen über die gerichtliche Zuständigkeit und die Anerkennung und Vollstreckung von Entscheidungen in Zivil- und Handelssachen v. 30.10.2007 [*J/H* Nr. 152; *A/S* Nr. B8].

16 Durch die Neufassung der EuGVO ist die Parallelität zum LugÜ derzeit partiell aufgehoben; es ist jedoch damit zu rechnen, dass in absehbarer Zeit eine Angleichung des LugÜ an die neue EuGVO nachfolgt, wodurch die Parallelität wiederhergestellt werden wird, vgl. *Pohl* IPRax 2013, 109, 114; *Staudinger/Steinrötter* JuS 2015, 1.

17 Näher zu den in der Praxis bedeutsamsten Übereinkommen *Rauscher* § 12 Rn. 1569 ff.

18 Gesetz über das Verfahren in Familiensachen und in den Angelegenheiten der freiwilligen Gerichtsbarkeit v. 17.12.2008.

19 Näher hierzu *Rauscher* § 12 Rn. 1605 ff.

B. Internationale Zuständigkeit

I. Begriff und Bedeutung

233 Die internationale Zuständigkeit bestimmt, welchen Staates Gerichte über einen Sachverhalt mit Auslandsbezug zu entscheiden haben. Sie ist eine eigene Kategorie, die neben die sachliche, funktionelle und örtliche Zuständigkeit tritt.[20] Im Unterschied zur örtlichen Zuständigkeit, die das Gericht eines bestimmten Bezirks innerhalb desselben Staates festlegt, regelt die internationale Zuständigkeit, „ob eine Streitsache mit Auslandsbeziehungen von deutschen oder von ausländischen Gerichten entschieden (wird)".[21]

234 Die internationale Zuständigkeit wird als Sachurteilsvoraussetzung in jeder Lage des Verfahrens von Amts wegen geprüft. Entscheidender Zeitpunkt für ihr Vorliegen ist die letzte mündliche Verhandlung.[22] Eine einmal begründete internationale Zuständigkeit wird durch eine Änderung der sie begründenden Umstände (z.B. durch Verlegung des Beklagtenwohnsitzes nach Klageerhebung) nicht mehr beseitigt (sog. Grundsatz der *perpetuatio fori*).[23]

Ist das angerufene Gericht international unzuständig, weist es die Klage als unzulässig ab. Eine Verweisung an das zuständige Gericht entsprechend § 281 ZPO kommt nicht in Betracht.

II. Internationale Zuständigkeit in Zivil- und Handelssachen nach EuGVO und ZPO

1. Entstehung der EuGVO und ihr Verhältnis zu anderen Rechtsquellen

235 Die heute wichtigste Rechtsquelle der internationalen Zuständigkeiten in Zivil- und Handelssachen ist die EuGVO. Die Regeln der EuGVO gehen Staatsverträgen und der ZPO, die erst an letzter Stelle zum Zuge kommt, vor. Von der EuEheVO mit ihren verfahrensrechtlichen Vorschriften zu Ehesachen wird der Anwendungsbereich der EuGVO nicht berührt.[24] Auch das nahezu inhaltsgleiche LugÜ[25], das nur im Verhältnis der Mitgliedstaaten zu Island, Norwegen und der Schweiz sowie in diesen Staaten untereinander gilt, lässt die EuGVO unberührt (§ 64 Abs. 1 LugÜ).[26] Das LugÜ findet in jedem Fall Anwendung, wenn der Beklagte seinen Wohnsitz in Island, Norwegen oder der Schweiz hat (Art. 64 Abs. 2 lit. a LugÜ). Da EuGVO und LugÜ Parallelabkommen darstellen, werden sie auch möglichst einheitlich ausgelegt.

---

20 Zu sachlicher und örtlicher Zuständigkeit siehe im Skript „Zivilprozessrecht" Rn. 78 ff.

21 *BGHZ* 44, 46, 47; eingehend zu internationaler und örtlicher Zuständigkeit *Schack* § 8 Rn. 217–220.

22 H.L., vgl. *Schäuble/Kaltenbach* JuS 2012, 131, 134 sowie *Looschelders* JR 2012, 196, 197 m.w.N.; offenlassend *BGH* JR 2012, 192.

23 *BGH* JR 2012, 192 m. Anm. *Looschelders*.

24 Vgl. MüKo-*Siehr* Vor Art. 1 EheVO II Rn. 10.

25 Luganer Übereinkommen über die gerichtliche Zuständigkeit und die Anerkennung und Vollstreckung von Entscheidungen in Zivil- und Handelssachen v. 30.10.2007 [*J/H* Nr. 152; *A/S* Nr. B8].

26 Auch Dänemark ist Mitgliedstaat des LugÜ [*J/H* Nr. 152 Fn. 1]. Dänemark hat sich jedoch zwischenzeitlich zur Anwendung der EuGVO verpflichtet (siehe näher sogleich unter Fn. 32), die dem LugÜ vorgeht.

> **Hinweis**
>
> Achten Sie auf Aktualität, falls Sie sich mit weiterführender Literatur[27] näher mit dem LugÜ befassen, da das LugÜ mit Wirkung zum 1.1.2010 reformiert wurde. Mit dem sogleich zur EuGVO vermittelten Wissen, werden Sie sich aber die meisten Vorschriften aus dem Parallelabkommen des LugÜ ohnehin leicht erschließen können.

2. Anwendungsbereich der EuGVO

Die EuGVO ist auf Zivil- und Handelssachen **sachlich anwendbar**, Art. 1 Abs. 1 S. 1 EuGVO. Die **236** Abgrenzung zum öffentlichen Recht erfolgt – wie bei der Rom I- und Rom II-VO – unionsautonom.[28] Ausgeschlossen vom Anwendungsbereich sind neben Steuer- und Zollsachen sowie verwaltungsrechtlichen Angelegenheiten[29] (Art. 1 Abs. 1 S. 2 EuGVO) die in Art. 1 Abs. 2 EuGVO aufgelisteten Materien. Dazu zählen insbesondere das Erb- und das Ehegüterrecht, für die sich die Zuständigkeiten – mangels sonstiger Staatsverträge – nach nationalem Zivilverfahrensrecht richten (ZPO, FamFG). Anders als früher (vgl. Art. 5 Nr. 2 EuGVO a.F.[30]), werden Unterhaltssachen von der neuen EuGVO nicht mehr erfasst (siehe Art. 1 Abs. 2 lit. e EuGVO). Seit dem 18.6.2011 gilt hierfür die EuUntVO.[31]

Die **räumliche Anwendbarkeit** setzt grundsätzlich voraus, dass der Beklagte mit beliebiger **237** Staatsangehörigkeit seinen Wohnsitz (vgl. Art. 62, 63 EuGVO [≈ Art. 59, 60 EuGVO a.F.]) in einem Mitgliedstaat[32] der EU hat. Ausnahmen ergeben sich insoweit nur für Art. 24–26 EuGVO (≈ Art. 22–24 EuGVO a.F.), die ihren räumlichen Anwendungsbereich selbst festlegen.[33] **Wenn der Beklagte keinen Wohnsitz in der EU hat**, die in Art. 6 Abs. 1 EuGVO (≈ Art. 4 Abs. 1 EuGVO a.F.) genannten Vorschriften (bitte lesen) nicht eingreifen und der Beklagte auch keinen Wohnsitz in Island, Norwegen oder der Schweiz hat (vgl. Art. 64 Abs. 2 lit. a LugÜ), so gelten nach Art. 6 Abs. 1 EuGVO (≈ Art. 4 Abs. 1 EuGVO a.F.) die **nationalen Zuständigkeitsregelungen**, für Deutschland also insb. die §§ 12 ff. ZPO.

---

27 Empfehlenswert etwa *Rauscher* § 12 Rn. 1580 ff.; zur Reform vom 1.1.2010 *R. Wagner/Janzen* IPRax 2010, 298 ff.; zu einem wichtigen aktuellen Fall aus der Rechtsprechung *BGH* JR 2011, 342 m. Anm. *Looschelders*; zu einem Übungsfall mit schulmäßiger Prüfung des Anwendungsbereichs des LugÜ *Kettenberger* JuS 2012, 146 ff.

28 Ausführlich *Kropholler/Hein* Art. 1 EuGVO Rn. 6–10; guter Fall dazu: *EuGH* IPRax 1994, 37 (Rechtssache *Sonntag*).

29 Vgl. hierzu aus jüngerer Zeit *EuGH* NJW 2013, 1661 = EuZW 2013, 503 m. Anm. *Dietze* sowie die Folgeentscheidung *BGH* NJW 2014, 704.

30 Zu dieser Vorschrift aus jüngerer Zeit *BGH* NJW 2013, 2597.

31 Siehe *J/H* Nr. 160 Fn. 19; zur EuUntVO bereits oben unter Rn. 117.

32 Dänemark ist zwar nach Art. 1 Abs. 3 EuGVO a.F. an sich kein Mitgliedstaat i.S.d. bisher geltenden Verordnung. Doch galt die bisher geltende EuGVO aufgrund eines speziellen Anwendungsübereinkommens v. 19.10.2005 seit dem 1.7.2007 auch im Verhältnis zu Dänemark [*J/H* Nr. 160 Fn. 9; *A/S* Nr. B6]. Hinsichtlich der neuen EuGVO gilt im Ergebnis nichts anderes: Dänemark ist zwar selbst kein Mitgliedstaat i.S.d. neuen Verordnung (vgl. Erwägungsgrund 41). Durch ein besonderes Abkommen vom 21.3.2013 hat sich Dänemark jedoch zur Anwendung der neuen EuGVO verpflichtet (siehe ABl. 2013 L 79/4).

33 Dazu näher Rn. 265 ff.

238

> ### Hinweis
>
> Der deutsche Gesetzgeber hat die internationale Zuständigkeit nur an wenigen Stellen ausdrücklich geregelt (z.B. §§ 15, 16, 23, 27 Abs. 2 ZPO sowie für Familiensachen in §§ 98–106 FamFG). In allen übrigen Fällen müssen zur Ermittlung der internationalen Zuständigkeit nach deutschem Recht die Regeln zur örtlichen Zuständigkeit in **§§ 12 ff. ZPO analog** (!) angewendet werden (sog. „**Doppelfunktionalität** der örtlichen Zuständigkeitsvorschriften").[34]

239 **Zeitlich** gilt die neue EuGVO in allen wesentlichen Teilen für Klagen, die ab dem **10.1.2015** erhoben wurden (vgl. Art. 66 Abs. 1, Art. 81 UAbs. 2 EuGVO). Für Klagen aus der Zeit zwischen dem 1.3.2002 und dem 9.1.2015 gilt weiterhin die EuGVO a.F.

3.   Einzelne Gerichtsstände

a)   Allgemeines

240 Wie die ZPO unterscheidet die EuGVO zwischen verschiedenen Arten der Zuständigkeit: Der allgemeinen (Art. 4 EuGVO [= Art. 2 EuGVO a.F.]), der besonderen (Art. 7–9 EuGVO [≈ Art. 5–7 EuGVO a.F.]) und der ausschließlichen (Art. 24 EuGVO [≈ Art. 22 EuGVO a.F.]) Zuständigkeit. Sowohl nach EuGVO wie nach ZPO stehen allgemeine und besondere Zuständigkeiten nebeneinander. Der Kläger kann also zwischen beiden Gerichtsständen frei wählen.[35] Demgegenüber werden die allgemeinen und besonderen Gerichtsstände verdrängt, wenn eine ausschließliche Zuständigkeit besteht. In diesem Fall kann – anders als sonst – auch durch Gerichtsstandsvereinbarung (Art. 25 EuGVO [≈ Art. 23 EuGVO a.F.] / §§ 38, 40 ZPO) oder rügelose Einlassung (Art. 26 EuGVO [≈ Art. 24 EuGVO a.F.] / § 39 ZPO) keine abweichende Zuständigkeit begründet werden.

241 Eine Zwitterstellung zwischen besonderer und ausschließlicher Zuständigkeit nehmen die halb zwingenden Gerichtsstände für Versicherungssachen (Art. 10–16 EuGVO [= Art. 8–14 EuGVO a.F.]), Verbrauchersachen (Art. 17–19 EuGVO [≈ Art. 15–17 EuGVO a.F.]) und individuelle Arbeitsverträge (Art. 20–23 EuGVO [≈ Art. 18–21 EuGVO a.F.]) ein. Diese dem Schutz strukturell unterlegener Parteien dienenden Vorschriften haben abschließenden Charakter.[36] Sie verdrängen die allgemeinen und besonderen Zuständigkeiten mit Ausnahme des Art. 7 Nr. 5 EuGVO (= Art. 5 Nr. 5 EuGVO a.F.). Andererseits sind die Vorschriften insoweit nur halb zwingend, als sie – nach der Rechtsprechung des *EuGH*[37] – eine rügelose Einlassung zulassen sowie unter gewissen Voraussetzungen[38] abweichende Gerichtsstandsvereinbarungen erlauben. Hierdurch unterscheiden sich die halb zwingenden Zuständigkeiten von den ausschließlichen.

---

34 *BGH* RIW 2011, 548, 549 m.w.N.; siehe dazu auch im Skript „Zivilprozessrecht" Rn. 72.

35 *Rauscher* § 15 Rn. 1728; *Coester-Waltjen* JURA 2003, 320, 324 (lesenswert).

36 *Kienle* Rn. 100; *Mankowski* RIW 2010, 667.

37 *EuGH* EuZW 2010, 678 = RIW 2010, 468 (Rechtssache *česká*); krit. *Mankowski* RIW 2010, 667.

38 Siehe Art. 23 Abs. 5 i.V.m. Art. 13, 17 und 21 EuGVO a.F.

b) Allgemeiner Gerichtsstand

Der allgemeine Gerichtsstand besteht nach Art. 4 Abs. 1 EuGVO (= Art. 2 Abs. 1 EuGVO a.F.) **242** am Wohnsitz des Beklagten, dem die Verteidigung dadurch grundsätzlich erleichtert werden soll. Dieser Grundsatz des *actor sequitur forum rei* (lat.: Der Kläger folgt dem Gerichtsstand des Beklagten) ist in allen Mitgliedstaaten verbreitet, im deutschen Recht ist er in §§ 12, 13, 17 ZPO verankert. Danach sind die Gerichte am Wohnsitz des Beklagten international zuständig, es sei denn, es besteht eine verdrängende halb zwingende oder ausschließliche Zuständigkeit. Wo der Wohnsitz einer Person liegt, bestimmt sich für natürliche Personen nach Art. 62 EuGVO (= Art. 59 EuGVO a.F.),[39] für juristische nach Art. 63 EuGVO (= Art. 60 EuGVO a.F.).

Beispiel Die B-Gesellschaft hat ihre Zentrale in Ludwigsburg. Als ihr satzungsmäßiger Sitz ist im Gesellschaftsvertrag Antwerpen angegeben. Die Klägerin K will 2011 eine zivilrechtliche Forderung gegen B geltend machen und fragt Sie, ob dafür ein allgemeiner Gerichtsstand vor belgischen und/oder deutschen Gerichten besteht.

Nach Art. 4 Abs. 1 EuGVO kann der Beklagte, der seinen Wohnsitz in einem Vertragsstaat hat, vor den dortigen Gerichten verklagt werden. Für Gesellschaften und juristische Personen legt Art. 63 Abs. 1 EuGVO (= Art. 60 Abs. 1 EuGVO a.F.) den Wohnsitzbegriff verordnungsautonom fest. Danach gilt als Wohnsitz der G sowohl ihr im Gesellschaftsvertrag festgelegter satzungsmäßiger Sitz (Art. 63 Abs. 1 lit. a EuGVO) in Antwerpen als auch ihr Hauptverwaltungssitz (Art. 63 Abs. 1 lit. b EuGVO) in Deutschland, wo die unternehmerische Leitung der Gesellschaft erfolgt. Demgemäß bestehen allgemeine Gerichtsstände in Belgien und in Deutschland. Zwischen diesen kann K wählen. ■

c) Besondere Gerichtsstände

In Abweichung vom Grundsatz des *actor sequitur forum rei*, begründen die Art. 7 f. EuGVO **243** (≈ Art. 5 f. EuGVO a.F.) besondere Zuständigkeiten, die grundsätzlich eng auszulegen sind und neben den allgemeinen Gerichtsstand treten. Dadurch kann eine Person, die in einem Mitgliedstaat ihren Wohnsitz hat, in einem anderen Mitgliedstaat verklagt werden. Teils bezweckt das die Eröffnung eines sach- und beweisnahen Forums, teils dient es der Privilegierung des Klägers. Während die örtliche Zuständigkeit üblicherweise selbstständig nach den §§ 12 ff. ZPO (direkt) bestimmt wird, haben die Art. 7–9 EuGVO (≈ Art. 5–7 EuGVO a.F.) die Besonderheit, dass sie neben der internationalen Zuständigkeit zugleich die örtliche Zuständigkeit regeln.

> **Hinweis**
>
> Diese Besonderheit zeigt sich im Wortlaut: Während etwa Art. 4 Abs. 1 EuGVO (= Art. 2 Abs. 1 EuGVO a.F.) von den „Gerichten dieses Mitgliedstaates" spricht, ist in Art. 7 f. EuGVO (≈ Art. 5 f. EuGVO a.F.) von dem „Gericht des Ortes" die Rede.

---

39 Für die Bestimmung des Wohnsitzes ist nach Art. 62 Abs. 1 EuGVO (= Art. 59 Abs. 1 EuGVO a.F.) die *lex fori* maßgeblich. Deutsche Gerichte ziehen für die Wohnsitzermittlung somit § 7 BGB heran; siehe hierzu den Übungsfall von *Rentsch* JURA 2014, 833, 834.

aa) Gerichtsstand des Erfüllungsortes

244   Von überragender Bedeutung für Ausbildung und Praxis ist Art. 7 Nr. 1 EuGVO (= Art. 5 Nr. 1 EuGVO a.F.).[40] Die komplizierte Vorschrift schafft eine besondere Zuständigkeit am Erfüllungsort, wenn ein Vertrag oder Ansprüche aus einem Vertrag den Gegenstand des Verfahrens bilden (**Art. 7 Nr. 1 lit. a EuGVO [= Art. 5 Nr. 1 lit. a EuGVO a.F.]**). Mag die Abgrenzung vertraglicher Ansprüche zu sonstigen Ansprüchen oftmals problemlos möglich sein,[41] bereitet besonders das Verständnis des Erfüllungsortes erhebliche Schwierigkeiten. Während etwa bei einem Kaufpreisanspruch der Erfüllungsort nach italienischem und schweizerischem Recht am Wohnsitz des Verkäufers liegt, verortet ihn das französische Recht am Wohnsitz des Käufers. Wie nun aber ist er in Art. 7 Nr. 1 lit. a EuGVO (= Art. 5 Nr. 1 lit. a EuGVO a.F.) zu verstehen?

245   Der *EuGH* gab die Antwort darauf in zwei frühen Entscheidungen aus dem Jahre 1976. Demnach bestimmt sich der Erfüllungsort gemäß dem Vertragsstatut (*lex causae*), das nach dem IPR des Gerichtsstaates für das Vertragsverhältnis gilt (sog. „*Tessili*-Regel").[42] Es muss also erst das auf den Vertrag anwendbare Recht bestimmt werden, um im Anschluss nach dem ermittelten materiellen Recht klären zu können, wo der Erfüllungsort des Art. 7 Nr. 1 lit. a EuGVO (= Art. 5 Nr. 1 lit. a EuGVO a.F.) liegt. Aber damit der Umständlichkeit nicht genug: Der Erfüllungsort muss nach der zweiten *EuGH*-Entscheidung vom selben Tag auch noch für jede konkret streitige Leistungspflicht (z. B. vertragscharakteristische Leistung einerseits, Geldleistung andererseits) jeweils selbstständig ermittelt werden (sog. „*De Bloos*-Regel").[43] Bei Sekundäransprüchen, etwa durch Leistungsstörung, Rücktritt oder Minderung, bleibt insoweit die Primärpflicht maßgebend.[44] Folge der „*De Bloos*-Regel" ist, dass für die vertragscharakteristische Leistung und die Geldleistung unterschiedliche besondere Gerichtsstände bestehen und so die Zuständigkeiten für ein einheitliches Vertragsverhältnis auseinanderfallen können.

> **Beispiel**   A aus Stuttgart besitzt einen weißen Porsche. Er verpflichtet sich im Frühjahr 2015, den Wagen seinem Bekannten B aus Madrid gegen Zahlung von monatlich 3000 € vorübergehend privat zur Verfügung zu stellen. Später bereut er das Geschäft und will den Wagen nicht herausgeben. B fragt sich, ob er in Madrid auf Überlassung des Porsches klagen kann.
>
> Nach der anwendbaren EuGVO besteht ein allgemeiner Gerichtsstand in Stuttgart, Art. 4 Abs. 1 EuGVO. Der besondere Gerichtsstand richtet sich gem. Art. 7 Nr. 1 lit. a EuGVO nach dem Erfüllungsort der streitigen Verpflichtung. Daher ist zu ermitteln, wo die Pflicht zur Überlassung des Wagens aus dem Mietvertrag zu erfüllen ist. Das richtet sich i.R.d. Art. 7 Nr. 1 lit. a EuGVO nach dem auf den Mietvertrag anzuwendenden Recht („*Tessili*"). Dies ist gem. Art. 4 Abs. 2 Rom I-VO das Recht am gewöhnlichen Aufenthalt des A, der die vertragscharakteristische Leistung schuldet, also deutsches Recht (siehe näher dazu unter Rn. 166 f.). Folglich bestimmt sich auch der Erfüllungsort nach deutschem Recht. Sofern A und B nicht vereinbart haben, die Übergabe solle in Madrid erfolgen, ist gem. § 269 Abs. 1

---

40   Die Norm war etwa Gegenstand der dritten Zivilrechtsklausur der Ersten juristischen Prüfung in Baden-Württemberg im Frühjahr 2005 sowie der zweiten Zivilrechtsklausur im Frühjahr 2010.

41   Es gilt insoweit das unter Rn. 149, 179, 251 Gesagte entsprechend.

42   *EuGH* NJW 1977, 491 m. Anm. *Geimer*.

43   *EuGH* NJW 1977, 490.

44   M.w.N. *OLG Stuttgart* RIW 2004, 711 f.

BGB von einer Holschuld des Gläubigers auszugehen. Da der Schuldner A seinen Wohnsitz in Stuttgart hat, liegt mithin dort der Erfüllungsort. Es besteht somit kein besonderer Gerichtsstand in Madrid. B müsste in Stuttgart Klage erheben.

Wollte A seinerseits Zahlungsklage erheben, müsste der Erfüllungsort für die Zahlung des Mietzinses selbstständig ermittelt werden („*De Bloos*"). Auch insoweit entscheidet die *lex causae* über den Erfüllungsort („*Tessili*"). Das anwendbare Recht bestimmt sich hinsichtlich des Mietzinses ebenfalls nach Art. 4 Abs. 2 Rom I-VO, der anders als Art. 7 Nr. 1 lit. a EuGVO unterschiedslos für Leistung und Gegenleistung gilt. Folglich richtet sich auch die Zahlungspflicht nach deutschem Recht. Für Geldschulden gelten die §§ 270 Abs. 4, 269 Abs. 1 BGB, wonach grundsätzlich der Wohnsitz des Schuldners Erfüllungsort ist.[45] Der Zahlungsschuldner hat seinen gewöhnlichen Aufenthalt in Madrid, demzufolge müsste A in Madrid Zahlungsklage erheben. Deutsche Gerichte sind insoweit international nicht zuständig. ◾

Diese überkomplexe[46] Rechtsprechung des *EuGH* wurde glücklicherweise durch **Art. 7 Nr. 1** **246** **lit. b EuGVO (= Art. 5 Nr. 1 lit. b EuGVO a.F.)** für zwei wichtige Vertragstypen mit Wirkung zum 1.3.2002 korrigiert: Den Warenkauf- (1. Spiegelstrich bzw. Unterabsatz) und den Dienstleistungsvertrag (2. Spiegelstrich bzw. Unterabsatz). Die Vorschrift genießt gem. Art. 7 Nr. 1 lit. c EuGVO (= Art. 5 Nr. 1 lit. c EuGVO a.F.) Vorrang gegenüber Art. 7 Nr. 1 lit. a EuGVO, was Art. 7 Nr. 1 lit. b EuGVO in Anbetracht der überragenden praktischen Bedeutung von Warenkäufen und Dienstleistungen zur „*de facto*-Grundregel" macht.[47] Für beide Vertragsarten trifft Art. 7 Nr. 1 lit. b EuGVO eine eigenständige, verordnungsautonome Regelung des Erfüllungsortes: Er liegt dort, wo die vertragscharakteristische Leistung nach dem Vertrag tatsächlich erfüllt wurde oder hätte erfüllt werden müssen. Dies erspart zum einen i.R.d. Zuständigkeitsprüfung die mühsame Ermittlung des anzuwendenden Rechts. Zum anderen schafft sie einen einheitlichen Erfüllungsortsgerichtsstand für Leistung und Gegenleistung am Ort des Verkäufers/ Dienstleisters („Konzentrationswirkung").

Beispiel   2008 verkauft Unternehmer A aus Kiel Baustoffe an B in Rom. Die Baustoffe sind nach dem Vertrag in Rom abzuliefern. B hält die Baustoffe später für fehlerhaft und will auf Nachbesserung klagen. A will seinerseits Zahlungsklage erheben.

Nach dem gegenüber Art. 7 Nr. 1 lit. a EuGVO vorrangigen (vgl. Art. 7 Nr. 1 lit. c EuGVO) Art. 7 Nr. 1 lit. b Unterabsatz 1 EuGVO entscheidet der Ort der Warenlieferung sowohl über den besonderen Gerichtsstand der Nachbesserungs- als auch den der Zahlungsklage. Da die Baustoffe vertragsgemäß nach Rom geliefert wurden, liegen für beide Klagen die besonderen Gerichtsstände in Rom. ◾

---

45   Dies gilt trotz der Einordnung von Geldschulden als Schickschulden, s. Palandt-*Grüneberg* § 270 BGB Rn. 1.

46   S. *Rauscher* NJW 2010, 2251, 2254: „rechtskonstruktive(r) Irrweg"; näher zur Kritik *Schack* § 8 Rn. 301 ff.; weiterführend auch *v. Hein* IPRax 2013, 54, 60.

47   So *Rauscher* NJW 2010, 2251.

>> Art. 7 Nr. 1
EuGVO ist ebenso
schwierig wie prü-
fungsrelevant.
Lesen Sie die Aus-
führungen daher
ggf. auch ein zwei-
tes Mal. **<<**

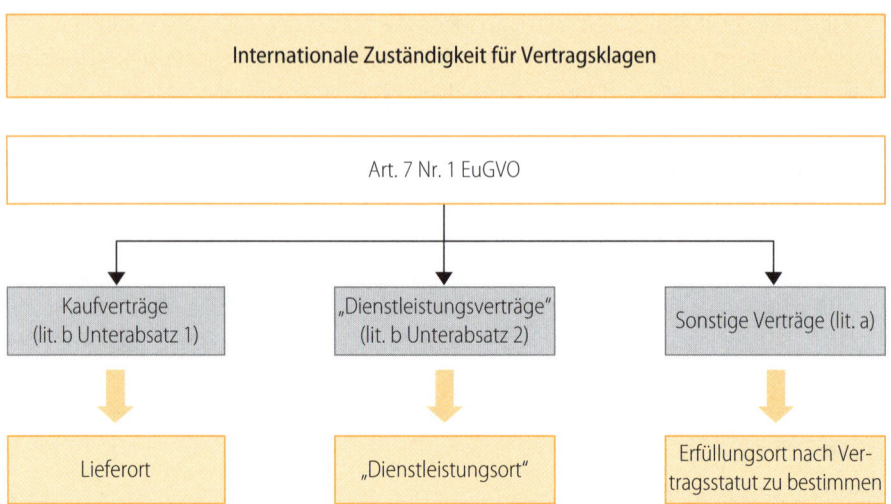

247 Die pragmatische Regelung in Art. 7 Nr. 1 lit. b EuGVO (= Art. 5 Nr. 1 lit. b EuGVO a.F.) hat frei-
lich auch ihre Tücken: Wo etwa liegt der Erfüllungsort bei einem Versendungskauf, bei dem
Leistungs- und Erfolgsort bekanntlich auseinanderfallen? Was gilt, wenn der Vertrag mehrere
Lieferorte vorsieht?

Die erste Frage beantwortete der *EuGH* grundsätzlich dahingehend, dass nicht der Ort der
Übergabe an die Beförderungsperson, sondern der **Ort der Warenübergabe an den Käufer**
Erfüllungsort i.S.d. Art. 7 Nr. 1 lit. b EuGVO ist.[48]

Für den Fall mehrerer vertraglicher Lieferorte kommt es für Art. 7 Nr. 1 lit. b EuGVO auf den
nach wirtschaftlichen Kriterien[49] zu bestimmenden **Ort der Hauptlieferung** an; ist ein solcher
Hauptlieferungsort nicht auszumachen, so kann der Kläger den Beklagten vor dem Gericht
des Lieferorts seiner Wahl verklagen.[50] Anderes gilt bei Dienstleistungen, die in mehreren
Mitgliedstaaten zu erbringen sind. Bei ihnen kommt es auf den Schwerpunkt der Tätigkeit
an, der nach den Bestimmungen des Vertrages oder dessen tatsächlicher Erfüllung zu ermitteln ist; kann danach kein Schwerpunkt ausgemacht werden, so ist auf den Wohnsitz des
Dienstleisters abzustellen.[51]

Beispiel[52] 2006 begehrt die Rechtsanwaltsgesellschaft A von B, einem Verein französischen
Rechts mit Sitz in Paris, die Begleichung einer Honorarforderung für die Vertretung in
einem Schiedsverfahren. Die Verhandlung des Schiedsgerichts fand in London statt. Der
sachbearbeitende Rechtsanwalt der A hat sich in seiner Münchner Kanzlei darauf vorbereitet. Von dort aus wurden die erforderlichen Recherchen und sonstigen Vorbereitungen
durchgeführt sowie Schriftsätze gefertigt. Als Praktikant der Kanzlei sollen Sie prüfen, ob
die A vor Münchner Gerichten Zahlungsklage gegen B erheben kann.

Der allgemeine Gerichtsstand nach Art. 4 Abs. 1 EuGVO liegt in Frankreich. In München
könnte ein besonderer Gerichtsstand gem. Art. 7 Nr. 1 lit. b Unterabsatz 2 EuGVO beste-

---

48 *EuGH* NJW 2010, 1059 = EuZW 2010, 301 (Rechtssache *Car Trim*); hierzu auch *Rauscher* § 15 Rn. 1749.
49 Was unter „wirtschaftlichen Kriterien" zu verstehen ist, wurde vom *EuGH* nicht hinreichend konkretisiert,
    vgl. die Kritik von *Leible/Reinert* EuZW 2007, 372, 373.
50 *EuGH* NJW 2007, 1799 = EuZW 2007, 370 (Rechtssache *Color Drack*).
51 *EuGH* NJW 2010, 1189 (Rechtssache *Domberger*).
52 Angelehnt an *BGH* NJW 2006, 1806.

hen. Dienstleistung in diesem Sinne ist vor dem Hintergrund des Art. 57 AEUV europäisch autonom zu verstehen.[53] Darunter fällt auch der vorliegende Anwaltsvertrag. Die Norm knüpft an den Erfüllungsort der vertragscharakteristischen Leistung an. Die Tätigkeit der A wurde zum Teil in München, zum Teil in London erbracht. In diesem Fall bedarf es einer Schwerpunktbetrachtung. Der Vertrag enthält keine Hinweise darauf, wo die geschuldete Tätigkeit hauptsächlich erbracht werden musste. Doch legt es die tatsächliche Erfüllung des Vertrages nahe, den Tätigkeitsschwerpunkt in München zu sehen: Dort wurden die wesentlichen Arbeiten erbracht (Recherchen, Erstellung der Schriftsätze, etc.); der freiwillig gewählte Schiedsort in London tritt dahinter als zweitrangig zurück.[54] Folglich besteht gem. Art. 7 Nr. 1 lit. b Unterabsatz 2 EuGVO auch eine internationale Zuständigkeit in München. ◾

Bei Luftbeförderungsverträgen, die ebenfalls unter den autonom zu verstehenden Dienstleistungsbegriff fallen, kann der Beförderte nach Art. 7 Nr. 1 lit. b Unterabsatz 2 EuGVO wählen, ob er am planmäßigen Abflug- oder am Ankunftsort klagt;[55] keine Zuständigkeit besteht am Ort einer bloßen Zwischenlandung.[56] **248**

Beispiel[57] R hat bei der Luftfahrtgesellschaft A, die ihren Sitz in Riga hat, einen Flug von München nach Vilnius gebucht. Der Flug wird kurzfristig annulliert. R muss daher über Kopenhagen nach Vilnius fliegen, wo er erst sechs Stunden nach der planmäßigen Ankunftszeit ankommt. Aufgrund dessen verlangt R eine Ausgleichszahlung von A. Welche Gerichte sind hierfür international zuständig?

Nach Art. 7 Nr. 1 lit. b Unterabsatz 2 EuGVO besteht eine besondere Zuständigkeit in München sowie in Vilnius, zwischen denen der R wählen kann. Darüber hinaus könnte sich R aber auch für den allgemeinen Gerichtsstand der Beklagten in Lettland entscheiden, Art. 4 i.V.m. Art. 62, 63 EuGVO. Gerichte in Dänemark sind dagegen nicht international zuständig. ◾

Die Vereinbarung eines Erfüllungsortes lässt Art. 7 Nr. 1 lit. b EuGVO ausdrücklich zu („sofern nichts anderes vereinbart wurde"). Soweit die Parteien mit der Erfüllungsortsvereinbarung aber nicht bloß die materielle Leistungspflicht festlegen, sondern einen Erfüllungsortsgerichtsstand schaffen wollen (sog. **abstrakte Erfüllungsortvereinbarung**), muss die Form der Gerichtsstandsvereinbarung des Art. 23 EuGVO eingehalten werden.[58] **249**

Wenn kein Warenkauf- oder Dienstleistungsvertrag vorliegt, ist nach Art. 7 Nr. 1 lit. c EuGVO auf Art. 7 Nr. 1 lit. a EuGVO zurückzugreifen. Gleiches muss nach dem Wortlaut von Art. 7 Nr. 1 lit. b EuGVO gelten, wenn der Liefer- oder Dienstleistungsort in einem Drittstaat liegt. In diesem Fall eröffnet Art. 7 Nr. 1 lit. a EuGVO dem Kläger eine „zweite Chance" auf einen Erfüllungsgerichtsstand innerhalb der EU. Wenn dagegen nicht der Erfüllungsort, sondern der Beklagtenwohnsitz außerhalb der EU liegt, findet die EuGVO keine Anwendung.[59]

---

53 Siehe hierzu bereits unter Rn. 165.
54 Vgl. dazu die ausführliche Begründung von *BGH* NJW 2006, 1806, 1807.
55 Allgemein zum Gerichtsstand bei Klagen wegen Annullierung einer Flugreise *Lehmann* NJW 2010, 655.
56 *Staudinger/Steinrötter* JuS 2015, 1, 6; nichts anderes gilt, wenn die internationale Zuständigkeit über eine doppelfunktionale Anwendung des § 29 ZPO zu erfolgen hat, siehe *BGH* NJW 2011, 2056, 2058 m. Anm. *Ruzik* NJW 2011, 2019.
57 Angelehnt an *EuGH* EuZW 2009, 569 m. Anm. *Leible*.
58 Dazu später Rn. 267.
59 Siehe bereits Rn. 237.

250   Wenn die EuGVO nicht anwendbar ist, bestimmt sich der Gerichtsstand des Erfüllungsortes nach § 29 ZPO analog (i.V.m. Art. 6 Abs. 1 EuGVO [≈ Art. 4 Abs. 1 EuGVO a.F.]). Hiernach ist das Gericht des Ortes zuständig, an dem die konkret streitige Verpflichtung zu erfüllen ist. Der Erfüllungsort muss – wie bei Art. 7 Nr. 1 lit. a EuGVO[60] – nach der *lex causae* bestimmt werden.[61] § 29 Abs. 2 ZPO analog lässt eine materiell-rechtliche Erfüllungsortsvereinbarung insbesondere bei Kaufleuten auch prozessual wirken.[62]

> ### Hinweis
>
> Im Rahmen der internationalen Zuständigkeit muss der Kläger die entsprechenden materiell-rechtlichen Ansprüche (z.B. aus Kaufvertrag) nur schlüssig behaupten können.[63] Über das tatsächliche Vorliegen der behaupteten Tatsachen, die sowohl für die Zulässigkeit wie für die Begründetheit relevant sind (sog. **doppelrelevante Tatsachen**), wird erst in der Begründetheit entschieden.[64]

bb) Deliktsgerichtsstand

251   Für Klagen aus unerlaubter Handlung eröffnet Art. 7 Nr. 2 EuGVO (= Art. 5 Nr. 3 EuGVO a.F.) eine besondere Zuständigkeit am Deliktsort. Der Begriff der unerlaubten Handlung ist autonom auszulegen und weit zu verstehen. Darunter fallen neben der klassischen Delikthaftung auch Gefährdungs- und Produkthaftung sowie grundsätzlich auch Schadensersatzansprüche aus c.i.c und GoA.[65] Für Ansprüche aus c.i.c greift Art. 7 Nr. 2 EuGVO (= Art. 5 Nr. 3 EuGVO a.F.) regelmäßig ein.[66] Unterlassungsklagen, seien sie auch vorbeugender Art, werden genauso erfasst (vgl. Wortlaut: „oder einzutreten droht")[67] wie unerlaubte Wettbewerbshandlungen.[68] Die vertraglich zu qualifizierenden Gewinnzusagen i.S.d. § 661a BGB[69] unterfallen hingegen nicht dem Deliktsgerichtsstand, sondern Art. 7 Nr. 1 EuGVO (= Art. 5 Nr. 1 EuGVO a.F.). Jüngst hat der *EuGH* entschieden, dass auch eine negative Feststellungsklage, mit der geltend gemacht wird, dass gerade keine unerlaubte Handlung begangen worden sei, unter Art. 7 Nr. 2 EuGVO (= Art. 5 Nr. 3 EuGVO a.F.) fällt.[70]

Eine noch wichtigere Klarstellung hat der *EuGH*[71] jüngst zur Abgrenzung von Art. 7 Nr. 1 EuGVO (= Art. 5 Nr. 1 EuGVO a.F.) und Art. 7 Nr. 2 (= Art. 5 Nr. 3 EuGVO a.F.) vorgenommen: Wenn die Auslegung eines Vertrages unerlässlich erscheint, um klären zu können, ob das Verhalten des Beklagten eine unerlaubte Handlung darstellt oder stattdessen vertragsgemäß und damit

---

60   Auf die Ausführungen unter Rn. 245 sei insoweit verwiesen.

61   H.M., s. nur *Hoffmann/Thorn* § 3 Rn. 51 m.w.N.; allgemeinen für einen entsprechenden Gleichlauf von § 29 ZPO zur EuGVO *Staudinger/Artz* NJW 2011, 3121, 3124 ff.

62   Beispiel dazu *OLG München* NJW-RR 2010, 139.

63   *BGH* 2014, 2504, 2505; *OLG Saarbrücken* IPRax 2013, 74, 77 Rz. 58 jeweils m.w.N.

64   Vgl. *BGH* RIW 2011, 77 f.; *BGH* NJW 2010, 3780 m.w.N.

65   *Rauscher* § 15 Rn. 1767.

66   Sofern die c.i.c. auf die Rückabwicklung eines Vertrages abzielt, handelt es sich hingegen um eine vertragsbezogene Streitigkeit i.S.d. Art. 5 Nr. 1 EuGVO. Näher zum Ganzen *Junker* in: FS R. Stürner 2013, 1043, 1052 ff.

67   *Rauscher* § 15 Rn. 1776; *Kropholler* IPR § 58 III 3b S. 621.

68   *BGH* NJW 2014, 2504, 2505 m.w.N.

69   S. bereits Rn. 149 und Rn. 155.

70   *EuGH* NJW 2013, 287 = EuZW 2012, 950 m. Anm. *Sujecki* (Rechtssache *Folien Fischer*).

71   *EuGH* NJW 2014, 1648 (Rechtssache *Brogsitter*).

rechtmäßig ist, so ist für die internationale Zuständigkeit nicht Art. 7 Nr. 2 EuGVO, sondern Art. 7 Nr. 1 EuGVO („Vertrag oder Ansprüche aus einem Vertrag") heranzuziehen. Ob ein entsprechend geltend gemachter Schadensersatzanspruch nach deutschem Recht deliktischer Natur ist, spielt dabei wegen der Notwendigkeit einer autonomen Auslegung keine Rolle.

Der Deliktsgerichtsstand liegt nach Art. 7 Nr. 2 EuGVO (= Art. 5 Nr. 3 EuGVO a.F.) dort, wo das **252** „schädigende Ereignis eingetreten ist". Bei Platzdelikten bereitet die Auslegung dieser Formulierung keine Schwierigkeiten. Im Übrigen wird die Formulierung ähnlich verstanden wie in Art. 40 Abs. 1 EGBGB:[72] Bei Distanzdelikten sind sowohl die Gerichte am Handlungs- als auch die am Erfolgsort zuständig (Ubiquitätsprinzip).[73] Zwischen ihnen hat der Kläger die Wahl. In Produkthaftungsfällen liegt der Handlungsort am Herstellungsort des betreffenden Produkts.[74] Bei mehreren Deliktsbeteiligten findet allgemein keine wechselseitige Handlungsortzurechnung statt.[75]

Beispiel[76] Der in Berlin wohnhafte M will sein Vermögen durch Börsentermingeschäfte vergrößern. Er lässt sich dabei von dem Wertpapier-Handelsunternehmen W in Düsseldorf betreuen. W eröffnet für M bei der Brokergesellschaf B in London ein Konto. Auf diesem Konto führt B für M gegen Entgelt Börsentermingeschäfte aus. M zahlt von Berlin aus 172 000 € auf das Konto in London ein. Davon erhält er im Ergebnis ganze 924,88 € zurück. M wirft W vor, sie habe ihn unzureichend über die Risiken von Börsentermingeschäften aufgeklärt. M will B wegen Beihilfe zur vorsätzlichen sittenwidrigen Schädigung durch W auf Schadensersatz in Höhe von 171 075,12 € in Anspruch nehmen. M erhebt daher Klage vor dem Landgericht Düsseldorf. Ist dieses Gericht international zuständig?

Der allgemeine Gerichtsstand nach Art. 4 Abs. 1 EuGVO führt zu einer internationalen Zuständigkeit der Gerichte in England, wo die B ihren Sitz hat.

Da M seine Klage gegen B auf einen Deliktsanspruch stützt, könnten deutsche Gerichte nach Art. 7 Nr. 2 EuGVO (= Art. 5 Nr. 3 EuGVO a.F.). international zuständig sein. Bei dem vorliegenden Distanzdelikt sind sowohl die Gerichte am Handlungs- als auch die am Erfolgsort zuständig (Ubiquitätsprinzip).

Hier könnte der Handlungsort in Düsseldorf liegen.[77]

Die B hat in London gehandelt, die W in Düsseldorf. Für eine Klage aus unerlaubter Handlung gegen B kann das LG Düsseldorf danach nur international zuständig sein, wenn der Handlungsort des mutmaßlichen Delikts in Düsseldorf im Rahmen des Art. 7 Nr. 2 EuGVO der angeblichen Beihilfetäterin B zurechenbar ist. Der *EuGH* lehnt eine derartige Handlungsortzurechnung u.a. aufgrund des Fehlens einer europäischen Beteiligungsdogmatik und der gebotenen restriktiven Auslegung der besonderen Gerichtsstände ab. Das Landgericht in Düsseldorf ist daher nicht international zuständig. ◼

---

[72] S. dazu Rn. 205.

[73] Grundlegend *EuGH* NJW 1977, 493 (Rechtssache *Mines de Potassa dÁlsace*); *EuGH* NJW 2014, 1793, 1794; *EuGH* NJW 2013, 2099, 2100; *Müller* EuZW 2013, 130 m.w.N.; *Schäuble/Kaltenbach* JuS 2012, 131, 134.

[74] *EuGH* NJW 2014, 1166 m. Anm. *Dietze* EuZW 2014, 234.

[75] *EuGH* NJW 2013, 2099 (Rechtssache *Melzer*); dieses Ergebnis zutreffend prognostizierend *Müller* EuZW 2013, 130, 133 f.; die Folgeentscheidung *EuGH* NJW 2014, 1795 (Rechtssache *Hi Hotel*) m. Anm. *Müller* EuZW 2014, 434 betrifft die Verletzung von Urhebervermögensrechten, weshalb sie nur für Schwerpunktstudierende von Bewandtnis sein dürfte.

[76] Angelehnt an *EuGH* NJW 2013, 2099 (Rechtssache *Melzer*).

[77] Als Erfolgsort wurde im zugrunde liegenden Fall Berlin angenommen, da dort der Vermögensschaden entstanden sei.

Als Erfolgsort gilt nur der Ort, an dem die Rechtsgutsverletzung eingetreten ist („Ort des Erstschadens"); Orte, an denen Folgeschäden eintreten, bleiben unberücksichtigt.[78]

Bei Streudelikten besteht an jedem der zahlreichen Erfolgsorte eine besondere Zuständigkeit nach Art. 7 Nr. 2 EuGVO (= Art. 5 Nr. 3 EuGVO a.F.). Diese Gerichte können aber nur über den im jeweiligen Staat entstandenen Schaden entscheiden (Mosaiktheorie).[79] Dadurch wird regelmäßig ein Gleichlauf zwischen der internationalen Zuständigkeit und dem anwendbaren Recht erzielt. Die Grundsätze der Mosaiktheorie, die ursprünglich im Zusammenhang mit der internationalen Verbreitung von Druckerzeugnissen entwickelt wurden, gelten nach neuerer Rechtsprechung des *EuGH* im Allgemeinen auch bei Internet-Sachverhalten sowie im Speziellen bei Urheberrechtsverletzungen über das Internet.[80]

Im Zusammenhang mit Internetveröffentlichungen hat der *EuGH* am 25.10.2011 in der Rechtssache *„eDate"* die Mosaiktheorie nicht nur bestätigt, sondern zugleich um einen wichtigen Aspekt ergänzt: Bei der Verletzung von Persönlichkeitsrechten im Internet kann der Geschädigte danach seinen gesamten Schaden nicht nur am Sitz des Schädigers geltend machen, sondern nunmehr auch am Mittelpunkt seiner eigenen Interessen; der **Mittelpunkt der Interessen** des Geschädigten liegt dabei regelmäßig an seinem **gewöhnlichen Aufenthalt**.[81] Praktisch wird eine Person, die sich durch Internetveröffentlichungen in ihren Rechten verletzt fühlt, kaum in Anwendung der Mosaiktheorie einen Teilschaden vor den Gerichten des Mitgliedstaates, in dem die Internetveröffentlichung abrufbar ist, einklagen, sondern den Gesamtschaden beim Beklagten oder – noch viel häufiger – „daheim" am Interessenmittelpunkt geltend machen.[82]

Diese teils neuen Grundsätze, die für Persönlichkeitsrechtsverletzungen durch Internetveröffentlichungen gelten, sind nicht anwendbar auf Wettbewerbsverletzungen im Internet.[83] Bei Wettbewerbsverletzungen durch herabsetzende oder verunglimpfende Internetveröffentlichungen liegt der Erfolgsort i.S.d. Art. 7 Nr. 2 EuGVO (= Art. 5 Nr. 3 EuGVO a.F.) bei der Person, die sich hierdurch beeinträchtigt fühlt, wenn sich der Internetauftritt bestimmungsgemäß auf den inländischen Markt auswirken soll.[83]

» Wissen Sie noch, was sich hinter den Begriffen Platz-, Distanz- und Streudelikten verbirgt? Wiederholen Sie ggf. Rn. 189 ff. **«**

> ### Hinweis
>
> Für Fälle, in denen ein Anspruchsbegehren auf mehrere Anspruchsgrundlagen (etwa § 280 Abs. 1, § 823 und § 812 BGB) gestützt werden kann (sog. Anspruchskonkurrenz), gilt im IZVR folgende Besonderheit: Während ein nach nationalem Prozessrecht zuständiges Gericht über alle Anspruchsgrundlagen urteilen darf,[84] ermöglichen es die besonderen Zuständigkeiten im IZVR gerade nicht, auch konkurrierende Ansprüche geltend zu machen.[85] Wenn also etwa vertragliche und deliktische Ansprüche nebeneinander bestehen, kann das nach Art. 7 Nr. 2 EuGVO

---

78 *Kienle* Rn. 92; *Kropholler* IPR § 58 III 3a S. 621.

79 Siehe Rn. 206.

80 Siehe *EuGH* NJW 2013, 3627 (Rechtssache *Peter Pickney*) m. abl. Anm. *Schack*.

81 *EuGH* NJW 2012, 137 = *EuGH* EuZW 2011, 962 = *EuGH* K&R 2011, 787 m. zust. Anm. *Lederer*; ablehnend hingegen *Heinze* EuZW 2011, 947; siehe auch *BGH* NJW 2012, 2197.

82 Vgl. *Klöpfer* JA 2013, 165, 171: „Die hier besprochene Entscheidung [die *„eDate"*-Entscheidung] verbessert die Situation für den Geschädigten, er kann und wird regelmäßig an seinem gewöhnlichen Aufenthalt klagen."

83 *EuGH* NJW 2014, 2504, 2505.

84 *BGH* NJW 2003, 828.

85 *EuGH* NJW 1988, 3088 m. Anm. *Geimer*; *BGH* RIW 2011, 70, 71; *Kropholler* IPR § 58 III 3d S. 621.

(= Art. 5 Nr. 3 EuGVO a.F.) international zuständige Gericht, das über den deliktischen Anspruch entscheidet, nicht unbedingt auch über den vertraglichen Anspruch entscheiden. Der vertragliche und der deliktische Anspruch müssen im Hinblick auf die internationale Zuständigkeit vielmehr separat geprüft werden (h.M.).[86] Eine isolierte gerichtliche Anspruchsprüfung ist allerdings nicht nur praktischen Bedenken ausgesetzt;[87] sie widerspricht auch regelmäßig dem Interesse des Klägers. Will dieser eine Entscheidung über alle geltend gemachten Anspruchsgrundlagen erreichen, muss er am allgemeinen Gerichtsstand klagen, oder zuvor prüfen, ob der deliktische Gerichtsstand mit dem vertraglichen übereinstimmt.[88]

Liegt der Sitz des Beklagten außerhalb der EU, ist § 32 ZPO analog heranzuziehen. Für diese **253** Vorschrift gelten die obigen Ausführungen zum Deliktsgerichtsstand im Wesentlichen entsprechend.[89] Insbesondere greift diese Vorschrift ebenfalls nicht nur für unerlaubte Handlungen ein, sondern etwa auch für Fälle der Gefährdungshaftung, für Unterlassungsansprüche[90] sowie Ansprüche aus § 717 Abs. 2 S. 1 ZPO und § 717 Abs. 3 S. 2 ZPO.[91]

cc) Gerichtsstand der Niederlassung

Art. 7 Nr. 5 EuGVO (= Art. 5 Nr. 5 EuGVO a.F.) normiert für Streitigkeiten aus einem Betrieb **254** einen besonderen Gerichtsstand am Ort der Niederlassung. Der autonom zu verstehende Niederlassungsbegriff meint den Mittelpunkt der geschäftlichen Tätigkeit, der auf Dauer als Außenstelle eines aufsichtsberechtigten Stammhauses hervortritt und eine eigene Geschäftsführung und Ausstattung besitzt.[92] Davon werden selbstständige Handelsvertreter und Alleinvertriebshändler grundsätzlich nicht erfasst.[93] Eine selbstständige Tochtergesellschaft fällt nur darunter, wenn sie den gleichen Namen wie die Muttergesellschaft trägt und einer identischen Geschäftsführung unterliegt.[94]

Eine Streitigkeit resultiert „aus dem Betrieb", wenn es um vertragliche oder außervertragliche **255** Rechte und Pflichten in Bezug auf die Führung der Zweigniederlassung (*Bsp.*: Streitigkeiten mit dort eingestelltem Personal) oder Verbindlichkeiten der Zweigniederlassung geht, die sie im Namen des Stammhauses eingegangen ist.[95]

Beispiel   Der in London ansässige A ist Inhaber einer englischen Mutter- und deren gleichnamiger Tochtergesellschaft B in Paris. Die Tochtergesellschaft schließt im Namen der Mutter einen Vertrag mit der französischen Firma C ab. Auf dieser Grundlage liefert B Baustoffe an C, die sich als fehlerhaft erweisen und C Schäden verursachen.

C kann nach Art. 4 Abs. 1 EuGVO in London oder gem. Art. 7 Nr. 5 EuGVO in Paris Klage gegen A erheben. ∎

---

86   *Rauscher* § 15 Rn. 1740 und Rn. 1769; zur Gegenansicht *v. Hein* IPRax 2013, 54, 60 m.w.N.

87   Siehe hierzu treffend *v. Hein* IPRax 2013, 54, 60.

88   So etwa im Ergebnis *OLG Saarbrücken* IPRax 2013, 74 ff. Im konkreten Fall war das Gericht in Saarbrücken sowohl für die vertraglichen als auch für die produkthaftungsrechtlichen Ansprüche international zuständig; vgl. zum Ganzen auch *Rauscher* § 15 Rn. 1769.

89   Vgl. hierzu *BGH* NJW 2011, 2059 m. abl. Anm. *Brand*; *BGH* RIW 2011, 70; *BGH* RIW 2011, 548; näher zum Ganzen *Hoffmann/Thorn* § 3 Rn. 52 ff.

90   *BGH* NJW 2011, 2059, 2060 m.w.N.

91   *BGH* RIW 2011, 548, 549 f.

92   *EuGH* RIW 1979, 56 (Rechtssache *Somafer*), *Hoffmann/Thorn* § 3 Rn. 231.

93   *EuGH* IPRax 1982, 64; *EuGH* NJW 1977, 490 m. Anm. *Geimer*.

94   *EuGH* IPRax 1989, 96.

95   *Rauscher* § 15 Rn. 1788; näher *Kropholler/Hein* Art. 5 EuGVO Rn. 103.

256   Wenn eine betriebsbezogene Streitigkeit besteht, liefert Art. 7 Nr. 5 EuGVO (= Art. 7 Nr. 5 EuGVO a.F.) einen besonderen Gerichtsstand für Klagen gegen den **Niederlassungsinhaber**, nicht gegen die Niederlassung selbst.[96] Inhaber der Niederlassung kann sowohl eine natürliche als auch eine juristische Person sein.

257   Hat der Niederlassungsinhaber seinen Sitz im EU-Ausland, ergibt sich der Niederlassungsgerichtsstand aus § 21 ZPO analog.[97]

> ### Hinweis
>
> Die besonderen Gerichtsstände für Adhäsionsverfahren, *Trust*-Sachen sowie Berge- und Hilfslohn (Art. 7 Nr. 3, Nr. 6, Nr. 7 EuGVO [= Art. 5 Nr. 4, Nr. 6, Nr. 7 EuGVO a.F.[98]) spielen in Prüfungen kaum eine Rolle. Gleiches dürfte zukünftig für die durch die EuGVO-Reform neu geschaffene Vorschrift des Art. 7 Nr. 4 EuGVO gelten, die eine besondere Zuständigkeit für einen auf Eigentum gestützten Anspruch auf Wiedererlangung eines Kulturgutes vorsieht.

dd) Gerichtsstände kraft Sachzusammenhangs

258   Die in Art. 8 EuGVO (= Art. 6 EuGVO a.F.) aufgeführten Gerichtsstände des Sachzusammenhangs (bitte lesen), sind selten Prüfungsgegenstand. Das wohl größte Interesse genießt der Gerichtsstand der Widerklage in Art. 8 Nr. 3 EuGVO (= Art. 6 Nr. 3 EuGVO a.F.).[99] Die Vorschrift verschafft dem Beklagten für seine Widerklage einen besonderen Gerichtsstand vor dem Gericht, an dem die Klage gegen ihn anhängig ist. Zentrale Voraussetzung des Art. 8 Nr. 3 EuGVO (= Art. 6 Nr. 3 EuGVO a.F.) ist die Konnexität zwischen Klage und Widerklage: Die Widerklage muss „auf denselben Vertrag oder Sachverhalt wie die Klage selbst gestützt" sein.

> **Beispiel**[100]   Keine Konnexität in diesem Sinne liegt etwa vor, wenn der deutsche Bürge B nach Befriedigung des Bürgschaftsgläubigers auf Regress gegen den in den Niederlanden ansässigen Hauptschuldner H klagt, der früher Arbeitnehmer des B war, und H daraufhin Widerklage wegen unrechtmäßiger Kündigung des Arbeitsverhältnisses erhebt. ■

259   Liegt der Wohnsitz des Widerbeklagten nicht in der EU, so ergibt sich dasselbe aus § 33 ZPO analog.[101]

ee) Vermögensgerichtsstand

260   Der besondere Gerichtsstand des § 23 ZPO (i.V.m. Art. 4 Abs. 1 EuGVO) spielt in der Praxis eine wichtige Rolle, obwohl die Vorschrift nur anwendbar ist, wenn der Beklagte seinen Wohnsitz außerhalb der EU und auch nicht in Norwegen oder der Schweiz hat, sodass die vorrangige EuGVO und das vorrangige LugÜ jeweils nicht zur Anwendung kommen. Dass § 23 ZPO trotz zunehmender Europäisierung des Internationalen Verfahrensrechts hohe Bedeutung

---

96   Sonderregeln gelten für Verbraucher- und Versicherungssachen, vgl. Art. 9 Abs. 2 und 15 Abs. 2 EuGVO.

97   Weiterführend dazu *Schack* § 8 Rn. 361 f.

98   *Rauscher* § 15 Rn. 1777 ff., 1707 ff.

99   Zu Art. 8 Nr. 1 EuGVO (= Art. 6 Nr. 1 EuGVO a.F.) aus jüngerer Zeit *EuGH* NJW 2013, 1661 = EuZW 2013, 503 m. Anm. *Dietze* sowie die Folgeentscheidung *BGH* NJW 2014, 704.

100   Nach *Kropholler/Hein* Art. 6 EuGVO Rn. 38.

101   *Kropholler/Hein* Art. 6 EuGVO Rn. 38 m.w.N.

zukommt, liegt u.a. an der besonderen Weite des Wortlauts von § 23 ZPO: Gerichte sind schon dann entscheidungszuständig, wenn sich in deren Bezirk Vermögen des Beklagten befindet. Allerdings muss dieser sog. exorbitante Gerichtsstand des § 23 ZPO **einschränkend ausgelegt** werden. Den Grund dafür verdeutlicht folgendes

Beispiel Der in Ankara wohnhafte Türke A hat kürzlich bei einem Zwischenstopp in Hamburg seinen Regenschirm am Flughafen vergessen. Wochen später verlangt eine belgische Plattenfirma von A 250 000 € Schadensersatz wegen einer Urheberrechtsverletzung. Könnte A in Abweichung des *actor sequitur forum rei*-Grundsatzes wegen des vermögenswerten Regenschirms vor deutschen Gerichten verklagt werden, stünde das „nicht für ein ‚Fair Play' gegenüber dem Beklagten."[102] ■

Daher wird über den Wortlaut des § 23 ZPO hinaus ein **hinreichender Inlandsbezug** gefordert.[103] Ein solcher liegt bereits vor, wenn der Kläger Wohnsitz oder gewöhnlichen Aufenthalt im Inland hat oder am inländischen Geschäftsleben aktiv teilnimmt.[104]   **261**

Die EuGVO hält keine dem § 23 ZPO vergleichbare Norm parat.   **262**

d)   Halb zwingende Gerichtsstände

Versicherungsnehmer, Verbraucher und Arbeitnehmer dürfen nur an ihren Wohnsitzen von den jeweiligen Vertragspartnern verklagt werden (Art. 14 Abs. 1, 18 Abs. 2, 22 Abs. 1 EUGVO).   **263**

Umgekehrt werden diese strukturell unterlegenen Parteien durch Wahlgerichtsstände gem. Art. 11, 18 Abs. 1, 21 EuGVO (bitte lesen) privilegiert.[105] Diese halb zwingenden Gerichtsstände verdrängen[106] grundsätzlich die besonderen Gerichtsstände der EuGVO mit Ausnahme des Niederlassungsgerichtsstandes („unbeschadet … des Art. 6 und Art. 7 Nr. 5" EuGVO, vgl. Art. 10, 17 Abs. 1, 20 Abs. 1 EuGVO). All diese Gerichtsstände bezwecken den Schutz der vor allem wirtschaftlich typischerweise unterlegenen Partei und werden daher auch als Schutzgerichtsstände bezeichnet.[107]

Der für Klausuren mit Abstand wichtigste Schutzgerichtsstand ist der für **Verbrauchersachen nach Art. 17 ff. EuGVO** (Art. 15 ff. EuGVO a.F.).[108] Dessen Prüfungsrelevanz hat sich aufgrund mehrerer jüngerer Entscheidungen des *EuGH* auf diesem Gebiet zusätzlich erhöht.[109]   **264**

Die Anwendung des Verbrauchergerichtsstandes setzt nach Art. 17 Abs. 1 EuGVO einen Vertrag beliebiger Art zwischen einem Unternehmer und einem Verbraucher voraus. Die in Art. 17 Abs. 1 lit. a (Teilzahlungskauf von Mobilien) und lit. b (Finanzierungskauf) EuGVO aufgeführten Vertragstypen sind lediglich Spezialfälle zu der in Art. 17 Abs. 1 lit. c EuGVO vorzufindenden Auffangklausel, die grundsätzliche alle Verträge und Ansprüche hieraus erfasst; lediglich Beförderungsverträge sind gem. Art. 17 Abs. 3 EuGVO regelmäßig ausgenommen.

---

102   So wörtlich *Kropholler* IPR § 58 III 7 S. 624.
103   *BGH* NJW 1991, 3092; *BAG* NZA 1997, 1182. In Anlehnung an obige Fallkonstellation wird die dem § 23 ZPO entsprechende Zuständigkeit auch als **umbrella rule** bezeichnet.
104   Näher *Mark/Ziegenhain* NJW 1992, 3062, 3064.
105   Weiterführend hierzu *Rauscher* § 15 Rn. 1931 ff.
106   S. dazu bereits Rn. 241.
107   *Staudinger/Steinrötter* JuS 2015, 1, 4 f.
108   Vgl. *Staudinger/Steinrötter* JA 2012, 241, 245.
109   Paradigmatisch die Fälle von *Klöpfer* JuS 2014, 243 ff. sowie *Gessaphe* JURA 2012, 810 ff.

Art. 17 Abs. 1 lit. c EuGVO (= Art. 15 Abs. 1 lit. c EuGVO a.F.) erfordert nicht, dass der Vertrag zwischen Verbraucher und Unternehmer im Fernabsatz geschlossen wurde.[110]

Der Verbraucherbegriff des Art. 17 Abs. 1 EuGVO ist verordnungsautonom auszulegen.[111] Er wird in diesem Sinne enger als im deutschen Recht (§ 13 BGB) ausgelegt[112]: Wenn ein Vertrag sowohl beruflichen als auch privaten Zwecken dient, handelt es sich regelmäßig nicht um ein Verbrauchergeschäft, es sei denn, der gewerbliche Zweck spielt eine ganz untergeordnete Rolle.[113] Die Verbrauchereigenschaft kann also auch dann zu verneinen sein, wenn private Zwecke gegenüber den beruflich-gewerblichen Zwecken überwiegen.[114] Darüber hinaus können nur natürliche Personen Verbraucher in diesem Sinne sein.[115] Existenzgründer werden *per se* nicht vom Verbrauchergerichtsstand geschützt.[116] Die Darlegungs- und Beweislast für die Verbrauchereigenschaft liegt bei demjenigen, der sich auf sie beruft.[114]

Ein Schlüsselbegriff i.R.d. Art. 17 Abs. 1 lit. c EuGVO (bitte lesen) ist der des „Ausrichtens".

Das „Ausrichten" in Art. 17 Abs. 1 lit. c EuGVO wird grundsätzlich genauso verstanden wie in Art. 6 Abs. 1 lit. b Rom I-VO[117] („harmonische Auslegung").[118] Der Gewerbetreibende muss bereits vor dem Vertragsschluss seinen Willen zum Ausdruck gebracht haben, Geschäftsbeziehungen zu Verbrauchern (auch) im Wohnsitzstaat des jeweiligen Verbrauchers herzustellen.[119] Maßgebend ist eine Gesamtbetrachtung aller Umstände des Einzelfalls.[120]

Bei Internetangeboten ist erst dann von einem „Ausrichten" der unternehmerischen Geschäftstätigkeit auf den Wohnsitzmitgliedstaat des Verbrauchers auszugehen, wenn die Gestaltung der Website dafür besondere Anhaltspunkte liefert.[121] Das zum Ausrichten der beruflichen oder gewerblichen Tätigkeit eingesetzte Mittel muss nicht kausal für den Vertragsschluss mit dem jeweiligen Verbraucher sein;[122] andererseits begründet das Bestehen einer Kausalität in diesem Sinne ein Indiz dafür, dass der Vertrag an eine solche Tätigkeit anschließt.[123]

Beispiel A betreibt einen Gebrauchtwagenhandel im Elsass (Frankreich). Auf seiner Internetseite weist er darauf hin, dass er viele Kunden aus dem nahe gelegenen Freiburg hat. Eine Anfahrtsbeschreibung zeigt, wie man von Freiburg schnell zum Geschäftssitz des A gelangt. Die Internetseite kann wahlweise in französischer, englischer oder deutscher Sprache abgerufen werden.

---

110 *EuGH* NJW 2012, 3225 (Rechtssache *www.mobil[e].de*) m. Anm. *Staudinger/Steinrötter*; zum vorausgegangenen Vorlagebeschluss *BGH* EuZW 2012, 236 m. Anm. *Sujecki*; zu Hinweisen auf Gegenstimmen in der Literatur *Staudinger/Steinrötter* JA 2012, 241, 246.
111 *BGH* RIW 2012, 566, 568.
112 *BGH* RIW 2012, 566, 569.
113 *EuGH* NJW 2005, 653 (Rechtssache *Gruber*); weiterführend *Schäuble/Kaltenbach* JuS 2012, 131, 133.
114 *BGH* RIW 2012, 566, 569 m.w.N.
115 *Staudinger/Steinrötter* JA 2012, 241, 245.
116 *Staudinger/Steinrötter* JA 2012, 241, 245 m.w.N.
117 Siehe hierzu bereits unter Rn. 160 f.
118 Siehe *Klöpfer/Wendelstein* JZ 2014, 298, 300, die darauf hinweisen, dass es sich nicht um einen „absoluten Gleichlauf" beider Vorschriften handeln kann.
119 *BGH* RIW 2012, 566, 570; *Staudinger/Steinrötter* JA 2012, 241, 245 jeweils m.w.N.
120 *Schäuble/Kaltenbach* JuS 2012, 131, 133.
121 Siehe hierzu näher bereits unter Rn. 161.
122 Zu diesem Aspekt im Rahmen einer Fallbearbeitung *Klöpfer* JuS 2014, 243, 245 f.
123 *EuGH* JZ 2014, 297 (Rechtssache *Emrek*) m. krit. Anm. *Klöpfer/Wendelstein* bzw. *EuGH* NJW 2013, 3504 m. krit. Anm. *Staudinger/Steinrötter* bzw. *EuGH* EuZW 2013, 943 m. Anm. *Schultheiß*.

Der Verbraucher B aus Karlsruhe weiß nichts von der Internetpräsenz des A. Auf einer Spazierfahrt wird er zufällig auf den Gebrauchtwagenhandel aufmerksam und erwirbt dort wenige Tage später gegen Sofortzahlung ein Auto, das bald technische Defekte zeigt. Könnte B Gewährleistungsrechte in Karlsruhe gerichtlich geltend machen?

Es handelt sich um einen Verbrauchervertrag i.S.d. Art. 17 Abs. 1 lit. c EuGVO. Die konkrete Form der Internetpräsenz (Anfahrtsbeschreibung, Sprache, Erwähnung deutscher Kundschaft)[124] macht deutlich, dass die gewerbliche Tätigkeit des A auf Deutschland ausgerichtet ist. Dass der B von der Internetpräsenz des A nichts wusste, schadet nicht, da kein Kausalzusammenhang zwischen dem Ausrichten der gewerblichen Tätigkeit auf den Verbrauchermitgliedstaat und dem konkreten Vertragsschluss im Rahmen des Art. 17 Abs. 1 lit. c EuGVO bestehen muss. B könnte daher gem. Art. 18 Abs. 1 Var. 2 EuGVO in Karlsruhe klagen. ◼

Liegen die Voraussetzungen eines Verbrauchervertrages i.S.d. Art. 17 Abs. 1 EuGVO (= Art. 15 EuGVO a.F.) vor, so kann eine Klage des Unternehmers gegen den Verbraucher gem. Art. 18 Abs. 2 (= Art. 16 Abs. 2 EuGVO a.F.) nur vor dem Wohnsitzgericht des Verbrauchers erhoben werden. Wenn es allerdings nicht gelingen sollte, in Anwendung des Art. 62 EuGVO (= Art. 59 EuGVO a.F.) den aktuellen Wohnsitz des beklagten Verbrauchers festzustellen, so kann der Unternehmer nach neuerer Rechtsprechung des *EuGH* auch am letzten *bekannten* Wohnsitz des Verbrauchers Klage erheben, wenn zugleich keine beweiskräftigen Indizien dafür vorliegen, dass der beklagte Verbraucher seinen Wohnsitz außerhalb des Unionsgebiets hat.[125]

Umgekehrt kann der Verbraucher den „anderen Vertragspartner"[126] wahlweise an dessen Wohnsitz oder am eigenen Wohnsitz gem. Art. 18 Abs. 1 EuGVO (≈ Art. 16 Abs. 1 EuGVO a.F.) verklagen.

Der Rechtsschutz für Verbraucher gegenüber Drittstaatsangehörigen wurde durch die Neufassung des Art. 18 Abs. 1 EuGVO (bitte lesen) verbessert. So kann ein Verbraucher nun etwa auch im Falle eines Verbrauchsgüterkaufs mit einem Unternehmen aus den USA „daheim" Klage erheben; Art. 16 Abs. 1 a.F. ließ dies nicht zu.[127]

e) Ausschließliche Gerichtsstände

Unter die ausschließlichen Gerichtsstände fallen nach Art. 24 Nr. 1–5 EuGVO (bitte lesen) **265** Grundstücks-,[128] Gesellschafts-,[129] Register-, Immaterial- und Zwangsvollstreckungssachen. Als Ausnahme von der allgemeinen Zuständigkeit am Wohnsitz des Beklagten, sind die ausschließlichen Zuständigkeiten wie die besonderen Zuständigkeiten tendenziell eng auszulegen.[130] Ist ein ausschließlicher Gerichtsstand gegeben, so haben sich alle anderen Gerichte von Amts wegen gem. Art. 27 EuGVO (= Art. 25 EuGVO a.F.) für unzuständig zu erklären.

---

124 Siehe hierzu oben unter Rn. 161.

125 *EuGH* EuZW 2012, 103; zu diesem Aspekt im Rahmen einer Fallbearbeitung *Klöpfer* JuS 2014, 243, 246.

126 Zu diesem Begriff aus jüngerer Zeit *EuGH* NJW 2014, 530 m. Anm. *Sujecki*.

127 Vgl. *Pohl* IPRax 2013, 109, 111.

128 Instruktiv hierzu *BGH* NJW 2013, 308 = JA 2013, 386 m. Anm. *Looschelders*.

129 Siehe hierzu den lehrreichen Fall *BGH* NJW 2011, 3372 m. Anm. *Müller*. Schwerpunktkandidaten sei die Lektüre dieser (in ihrem Umfang überschaubaren) Entscheidung wärmstens empfohlen!

130 Vgl. beispielhaft *BGH* NJW 2013, 308, 309: „Als Ausnahme von den allgemeinen Zuständigkeitsregeln darf Art. 22 Nr. 1 Brüssel I-VO allerdings nicht weiter ausgelegt werden, als es das Ziel der Vorschrift erfordert (…)"; *EuGH* NJW 2014, 1793, 1794.

Gegenüber anderen Vorschriften sticht Art. 24 EuGVO (≈ Art. 22 EuGVO a.F.) dadurch hervor, dass die Norm nach ihrem Wortlaut „ohne Rücksicht auf den Wohnsitz" gilt, also auch dann Anwendung findet, wenn der Sitz des Beklagten außerhalb der EU liegt.

Beispiel   Wenn der französische Eigentümer A von dem in Minsk wohnhaften B ein in Deutschland belegenes Grundstück aufgrund seiner Eigentümerstellung herausverlangt, so sind deutsche Gerichte gem. Art. 24 Nr. 1 EuGVO ausschließlich zuständig. Die vergleichbaren §§ 24, 29a ZPO sind verdrängt. Art. 4 Abs. 1 EuGVO ist ebenfalls verdrängt, sodass A nicht etwa auch in Weißrussland klagen kann, sondern in Deutschland klagen muss (ausschließliche Zuständigkeit).[131] ∎

4.   Gerichtsstandsvereinbarungen

266   Sofern keine ausschließliche Zuständigkeit besteht (vgl. Art. 25 Abs. 4 EuGVO), kann durch Gerichtsstandsvereinbarung eine – grundsätzlich ebenfalls ausschließliche (Art. 25 Abs. 1 S. 2 EuGVO) – internationale Zuständigkeit begründet werden.[132] Voraussetzung für eine wirksame Gerichtsstandsvereinbarung war nach der EuGVO a.F., dass mindestens eine der Parteien ihren Wohnsitz in einem Mitgliedstaat hat und die Zuständigkeit eines in der EU liegenden Gerichts vereinbart worden ist (vgl. Art. 23 Abs. 1 S. 1 EuGVO a.F.). Nach der Neufassung der EuGVO kommt es nicht mehr darauf an, dass eine Partei der Gerichtsstandsvereinbarung ihren Wohnsitz in einem Mitgliedstaat der EU hat („Haben die Parteien unabhängig von ihrem Wohnsitz…", Art. 25 Abs. 1 S. 1 EuGVO). Weiterhin erforderlich ist jedoch, dass das prorogierte Gericht in einem Mitgliedstaat liegt.

Beispiel   Die Deutsche A verklagt in Deutschland ihren in Libyen wohnhaften Vertragspartner, mit dem sie die internationale Zuständigkeit deutscher Gerichte schriftlich vereinbart hat.

Zwar verlangt die Anwendbarkeit der EuGVO grundsätzlich, dass der Beklagte seinen Wohnsitz in der EU hat. Das gilt aber nicht für Art. 25 EuGVO. Da hier die Klägerin A und das prorogierte[133] Gericht in der EU liegen, ist Art. 25 EuGVO anwendbar; deutsche Gerichte sind international zuständig. ∎

Die Gerichtsstandsvereinbarung kann sowohl für künftige als auch bereits entstandene Rechtsstreitigkeiten getroffen werden (Art. 25 Abs. 1 S. 1 EuGVO). Innerhalb der halb zwingenden Gerichtsstände sind allerdings nur nachträgliche Vereinbarungen zulässig (vgl. Art. 25 Abs. 4 i.V.m. Art. 15, 19, 23 EuGVO).

267   Gerichtsstandsvereinbarungen können erfolgen in schriftlicher oder mündlicher Form mit schriftlicher Bestätigung (Art. 25 Abs. 1 S. 3 lit. a EuGVO) oder einer Form, die den Gepflogenheiten der Parteien (lit. b) bzw. einem Handelsbrauch (lit. c) entspricht. Vereinbarungen in E-Mails genügen auch, was sich aus Art. 25 Abs. 2 EuGVO ergibt.

---

131   Näher zu den ausschließlichen Gerichtsständen *Rauscher* § 15 Rn. 1743 ff.

132   Vgl. hierzu auch *BGH* NJW 2011, 3372 m. Anm. *Müller*.

133   **Prorogation** meint die Begründung der Zuständigkeit eines Gerichts durch Parteivereinbarung, **Derogation** die Abwahl einer gesetzlich vorgesehenen Zuständigkeit, vgl. *Staudinger/Steinrötter* JuS 2015, 1, 4.

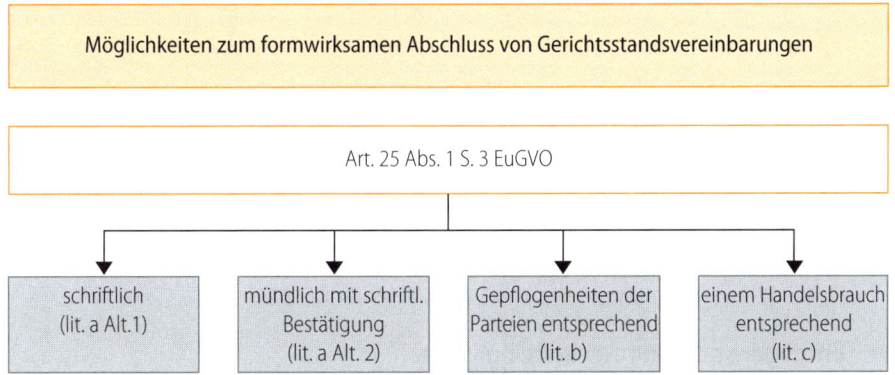

Diese Formvorschriften sind von den Anforderungen an das Zustandekommen der **268** Gerichtsstandsvereinbarung zu trennen. Nach der Neuregelung des Art. 25 Abs. 5 EuGVO ist die Gerichtsstandsvereinbarung als eine vom Hauptvertrag unabhängige Vereinbarung zu behandeln. Dieses Verständnis entsprach bereits der h.M. zur EuGVO a.F.[134] Die Wirksamkeit der Gerichtsstandsvereinbarung wurde durch den ebenfalls neu gefassten Art. 25 Abs. 1 S. 1 EuGVO ausdrücklich zur Voraussetzung gemacht. Maßgeblich für die Prüfung der Wirksamkeit der Gerichtsstandsvereinbarung ist das Recht des Gerichtes, dessen Zuständigkeit vereinbart wurde.[135] Die Wirksamkeit wird dabei nach Art. 25 Abs. 1 S. 1 EuGVO vermutet (*„es sein denn*, die Vereinbarung ist nach dem Recht dieses Mitgliedstaates materiell nichtig").

Wenn die Prorogation eines drittstaatlichen Gerichts vereinbart wurde, bestimmt nicht Art. 25 **269** EuGVO sondern die – inhaltlich teils abweichenden – §§ 38, 40 ZPO (analog) über die Wirksamkeit einer Gerichtsstandsvereinbarung.[136]

5.   Gerichtsstand kraft rügeloser Einlassung

Außer bei Vorliegen ausschließlicher Gerichtsstände kann die Zuständigkeit eines **270** Gerichts durch rügelose Einlassung gem. Art. 26 EuGVO (≈ Art. 24 EuGVO a.F.) begründet werden.[137] Dadurch wird ein angerufenes, an sich unzuständiges Gericht zuständig, wenn sich der Beklagte auf das Verfahren einlässt, ohne dessen Unzuständigkeit zu rügen. Die Einlassung des Beklagten wird dann wie eine wirksame Zuständigkeitsvereinbarung behandelt, wobei sie die internationale und die örtliche Zuständigkeit begrün-

---

134 *v. Hein* RIW 2013, 97, 105.

135 Dieses sog. Prorogationsstatut ist schwierig zu bestimmen. Es handelt sich um eine Gesamtverweisung auf die *lex fori* (siehe Erwägungsgrund 20 EuGVO). Gem. Art. 1 Abs. 2 lit. e Rom I-VO findet die Rom I-VO indes keine Anwendung auf Gerichtsstandsvereinbarungen. Daher müsste an sich Rückgriff auf das EGBGB genommen werden. Indessen wurde das Schuldvertragskollisionsrecht in Art. 27 ff. EGBGB längst aufgehoben. Fraglich ist, wie diese Lücke im Kollisionsrecht zu schließen ist. Nach wohl h.M. sind die Art. 3 ff. Rom I-VO analog anzuwenden, vgl. *Staudinger/Steinrötter* JuS 2015, 1, 5 sowie *v. Hein* RIW 2013, 97, 105 m.w.N. Dogmatisch befriedigend ist das freilich kaum, wenn man berücksichtigt, dass die Verordnung ausdrücklich ihre Nichtanwendung in Art. 1 Abs. 2 lit. e Rom I-VO vorschreibt.

136 Dazu näher *Hoffmann/Thorn* § 3 Rn. 80 ff.; *v. Hein* RIW 2013, 97, 104.

137 Art. 24 EuGVO war Gegenstand der dritten Zivilrechtsklausur der Ersten juristischen Staatsprüfung Baden-Württemberg im Frühjahr 2005.

det (wie in Art. 7 f. EuGVO).[138] Die Anwendbarkeit von Art. 24 EuGVO a.F. setzte neben dem Auslandsbezug voraus, dass eine der Parteien ihren Wohnsitz in einem Mitgliedstaat hat. Nach der Neufassung des Art. 26 Abs. 1 EuGVO ist der Wohnsitz einer Partei in einem Mitgliedstaat nicht mehr Voraussetzung für eine rügelosen Einlassung.

271 Neu ist überdies Art. 26 Abs. 2 EuGVO, wonach in Versicherungs-, Verbraucher- und Arbeitssachen die strukturell schwächere Partei über das Recht, die Unzuständigkeit geltend zu machen, und über die Folgen der Einlassung oder Nichteinlassung auf das Verfahren, gerichtlich zu belehren ist.[139]

6. Entgegenstehende Rechtshängigkeit

272 Die Vielzahl der neben den allgemeinen Gerichtsstand tretenden besonderen Gerichtsstände, bringen die Gefahr mit sich, dass Gerichte in verschiedenen Mitgliedstaaten zu demselben Streitgegenstand „angerufen" (Begriffsdefinition in Art. 32 EuGVO) werden. Der dadurch drohende Kompetenzkonflikt, der mit dem Risiko widersprüchlicher Gerichtsentscheidungen verbunden ist, wird durch Art. 29 Abs. 1 EuGVO entschärft: Danach setzt grundsätzlich das später angerufene Gericht das Verfahren aus bis die Zuständigkeit des zuerst angerufenen Gerichts, dem die Zuständigkeitsprüfung obliegt, feststeht. Steht sie fest, so erklärt sich das später angerufene Gericht für unzuständig, Art. 29 Abs. 3 EuGVO. Die Rechtshängigkeit begründet sonach ein Verfahrenshindernis für jedes spätere Verfahren mit demselben Streitgegenstand. Rechtshängigkeit nach der EuGVO tritt nicht wie im deutschen Recht (vgl. §§ 253 Abs. 1, 261 Abs. 1 ZPO) mit Zustellung der Klage an den Beklagten ein, sondern im Regelfall schon mit Einreichung der Klageschrift bei Gericht (vgl. Art. 32 Abs. 1 lit. a EuGVO). Das europäische Begriffsverständnis des Streitgegenstandes ist weiter als das deutsche i.R.d. § 261 Abs. 3 Nr. 1 ZPO:[140] Für die Identität des Streitgegenstands genügt es nach europäischem Verständnis, wenn beide Verfahren im Kern dasselbe Rechtsverhältnis, etwa einen Vertrag, betreffen, und sich die jeweils begehrten Rechtsfolgen widersprechen (sog. Kernpunkttheorie).[141]

273 Art. 29 Abs. 1 EuGVO lässt in seiner derzeitigen Fassung Raum für prozesstaktischen Missbrauch: Wenn ein Kläger bei einem unzuständigen Gericht eine negative Feststellungsklage erhebt, kann er damit die Rechtshängigkeit bei einem an sich zuständigen Gericht vorläufig verhindern und das Verfahren dadurch verzögern (sog. „Torpedo-Taktik").[142] Eine größtmögliche Verzögerung wird erreicht, indem die „Torpedo-Klage" in einem Mitgliedstaat erhoben wird, dessen Justiz sich durch lange Verfahrensdauer auszeichnet – nicht ohne Grund wird in diesem Zusammenhang auch vom „italienischen Torpedo", seltener auch vom „belgischen Torpedo" gesprochen. Das Zweitgericht muss dann so lange mit seiner Entscheidung warten, bis sich das zuerst angerufene (oftmals italienische) Gericht für unzuständig erklärt hat.

---

138 Die Rüge der örtlichen Zuständigkeit erfasst dabei im Zweifel auch die der internationalen Zuständigkeit, vgl. *Koch/Magnus/Mohrenfels* § 2 Rn. 65, 68 m.w.N.; näher zum Ganzen *Rauscher* § 15 Rn. 1917 ff.

139 Unterbleibt die Belehrung, wird ggf. die Anerkennung der Entscheidung auf Antrag verweigert nach Art. 45 EuGVO, s. weiterführend hierzu *v. Hein* RIW 2013, 97, 109 m.w.N.

140 Zum deutschen Streitgegenstandsbegriff s. im Skript „Zivilprozessrecht" Rn. 128 ff.; zum europäischen Verständnis *EuGH* ZIP 2013, 848, 849 f.

141 Vgl. *EuGH* NJW 1995, 1883 (Rechtssache *Tatry*); *EuGH* NJW 1989, 665 (Rechtssache *Gubisch*).

142 Beispiel zum Spezialproblem der sog. „Torpedoklagen" *ArbG Mannheim* IPRax 2008, 37 m. Anm. *Stumpe* IPRax 2008, 22 ff.; systematisch m.w.N. *Kropholler/Hein* Art. 27 EuGVO Rn. 10 f.; zur Anwendung des italienischen Torpedos durch Porsche in der Übernahmeschlacht VW-Porsche *Möllers* NZG 2014, 361, 367.

Diese Missbrauchsmöglichkeiten wurden durch neu geschaffene Vorschriften in Art. 31 Abs. 2 **274** und Abs. 3 EuGVO eingeschränkt: Wenn zwischen den Parteien eine Gerichtsstandsvereinbarung besteht, ist (allein) das in dieser Vereinbarung gewählte Gerichte dazu berufen, über die Wirksamkeit der Gerichtsstandsvereinbarung zu entscheiden. Ob dieses Gericht als erstes oder zweites angerufen wird, ist mithin bei Bestehen einer (wirksamen oder unwirksamen) Gerichtsstandsvereinbarung gleichgültig.[143] Erst wenn dieses von der Vereinbarung vorgesehene Gericht festgestellt hat, dass die Gerichtsstandsvereinbarung unwirksam ist, besteht wieder Raum für die „Torpedo-Taktik".

Darüber hinaus wurde die Missbrauchsanfälligkeit des Art. 29 EuGVO durch eine jüngere **275** Entscheidung des *EuGH*[144] etwas reduziert: Danach muss ein später angerufenes Gericht zunächst prüfen, ob es ausschließlich zuständig ist, bevor es das Verfahren gem. Art. 29 Abs. 1 EuGVO wegen vorheriger Anrufung eines anderen Gerichts aussetzt.[145] Der strenge Prioritätsgrundsatz gilt also nicht, wenn allein für das später angerufene Gericht eine ausschließliche Zuständigkeit in Frage kommt. Wenn die ausschließliche Zuständigkeit mehrerer Gerichte gegeben ist, bleibt es gem. Art. 31 Abs. 1 EuGVO (= Art. 29 EuGVO a.F.) beim Prioritätsprinzip.

---

143 Näher hierzu *v. Hein* RIW 2013, 97, 104 f.

144 *EuGH* NJW 2014, 1871 = ZIP 2014, 1248 = EuZW 2014, 469 m. Anm. *Dietze*.

145 Begründet wurde dieses Ergebnis v.a. mit dem Anerkennungshindernis in Art. 35 Abs. 1 EuGVO a.F. (≈ Art. 45 Abs. 1 lit. e EuGVO n.F.), wonach die Anerkennung einer Entscheidung auf Antrag versagt wird, wenn die Entscheidung unter Missachtung der ausschließlichen Zuständigkeit („Kapitel II Abschnitt 6") eines anderen Gerichts zustande gekommen ist.

Ermittlung der internationalen Zuständigkeit in Zivil- und Handelssachen[146]

I. Bestimmung der Internationalen Zuständigkeit nach EuGVO

1. Eröffnung des Anwendungsbereichs der EuGVO
   a) sachlicher Anwendungsbereich, Art. 1 EuGVO (Rn. 236)
   b) räumlicher Anwendungsbereich (Rn. 237)
      aa) Grundsatz: Wohnsitz (Art. 62, 63 EuGVO) des Beklagten muss in der EU liegen
      bb) Ausnahmen: Art. 24, 25, 26 EuGVO
   c) zeitlicher Anwendungsbereich, Art. 66 Abs. 1, 81 EuGVO (Rn. 239)

2. Ermittlung der Zuständigkeit
   a) ausschließliche Zuständigkeiten, Art. 24 EuGVO
   b) halb zwingende Zuständigkeiten
      aa) Versicherungssachen, Art. 10–16 EuGVO
      bb) Verbrauchersachen, Art. 17–19 EuGVO
      cc) Arbeitssachen, Art. 20–23 EuGVO
   c) vereinbarte Zuständigkeit, Art. 25 EuGVO
   d) rügelose Einlassung, Art. 26 EuGVO
   e) allgemeine Zuständigkeit, Art. 4 Abs. 1 EuGVO
   f) besondere Zuständigkeiten, Art. 7 f. EuGVO
   g) keine Unzuständigkeit nach Art. 31 ff. EuGVO

II. Bestimmung der Internationalen Zuständigkeit nach ZPO

1. Nichtanwendbarkeit vorrangigen Rechts, etwa EuGVO oder LugÜ
2. Anwendung spezieller Bestimmungen zur internationalen Zuständigkeit, z.B. §§ 15, 16, 23, 27 Abs. 2 ZPO
3. Wenn keine speziellen Bestimmungen bestehen: analoge Anwendung der §§ 12–35a ZPO
   a) ausschließliche Zuständigkeiten, §§ 24, 29a ZPO
   b) vereinbarte Zuständigkeit, §§ 38, 40 ZPO
   c) rügelose Einlassung, § 39 ZPO
   d) allgemeine Zuständigkeiten, §§ 12–19a ZPO
   e) besondere Zuständigkeiten, §§ 20–34 ZPO (ohne §§ 24, 29a ZPO)
   f) keine Unzuständigkeit nach § 261 Abs. 3 Nr. 1 ZPO

---

146 Vgl. hierzu auch *Schäuble/Kaltenbach* JuS 2012, 131, 134.

III.   Internationale Zuständigkeit im Familienrecht

1.   EheVO II

a)   Allgemeines

Die EheVO II,[147] die auch als Brüssel IIa-VO bezeichnet wird, gilt seit dem 1.3.2005. Sie hat die **276** bis dahin geltende EheVO I[148] abgelöst. Für Verfahren in Ehesachen, also insbesondere für Ehescheidungen und -trennungen, sieht die Verordnung besondere Zuständigkeitsregeln in den Art. 3 ff. EheVO II vor. Daneben enthält die Verordnung eigene gerichtliche Zuständigkeiten zur elterlichen Verantwortung für gemeinsame Kinder (Art. 8 ff. EheVO II). Nationale Ausführungsbestimmungen zur EheVO II finden sich im Internationalen Familienrechtsverfahrensgesetz (IntFamRVG).[149] Die EheVO II genießt innerhalb ihres Anwendungsbereichs umfassenden Vorrang, insbesondere verdrängt sie die §§ 98 ff. FamFG.

b)   Anwendungsbereich

Der Anwendungsbereich der EheVO II bezieht sich **sachlich** auf die Scheidung, Trennung **277** und die Ungültigkeitserklärung einer Ehe (Art. 1 Abs. 1 lit. a EheVO II) sowie Entscheidungen zur elterlichen Verantwortung (Art. 1 Abs. 1 lit. b EheVO II), wozu v.a Sorge- und Umgangsrechtsentscheidungen zählen (vgl. den Katalog in Art. 1 Abs. 2 EheVO). Vom Anwendungsbereich ausgeschlossene Materien werden in Art. 1 Abs. 3 EheVO II aufgeführt.

Räumlich ist die Verordnung anwendbar, wenn ein Gericht eines Mitgliedstaates angerufen **278** wird;[150] Dänemark zählt nach Art. 2 Nr. 3 EheVO II nicht zu den Mitgliedstaaten. Die Staatsangehörigkeit der Ehegatten ist unerheblich.

Zeitlich gilt die EheVO II für gerichtliche Verfahren, die nach ihrem Inkrafttreten am 1.3.2005 **279** eingeleitet worden sind (Art. 64 Abs. 1, 72 Abs. 2 EheVO II).

c)   Zuständigkeiten

aa)   Ehesachen

Eine Zuständigkeit in Ehesachen besteht nach der EheVO II in sieben Fällen, wovon sechs in **280** Art. 3 Abs. 1 lit. a EheVO II aufgeführt sind (bitte lesen). Diese Zuständigkeitsgründe schließen sich nicht gegenseitig aus, sondern **stehen** selbstständig **nebeneinander**.[151] Der Kläger kann zwischen diesen Gerichtsständen wählen.[152] Darüber hinaus kann er gem. Art. 3 Abs. 1 lit. b EheVO II im Staat der gemeinsamen Staatsangehörigkeit klagen, wenn eine solche besteht.

---

147   Verordnung (EG) Nr. 2201/2003 des Rates über die Zuständigkeit und die Anerkennung und Vollstreckung von Entscheidungen in Ehesachen und in Verfahren betreffend die elterliche Verantwortung v. 27.11.2003 [*J/H* Nr. 162; *A/S* Nr. A5].

148   Verordnung (EG) Nr. 1347/2000 des Rates über die Zuständigkeit und die Anerkennung und Vollstreckung von Entscheidungen in Ehesachen und in Verfahren betreffend die elterliche Verantwortung für die gemeinsamen Kinder der Ehegatten v. 29.5.2000.

149   Gesetz zur Aus- und Durchführung bestimmter Rechtsinstrumente auf dem Gebiet des internationalen Verfahrensrechts v. 26.1.2005 [*J/H* Nr. 162a]; näher dazu *Gruber* FPR 2008, 214 ff.

150   H.M., vgl. *Coester-Waltjen* JURA 2004, 839, 840; ausführlich zu Einzelheiten *Rauscher* § 15 Rn. 2045 ff.

151   *Meyer*-Götz/*Noltemeier* FPR 2004, 282, 283; Gruber IPRax 2005, 293, 294.

152   Erman-*Hohloch* Art. 17 Rn. 65; *Gruber* IPRax 2005, 293, 294.

Beispiel   Sachverhalt wie in Übungsfall Nr. 2 (Rn. 125). F fragt, in welchem Land sie den Scheidungsantrag stellen kann.

Nach der hier anwendbaren[153] EheVO II, sind gem. Art. 3 Abs. 1 lit. a EheVO II die Gerichte des Mitgliedstaates international zuständig, in dessen Hoheitsgebiet beide Ehegatten ihren gewöhnlichen Aufenthalt haben (1. Spiegelstrich) oder zuletzt hatten, sofern einer von ihnen seinen gewöhnlichen Aufenthalt dort noch immer hat (2. Spiegelstrich). Nach dem Wegzug der F nach Lyon im Jahre 2012 haben die Ehegatten zwar keinen gemeinsamen Aufenthalt mehr. Da E aber weiterhin in Köln lebt, wo die Ehegatten ihren letzten gewöhnlichen Aufenthalt hatten, sind deutsche Gerichte nach Art. 3 Abs. 1 lit. a Spiegelstrich 2 EheVO II international zuständig. Gleiches ergibt sich auch aus Art. 3 Abs. 1 lit. a Spiegelstrich 3 EheVO II, der an den gewöhnlichen Aufenthalt des Antragsgegners anknüpft, welcher vorliegend in Deutschland liegt.

Die Regelung der Zuständigkeiten in Art. 3 Abs. 1 lit. a EheVO II folgt keinem „Leiterprinzip", sondern ist als Katalog nebenstehender Zuständigkeiten zu begreifen. Folglich könnte sich aus Art. 3 Abs. 1 lit. a Spiegelstrich 6 EheVO II eine mit der Zuständigkeit deutscher Gerichte konkurrierende Zuständigkeit in Frankreich ergeben. Danach sind die Gerichte des Mitgliedstaates zuständig, in denen der Antragssteller seinen gewöhnlichen Aufenthalt hat, wenn er sich dort seit mindestens sechs Monaten unmittelbar vor der Antragsstellung aufgehalten hat und Staatsangehöriger des betreffenden Mitgliedstaats ist. Dies ist bei der Französin F, die bereits Mitte 2012 nach Lyon gezogen ist, zum Zeitpunkt der Antragsstellung im Frühjahr 2013 der Fall. Demzufolge kann F sowohl in Deutschland als auch in Frankreich Scheidungsantrag stellen. ■

281   Wenn sich (ganz ausnahmsweise) keine Zuständigkeit aus den Art. 3–5 EheVO II ergibt, so bestimmt sich die Zuständigkeit gem. Art. 7 EheVO II nach dem nationalen Recht, in Deutschland also nach den §§ 98 ff. FamFG.

Beispiel   Die deutsche Ehefrau F des Marokkaners M verlässt Marokko in Richtung Deutschland. Noch ehe sie im Inland gewöhnlichen Aufenthalt begründet hat, beantragt sie in Deutschland die Scheidung von ihrem weiterhin in Marokko lebenden Ehemann.

Art. 3, 4 und 5 EheVO II sind allesamt nicht erfüllt. Daher gilt nach Art. 7 EheVO II autonomes deutsches Recht: Gem. § 98 Abs. 1 Nr. 1 FamFG sind deutsche Gerichte aufgrund der deutschen Staatsangehörigkeit der F international zuständig. ■

bb) Elterliche Verantwortung

282   Für Entscheidungen, die die elterliche Verantwortung betreffen, sind die Gerichte des Mitgliedstaates zuständig, in dem das Kind zum Zeitpunkt der Antragsstellung seinen gewöhnlichen Aufenthalt hat, Art. 8 Abs. 1 EuEheVO II. Die elterliche Verantwortung im vorgenannten Sinne umfasst sowohl das Sorge- als auch das Umgangsrecht.[154] Ausnahmen von der internationalen Zuständigkeit der Gerichte am Lebensmittelpunkt des Kindes bestehen in den von Art. 9 ff. EheVO II genannten Fällen.[155]

---

153   Müsste in der Klausur kurz ausgeführt werden, insoweit sei hier auf die Rn. 277–279 verwiesen.
154   Vgl. *OLG Stuttgart* NJW 2012, 2043 f.
155   Dazu im Einzelnen *Solomon* FamRZ 2004, 1409, 1411 ff.; *Gruber* IPRax 2005, 293, 297 ff.

2. KSÜ/MSA und ESÜ

Wenn der Anwendungsbereich des KSÜ/MSA eröffnet ist,[156] bestimmt sich die internationale **283** Zuständigkeit primär nach Art. 5 Abs. 1 KSÜ/Art. 1 MSA: Danach sind die Gerichte und Verwaltungsbehörden des Staates international zuständig, in dem das Kind/der Minderjährige seinen gewöhnlichen Aufenthalt hat. Dasselbe gilt hinsichtlich Fürsorgemaßnahmen zugunsten schutzbedürftiger Erwachsener nach Art. 5 Abs. 1 ESÜ. Jeweils subsidiäre Zuständigkeiten gegenüber dieser **Hauptzuständigkeit am gewöhnlichen Aufenthalt des Betroffenen** sehen die Art. 7–12 ESÜ[157] sowie Art. 7–14 KSÜ[158] vor.

In Fällen von Kindesentführung werden sowohl Art. 7 KSÜ als auch Art. 1 ff. HKEntfÜ[159] durch **284** Art. 8 ff. EuEheVO verdrängt, wenn das Kind seinen gewöhnlichem Aufenthalt in einem EU-Staat hat, vgl. Art. 61 lit. a, Art. 60 lit. e EuEheVO. Das schmälert die praktische Bedeutung der Zuständigkeitsregeln des KSÜ erheblich.[160]

IV. Internationale Zuständigkeit im Erbrecht

Die EuGVO und die EheVO II klammern erbrechtliche Streitigkeiten jeweils ausdrücklich aus **285** ihrem sachlichen Anwendungsbereich aus (vgl. Art. 1 Abs. 2 lit. f EuGVO; Art. 1 Abs. 3 lit. f EheVO II). Bis zum Inkrafttreten der EuErbVO am 17.8.2015[161] richtet(e) sich das Internationale Erbverfahren nach nationalem Recht:

- Für Verfahren vor der streitigen Gerichtsbarkeit bestimmt sich die internationale Zuständigkeit nach den §§ 12 ff. ZPO analog, wobei v.a. § 27 ZPO zu berücksichtigen ist.
- Die deutlich größere Masse der erbrechtlichen Verfahren betreffen allerdings Nachlasssachen, wozu insbesondere das Erbscheinverfahren zählt (vgl. § 342 Abs. 1 Nr. 6 FamFG). Die internationale Zuständigkeit für Nachlasssachen ist auf der Grundlage der §§ 105, 343, 344 FamFG zur örtlichen Zuständigkeit zu ermitteln.[162] Die dortigen Regeln über die örtliche Zuständigkeit sind insoweit doppelfunktional.[163]

Beispiel[164]   Die Erblasserin E verstirbt 2008 an ihrem letzten Wohnsitz in Hamm. Sie war österreichische Staatsangehörige. Das Amtsgericht Hamm lehnt es 2009 ab, eine notariell beglaubigte Erbausschlagungserklärung der Kinder der E entgegenzunehmen, weil es seine internationale Zuständigkeit mit Blick auf die österreichische Staatsangehörigkeit der E nicht für gegeben hält. Zu Recht?

Bei der Entgegennahme einer Erbausschlagungserklärung handelt es sich gem. § 342 Abs. 1 Nr. 5 FamFG um eine Nachlasssache i.S. der §§ 343, 344 FamFG. Die doppelfunktionalen §§ 343, 344 FamFG regeln die örtliche und zugleich auch die internationale Zuständigkeit. Da E zur Zeit des Erbfalls ihren Wohnsitz in Hamm hatte, ist gem. §§ 105, 343

---

156 Siehe dazu Rn. 120 f.

157 Dazu *Helms* FamRZ 2008, 1995, 1996 ff.; knapp *R. Wagner* IPRax 2007, 11, 13; *Guttenberger* BtPrax 2006, 83, 84.

158 Dazu umfassend *Siehr* RabelsZ 62, 1998, 464–478 ff.

159 Haager Übereinkommen über die zivilrechtlichen Aspekte internationaler Kindesentführung v. 25.10.1980 [J/H Nr. 222].

160 Vgl. *R. Wagner* NJW 2011, 1404, 1406.

161 Siehe dazu bereits oben unter Rn. 127 ff.

162 Siehe hierzu etwa die Schwerpunktbereichsklausur von *M. Stürner/Wendelstein* JURA 2014, 707, 709.

163 *OLG Hamm* ZEV 2011, 469 m.w.N.

164 Lose angelehnt an *OLG Hamm* ZEV 2011, 469.

Abs. 1 Hs. 1 FamFG das AG Hamm örtlich und international zuständig. Dass E Österreicherin war, ist insoweit unerheblich. Die Ablehnung der Erbausschlagungserklärung durch das Amtsgericht Hamm erfolgte zu Unrecht. ◾

286 Ab dem 17.8.2015 ist das Internationale Erbverfahrensrecht europäisiert. Das erleichtert die Ermittlung der internationalen Zuständigkeit in Erbsachen: Für den gesamten Nachlass sind fortan die Gerichte des Mitgliedstaates am gewöhnlichen Aufenthalt des Erblassers zum Zeitpunkt seines Todes allgemein zuständig, Art. 4 EuErbVO.

Abweichungen hiervon können sich insbesondere bei Vorliegen einer Gerichtsstandsvereinbarung (Art. 5 EuErbVO), einer Rechtswahl (Art. 6–Art. 8 EuErbVO) oder durch rügelose Einlassung (Art. 9 EuErbVO) ergeben. Art. 17 EuErbVO lässt Raum für die Anwendung der sog. „Torpedo-Taktik" in Erbsachen.

Wenn der gewöhnliche Aufenthalt des Erblassers zum Zeitpunkt des Todes nicht in einem Mitgliedstaat lag, so können Gerichte eines Mitgliedstaates unter den Voraussetzungen der Art. 10, 11 EuErbVO (bitte lesen) gleichwohl zuständig sein. Insbesondere ist in diesem Fall das Gericht des Mitgliedstaates international zuständig, dessen Staatsangehörigkeit der Erblasser zum Zeitpunkt seines Todes besaß (Art. 10 Abs. 1 lit. a EuErbVO).

V. Übungsfall Nr. 6[165]

„Resa: Franco Partenza"   287

Der in Deutschland ansässige Unternehmer A bezog Mitte 2015 Holzwaren von der B-Gesellschaft aus Italien. Die Waren werden jeweils von B an eine Transportperson in Italien übergeben, die sie an den Geschäftssitz des A in Deutschland liefert. Das entspricht einer Vertragsklausel zwischen A und B, welche die „Lieferung frei Absendung" („Resa: Franco Partenza") vorsieht. Nach Ansicht der B ergibt sich aus den Lieferungen noch eine offene Kaufpreisforderung i.H.v. 43 000 €. A dagegen möchte festgestellt wissen, dass er B in Wahrheit nichts mehr schulde. A erhebt daher negative Feststellungsklage in Deutschland. B erwidert vor deutschen Gerichten, sie seien gar nicht international zuständig. Kurz darauf erhebt B seinerseits Zahlungsklage in Italien.

A. Ist das von A angerufene deutsche Gericht international zuständig?

B. Wie muss das italienische Gericht mit der Klage der B verfahren?

Lösung   288

A. Internationale Zuständigkeit

Die internationale Zuständigkeit für Zivilsachen ergibt sich vorrangig aus der EuGVO, deren Anwendungsbereich zunächst zu prüfen ist.

I. Anwendungsbereich der EuGVO

Als Zivil- und Handelssache i.S.d. Art. 1 Abs. 1 EuGVO fällt die Streitigkeit um die Kaufpreisforderung in den **sachlichen Anwendungsbereich** der EuGVO.

Da B ihren Wohnsitz i.S.d. Art. 62 EuGVO in der EU hat, ist auch **der räumliche Anwendungsbereich** eröffnet.

Schließlich wurde die Klage **nach dem 10.1.2015 erhoben** (Art. 66 Abs. 1, 81 EuGVO), sodass die EuGVO in ihrer neuen Fassung vom 12.12.2012 anwendbar ist.

II. Zuständigkeit nach der EuGVO

1. Allgemeine Zuständigkeit

Art. 4 Abs. 1 EuGVO begründet eine allgemeine Zuständigkeit am Beklagtenwohnsitz in Italien.

2. Rügelose Einlassung

Die internationale Zuständigkeit deutscher Gerichte könnte sich aus **Art. 26 EuGVO** ergeben, da sich B vor deutschen Gerichten auf die Klage eingelassen hat. Indes tat B dies nur, um eine fehlende internationale Zuständigkeit deutscher Gerichte zu rügen. Dieser Umstand schließt gem. Art. 26 S. 2 Alt. 1 EuGVO eine Gerichtsstandbegründung kraft rügeloser Einlassung aus.

3. Besondere Zuständigkeit

Die internationale Zuständigkeit deutscher Gerichte könnte sich jedoch aus den besonderen Zuständigkeitsgründen der **Art. 7 f. EuGVO** ergeben, die neben die allgemeine Zuständigkeit treten.

Da es vorliegend um einen Anspruch aus Vertrag geht, ist Art. 7 Nr. 1 EuGVO zu prüfen. Die Vorschrift schafft einen besonderen Gerichtsstand am Erfüllungsort. Der Erfüllungsort wird für Warenkäufe, wie sie hier in Rede stehen, vorrangig (vgl. Art. 7 Nr. 1 lit. c EuGVO) durch Art. 7 Nr. 1 lit. b Unterabsatz 2 EuGVO verordnungsautonom definiert. Danach liegt – vorbehaltlich einer anderen Vereinbarung durch die Parteien – der Erfüllungsort dort, wo die Sachen nach dem Vertrag zu liefern sind. In der Klausel „Lieferung frei Absendung" ist keine parteiliche Erfüllungsortsvereinbarung zu sehen,[166] folglich kommt es auf den Lieferort der Waren an. Wo der Lieferort bei einem Versendungskauf liegt, ist problematisch.

Einerseits könnte man als Lieferort den Ort der Absendung bzw. der Übergabe an die

---

165 Angelehnt an *BGH* NJW 2010, 3452 = JA 2011, 63 m. Anm. *Looschelders.*

166 Vgl. *BGH* NJW 2010, 3452, 3452.

Transportperson ansehen.[167] Dieser liegt vorliegend in Italien. Für diese Ansicht spricht eine Parallele zu Art. 31 lit. a CISG im internationalen Warenkauf.

Andererseits könnte man aber auch auf den endgültigen Bestimmungsort abstellen, an dem die Ware dem Käufer körperlich übergeben wurde oder werden müsste.[168] Dieser Ort liegt bei dem vorliegenden Versendungskauf in Deutschland.

Letzterer Standpunkt verdient den Vorzug. Neben der Entstehungsgeschichte der Norm[169]

---

167 So etwa *OLG Stuttgart* IPRax 2009, 64, 67 m.w.N.
168 So bisher bereits *Hager/Bentele* IPRax 2004, 73, 77; *Hoffmann/Thorn* § 3 Rn. 223b.
169 Dazu *EuGH* NJW 2010, 1059, 1061 (Rechtssache *Car Trim*); *Hager/Bentele* IPRax 2004, 73, 75 f.

sprechen die gute Vorhersehbarkeit der Zuständigkeit sowie die Sach- und Beweisnähe der Gerichte am Bestimmungsort für deren internationale Zuständigkeit.

Nach alledem bleibt festzuhalten, dass der Erfüllungsort in Deutschland liegt, sodass das von A angerufene deutsche Gericht gem. Art. 7 Nr. 1 lit. b EuGVO international zuständig ist.

B. Vorgehen des italienischen Gerichts

Dem Prioritätsgrundsatz folgend, muss das später angerufene italienische Gericht zunächst sein Verfahren gem. Art. 29 Abs. 1 EuGVO aussetzen, bis die Zuständigkeit des zuerst angerufenen deutschen Gerichts feststeht. Mit Feststellung der internationalen Zuständigkeit durch das deutsche Gericht (s.o.), hat sich das italienische Gericht gem. Art. 29 Abs. 3 EuGVO für unzuständig zu erklären.

Online-Wissens-Check

Was versteht man unter der sog. „Tessili-Regel", was unter der „De Bloos-Regel"?

Überprüfen Sie jetzt online Ihr Wissen zu den in diesem Abschnitt erarbeiteten Themen. Unter **www.juracademy.de/skripte/login** steht Ihnen ein Online-Wissens-Check speziell zu diesem Skript zur Verfügung, den Sie kostenlos nutzen können. Den Zugangscode hierzu finden Sie auf der Codeseite.

C. Anerkennung und Vollstreckung ausländischer Entscheidungen

I. Einführung und Rechtsquellen

Recht bekommen ist bekanntlich das eine, Recht durchsetzen das andere. Auch für Letzteres **289** gelten in Fällen mit Auslandsbezügen besondere Regeln. Dieser bedarf es, weil Gerichtsentscheidungen staatliche Hoheitsakte sind, die grundsätzlich nur innerhalb der territorialen Grenzen des Urteilsstaates wirken. Die Interessen der Parteien erfordern jedoch häufig eine Erstreckung der Rechtskraft auf ein anderes Land. Dazu muss die ausländische Entscheidung im Inland anerkannt und ggf. für vollstreckbar erklärt werden.

Ob und unter welchen Voraussetzungen Anerkennung und Vollstreckung ausländischer Ent- **290** scheidungen möglich sind, wird insbesondere in den Art. 36 ff. EuGVO (Art. 32 ff. EuGVO a.F.) und für Ehesachen in den Art. 21 ff. EheVO sowie für Erbsachen in den Art. 39 ff. EuErbVO bestimmt. Für die Anerkennung und Vollstreckung von Unterhaltstiteln gelten ab dem 18.6.2011 die Art. 16 ff. EuUnterhVO.

Wenn gerichtliche Entscheidungen aus Drittstaaten anerkannt und vollstreckt werden sollen, werden v.a. die §§ 328, 722, 723 ZPO bzw. für Ehesachen die §§ 107 ff. FamFG relevant.[170] Sie können allerdings durch staatsvertragliche Regelungen verdrängt sein, wie sie sich etwa in Art. 32 ff. LugÜ, Art. 23 ff. KSÜ und Art. 22 ff. ESÜ finden.

Da den Art. 36 ff. EuGVO in der Praxis die weitaus größte Bedeutung zukommt,[171] soll nachfolgend anhand dieser Vorschriften exemplarisch ein knapper Überblick über die Anerkennung und Vollstreckung ausländischer Entscheidungen gegeben werden.[172]

II. Anerkennung

Gegenstand der Anerkennung und Vollstreckung nach der EuGVO sind alle in einem anderen **291** Mitgliedstaat ergangenen „Entscheidungen" i.S.d. Art. 36 Abs. 1 i.V.m. Art. 2 lit. a EuGVO, die in den sachlichen und zeitlichen Anwendungsbereich[173] der EuGVO fallen. Der autonom auszulegende Begriff der Entscheidung ist weit zu verstehen. Er ist nicht auf Entscheidungen beschränkt, welche einen Rechtsstreit ganz oder teilweise beenden, sondern erfasst auch etwa einstweilige Anordnungen einschließlich Sicherungsmaßnahmen (vgl. Art. 2 lit. a EuGVO sowie Erwägungsgrund 25); ob eine Entscheidung nach nationalen Kategorien als Prozessoder Sachurteil anzusehen wäre, ist für die Anerkennung unerheblich.[174]

Anerkennung heißt, dass Wirkungen einer ausländischen Entscheidung im Inland Beachtung **292** finden. Die Anerkennung erfolgt im Bereich der EuGVO grundsätzlich ohne „dass es hierfür eines besonderen Verfahrens bedarf", Art. 36 Abs. 1 EuGVO. Stattdessen wird die gerichtliche

---

170 Dazu näher *Rauscher* § 20 Rn. 2458 ff.

171 Vgl. nur *Koch/Magnus/Mohrenfels* § 11 Rn. 3 m.w.N.

172 Weiterführend zum Ganzen *Rauscher* § 20 Rn. 2269 ff.

173 Dafür gilt das unter Rn. 236 und Rn. 239 Ausgeführte. Der räumlich-persönliche Anwendungsbereich der EuGVO (Rn. 237) ist für die Anerkennung und Vollstreckung nicht zu prüfen: Art. 33 Abs. 1 und 38 Abs. 1 EuGVO verlangen stattdessen die „in einem Mitgliedstaat ergangene Entscheidung".

174 Näher *EuGH* EuZW 2013, 60 ff. m. Anm. *Bach* EuZW 2013, 56.

Entscheidung im Grundsatz automatisch anerkannt („**Anerkennungsautomatik**"). Das ist Ausdruck des gegenseitigen Vertrauens der Mitgliedstaaten.

293   **Ausnahmen**, in denen die Anerkennung ausgeschlossen ist, finden sich in Art. 45 EuGVO (≈ Art. 34 und 35 EuGVO a.F.). Diese sog. **Anerkennungshindernisse** werden jedoch nicht von Amts wegen, sondern **nur auf Rüge des Beklagten hin geprüft**, vgl. Art. 45 Abs. 1 EuGVO. Die in Art. 45 EuGVO aufgeführten Anerkennungshindernisse sind abschließend.[175] Rügefähig nach Art. 45 Abs. 1 EuGVO sind Verletzungen des inländischen *ordre public* (lit. a) und des rechtlichen Gehörs (lit. b) sowie die Unvereinbarkeit mit einer inländischen (lit. c) bzw. einer früher ergangenen Mitglieds- oder Drittstaatenentscheidung (lit. d). Nach einer noch jungen Entscheidung des *EuGH* kommt eine analoge Anwendung des Art. 45 Abs. 1 lit. d EuGVO auf unvereinbare Entscheidungen, die von Gerichten *ein und desselben Mitglied-staates* erlassen wurden, nicht in Frage, da Art. 45 als Ausnahmevorschrift eng auszulegen ist und daher keiner Analogie zugänglich erscheint.[176] Nach Art. 45 Abs. 1 lit. e EuGVO ist die Anerkennung v.a. dann ausgeschlossen, wenn der Urteilsstaat bei seiner Zuständigkeitsprü-fung die Art. 10 ff., 17 ff., 20 ff. oder 24 EuGVO missachtet hat. Im Übrigen prüft das Zweitge-richt grundsätzlich nicht, ob das Erstgericht bei Erlass seiner Entscheidung auch zuständig war, vgl. Art. 45 Abs. 3 S. 1 EuGVO.[177] Ebenso ausgeschlossen ist eine inhaltliche Überprüfung (sog. *révision au fond*) der ausländischen Entscheidung durch den Anerkennungsstaat, Art. 52 EuGVO (= 36 EuGVO a.F.).

Beispiel   Der Anerkennung eines Zahlungstitels, den A durch Bürgschaftsklage vor französi-schen Gerichten erworben hat, kann B in Deutschland nicht entgegenhalten, dass die kon-krete Bürgschaft nach § 138 BGB unwirksam sei. Denn eine inhaltliche Überprüfung des französischen Urteils nehmen deutsche Gerichte gem. Art. 52 EuGVO nicht vor. Allenfalls kommt eine Rüge nach Art. 45 Abs. 1 lit. a EuGVO wegen Verletzung des *ordre public* in Frage. Da dieser aber sehr eng verstanden wird, müsste die Kontrolle deutlich großzügi-geren Maßstäben als in § 138 BGB folgen. Auf den *ordre public* gestützte Beschwerden sind daher allgemein höchst selten erfolgsversprechend.[178] ◾

III. Vollstreckung

294   Durch die Neufassung der EuGVO hat sich die Vollstreckung ausländischer Entscheidung grundlegend geändert. Um diese wesentliche inhaltliche Änderung nachvollziehen zu können, sei nachfolgend zunächst kurz auf die Vollstreckung nach der EuGVO a.F. eingegangen.[179]

295   Ein deutscher Gerichtsvollzieher wurde danach nicht auf der Grundlage einer ausländischen Gerichtsentscheidung tätig. Vielmehr musste ihm der ausländische Urteilsgläubiger einen deutschen Vollstreckungstitel vorlegen. Hierfür bedurfte das ausländische Urteil einer Voll-streckbarerklärung (sog. Exequatur) im Inland. Anders als für die Anerkennung war für die

---

175   *EuGH* NJW 2014, 203, 204; *EuGH* EWS 2012, 108, 109 (Rechtssache *Prism Investment*); dieser Aspekt war im Sommersemester 2013 Gegenstand einer Schwerpunkt-Klausur zum IZVR/IPR an der Universität Kon-stanz, s. *Klöpfer* JuS 2014, 243, 247.

176   *EuGH* NJW 2014, 203 = EuZW 2013, 903 m. abl. Anm. *Mäsch*.

177   Näher *v. Hein* RIW 2013, 97, 109.

178   *Hess* IPRax 2011, 125, 129 m.w.N.; *Hohloch* in: FS Kropholler 2008, 809 ff.

179   Näher zur historischen Entwicklung des Exequaturverfahrens und seiner Abschaffung *Adolphsen* ZJS 2012, 579 ff.

Exequatur ein eigenes Verfahren in der EuGVO a.F. vorgesehen, das sog. Vollstreckbarerklärungs- bzw. Exequaturverfahren. Für die Vollstreckung von Entscheidungen aus Drittstaaten bedarf es noch heute eines derartigen Vollstreckbarerklärungsverfahrens, das sich in diesen Fällen nach §§ 722, 723 ZPO richtet. Einzelheiten für das Vollstreckbarerklärungsverfahren nach der EuGVO a.F. ergaben sich aus Art. 38–58 EuGVO a.F. und deren Ausführungsbestimmungen im deutschen Recht, die im Anerkennungs- und Vollstreckungsausführungsgesetz (AVAG)[180] zu finden sind.

Das Exequaturverfahren nach der EuGVO a.F. war bereits weniger aufwendig als das kompli- **296** ziertere Verfahren nach §§ 328, 722, 723 ZPO.[181] Da jedoch jegliche Zwischenverfahren die Zwangsvollstreckung verzögern, drängt die EU seit einigen Jahren darauf, die grenzüberschreitende Forderungsdurchsetzung weiter zu vereinfachen und zu beschleunigen. Zu diesem Zweck hatte die EU in der EuTVO, EuMVVO, EuBagatellVO und in Teilen der EuEheVO II das Vollstreckbarerklärungsverfahren bereits abgeschafft. Auch die ab dem 18.6.2011 geltende EuUnterhVO verzichtet auf das Exequaturverfahren (vgl. Art. 17 EuUnterhVO). Dieser Linie folgend, hat der Unionsgesetzgeber in der seit 10.1.2015 geltenden Neufassung der EuGVO auf das Vollstreckbarerklärungsverfahren insgesamt verzichtet. Gleichzeitig hat der Bundestag in den neuen **§§ 1110 ff. ZPO** Vorschriften zur Durchführung[182] der neuen EuGVO verabschiedet, die dem Wegfall des Vollstreckbarerklärungsverfahren Rechnung tragen. Nach der neuen Vorschrift des Art. 39 EuGVO kann jede in einem Mitgliedstaat ergangene Entscheidung, die in diesem Mitgliedstaat vollstreckbar ist, in den anderen Mitgliedstaaten vollstreckt werden, ohne dass es einer Vollstreckbarerklärung bedarf. Das ist die wichtigste Änderung, welche die Reform der EuGVO gebracht hat.[183] Der neue § 1112 ZPO lässt sich hierauf zurückführen.

Dadurch wird insgesamt ein **System unmittelbarer Vollstreckung** geschaffen, in dem **297** gerichtliche Entscheidungen aus anderen EU-Staaten wie inländische Gerichtsentscheidungen behandelt und vollstreckt werden.[184] „Pilotprojekt" bei der Entwicklung dieses Systems war der europäische Vollstreckungstitel nach der EuTVO.[185] Im Folgenden sei zunächst kurz auf diesen europäischen Vollstreckungstitel eingegangen, ehe im Anschluss das reformierte Vollstreckungssystem nach der Neufassung der EuGVO vorgestellt wird.

1. Der europäische Vollstreckungstitel[186]

Trotz seiner Bezeichnung stellt der Europäische Vollstreckungstitel (im Folgenden: EVT) kei- **298** nen europäischen, sondern einen nationalen Titel dar, der zur Beschleunigung der grenzüberschreitenden Vollstreckung einen „europäischen Stempel aufgedrückt bekommt".[187]

---

180 Gesetz zur Ausführung zwischenstaatlicher Verträge und zur Durchführung von Verordnungen und Abkommen der EG auf dem Gebiet der Anerkennung und Vollstreckung in Zivil- und Handelssachen v. 19.2.2001 [J/H Nr. 160a].

181 Zum Verfahren nach §§ 328, 722, 723 ZPO *Hoffmann/Thorn* § 3 Rn. 153 ff.; *Kallweit* JURA 2009, 585, 588 f.

182 Siehe BGBl. 2014 I S. 890 ff.

183 *Alio* NJW 2014, 2395; kritisch zu dieser Reform äußerte sich etwa der Deutsche Anwaltsverein, siehe hierzu EuZW 2011, 731.

184 Vgl. *Hoffmann/Thorn* § 3 Rn. 270a.

185 *Kropholler* § 60 IV 2d S. 685.

186 Dazu näher *Rauscher* § 20 Rn. 2353 ff.; *R. Wagner* NJW 2005, 1157 ff.; *Sujecki* EuZW 2011, 287, 290 f.

187 So die treffende Formulierung von *Kallweit* JURA 2009, 585, 586.

Der EVT bietet dem Gläubiger eine Alternative zur Vollstreckung nach der EuGVO, wenn seine Forderung vom Schuldner nicht bestritten wird. Der Gläubiger kann in diesem Fall grundsätzlich frei wählen, ob er das Vollstreckungsverfahren nach der EuGVO oder das meist schnellere Verfahren nach der EuTVO[188] betreibt (vgl. Art. 27 EuTVO).[189] Wenn sich der Gläubiger für Letzteres entscheidet und eine Bestätigung als Europäischen Vollstreckungstitel erhält, kann er allerdings nach neuerer Rechtsprechung des *BGH* nicht wieder auf ein Vorgehen nach der EuGVO umschwenken. Insofern würde es für eine Vollstreckbarerklärung der Ausgangsentscheidung im Zweitstaat am notwendigen Rechtsschutzbedürfnis fehlen.[190]

299   Die EuTVO gilt in allen Mitgliedstaaten außer Dänemark.[191] In ihren sachlichen Anwendungsbereich fallen Entscheidungen über „unbestrittene Forderungen" i.S.d. Art. 3 Abs. 1 EuTVO in Zivil- und Handelssachen (Art. 2 Abs. 1 EuTVO). Eine Zivil- und Handelssache i.S.d. Art. 2 Abs. 1 EuTVO stellt auch etwa die Vollstreckung eines in einem Ordnungsmittelverfahren gem. § 890 ZPO ergangenen Beschlusses dar.[192] Zur Erlangung eines EVTs muss der Gläubiger beim Erstgericht den Antrag stellen, die Entscheidung des Ausgangsverfahrens als EVT zu bestätigen. Sofern die Bestätigung, die in jeder Lage des Ausgangsverfahrens beantragt werden kann,[193] in Deutschland verlangt wird, sind die Durchführungsbestimmungen zur EuTVO in §§ 1079 ff. ZPO zu berücksichtigen.

300   Die Bestätigung als EVT erfolgt unter den Voraussetzungen der Art. 6 Abs. 1 lit. a–lit. c EuTVO, die von Amts wegen geprüft werden. Sofern sich der begehrte EVT gegen einen Verbraucher richtet, muss zusätzlich Art. 6 Abs. 1 lit. d EuTVO erfüllt sein. Liegen diese Voraussetzungen vor, scheitert die Bestätigung häufig noch an Zustellungsmängeln nach Art. 12–19 EuTVO.[194] So ist etwa eine öffentliche Zustellung des verfahrenseinleitenden Schriftstücks nach Art. 14 EuTVO nicht möglich (vgl. auch Erwägungsgründe 14 und 15 EuTVO).[195] Die Einhaltung derartiger verfahrensrechtlicher Mindeststandards werden von den Gerichten im Ursprungsstaat im Rahmen des Bestätigungsverfahrens (Art. 6–11 EuTVO) geprüft.[196]

301   Wenn der Ursprungsstaat die Entscheidung als EVT bestätigt, so wird sie im Zweitstaat gem. Art. 20 Abs. 1 S. 2 EuTVO wie ein inländischer Titel vollstreckt. Der Vollstreckungsgläubiger kann sich damit ohne den Umweg des Vollstreckbarerklärungsverfahrens direkt an den Gerichtsvollzieher oder die sonstigen Vollstreckungsorgane wenden, die sodann die Zwangsvollstreckung nach ihrem nationalen Recht (vgl. Art. 20 Abs. 1 EuTVO) durchführen. Im zweitstaatlichen Vollstreckungsverfahren eröffnen dem Schuldner Art. 21 Abs. 1 und Art. 23 EuTVO letzte Verteidigungsmöglichkeiten. Diese sind jedoch eng begrenzt. Weder die Entscheidung noch ihre Bestätigung als Europäischer Vollstreckungstitel dürfen im Vollstreckungsmitgliedstaat in der Sache selbst nachgeprüft werden, Art. 21 Abs. 2 EuTVO. Eine *ordre public*-Prüfung

---

188 Verordnung (EG) Nr. 805/2004 des Europäischen Parlaments und des Rates zur Einführung eines europäischen Vollstreckungstitels für unbestrittene Forderungen v. 21.4.2004 [*J/H* Nr. 184; *A/S* Nr. A7].

189 *Giebel* IPRax 2011, 529.

190 *BGH* NJW-RR 2010, 571 = EuZW 2010, 319; zustimmend *Bittmann* IPRax 2011, 55 ff.; *Kienle* EuZW 2010, 334 ff.; krit. hingegen m.w.N. *Mansel/Thorn/Wagner* IPRax 2011, 1, 21 f.

191 Siehe *J/H* Nr. 184 Fn. 1.

192 So *BGH* NJW 2010, 1883; vgl. in diesem Zusammenhang auch *EuGH* NJW 2011, 3568 = EuZW 2012, 157 m. Anm. *Sujecki*.

193 *Hoffmann/Thorn* § 3 Rn. 270d; *Stein* EuZW 2004, 679, 680; *Finger* FuR 2006, 56, 64.

194 Vgl. *Hüßtege* IPRax 2009, 321, 322 ff. („Die Schwachstelle: Das Zustellungsverfahren").

195 Vgl. hierzu auch die Klausur von *Klöpfer* JuS 2014, 243, 247 m.w.N.

196 Siehe nur *BGH* NJW 2014, 2363, 2364.

durch die Gerichte im Vollstreckungsstaat sieht die EuTVO nicht vor.[197] Der Schuldner kann sich wegen des Fehlens eines Exequaturverfahrens daher praktisch ausschließlich im erststaatlichen Verfahren verteidigen (siehe insbesondere Art. 10 Abs. 1 lit. b EuTVO[198]).[199] Diese Schutzverlagerung des Schuldners auf den Erststaat und der Wegfall einer Kontrolle durch den Zweitstaat werden in der Literatur zum Teil heftig kritisiert.[200] Gleichwohl ist und bleibt die Vollstreckung ohne Exequaturverfahren das „Modell der Zukunft".[201]

2. Vollstreckung nach der reformierten EuGVO

Davon, dass die Vollstreckung ohne Vollstreckbarerklärungsverfahren das „Modell der Zukunft" ist, zeugt die Reform der EuGVO, die auf ein Exequaturverfahren verzichtet. Die Vollstreckbarkeit von Entscheidungen (siehe zum Begriff Art. 2 lit. a EuGVO) aus einem Mitgliedstaat besteht seit dem 10.1.2015 automatisch auch in jedem anderen Mitgliedstaat. Das gilt über die in Art. 2 lit. a EuGVO ausdrücklich aufgeführten Entscheidungen hinaus auch für vorläufig vollstreckbare Entscheidungen.[202] Zum Schutze des Vollstreckungsschuldners kann das Vollstreckungsverfahren allerdings nach Art. 51 EuGVO (vgl. auch Erwägungsgrund 31 EuGVO) ausgesetzt werden, sofern gegen die Entscheidung im Ursprungsmitgliedstaat ein ordentlicher Rechtsbehelf eingelegt wurde oder die Frist hierfür noch nicht verstrichen ist. **302**

Die Vollstreckung findet nach der Neufassung der EuGVO jeweils direkt aus dem ausländischen Titel statt, vgl. Art. 39 EuGVO, § 1112 ZPO. Der Verzicht auf das Exequaturverfahren wird in Erwägungsgrund 26 EuGVO mit dem gegenseitigen Vertrauen in die Rechtspflege innerhalb der Union sowie mit einer Reduzierung des Zeit- und Kostenaufwands begründet.

Nach der Neufassung der EuGVO ist der Aufwand für den Gläubiger zur Vollstreckung einer gerichtlichen Entscheidung des einen Mitgliedstaates in einem anderen Mitgliedstaat eng begrenzt: Er hat der Vollstreckungsbehörde des Vollstreckungsstaates nach Art. 42 Abs. 1 EuGVO neben einer Ausfertigung der Entscheidung vor allem eine besondere Bescheinigung vorzulegen, mit der bestätigt wird, dass die Entscheidung vollstreckbar ist. Gem. Art. 53 EuGVO stellt das zuständige Ursprungsgericht (siehe §§ 1110, 724 Abs. 2 ZPO) die Bescheinigung auf Antrag des Berechtigten aus. Im Inland wird die Bescheinigung grundsätzlich ohne Anhörung des Schuldners ausgestellt, § 1111 Abs. 1 S. 1 ZPO. Eine Ausfertigung der Bescheinigung wird dem Schuldner von Amts wegen gem. § 1111 Abs. 1 S. 3 ZPO zugestellt. **303**

Das Vollstreckungsgericht kann nach Art. 42 Abs. 3 EuGVO eine Übersetzung der Bescheinigung verlangen. Die Bescheinigung dient nicht nur der Information des Vollstreckungsgerichts, sondern auch der des Schuldners, dem sie gem. Art. 43 Abs. 1 S. 1 EuGVO vor der ersten Vollstreckungshandlung zuzustellen ist. Daneben wird dem Schuldner mit der Bescheinigung die Entscheidung selbst zugestellt, sofern sie dem Schuldner nicht bereits zuvor zugestellt wurde, Art. 43 Abs. 1 S. 2 EuGVO.

---

197 Dazu näher *BGH* NJW 2014, 2363 = EuZW 2014, 557 m. zust. Anm. *Sujecki.*
198 Hierzu im Rahmen einer Fallbearbeitung *Klöpfer* JuS 2014, 243, 247 f.
199 *Kropholler* IPR § 60 VI 2d S. 685.
200 Vgl. *Stadler* IPRax 2004, 2, 5 ff.; *Windolf/Zemmrich* JuS 2007, 803, 806; *Schack* § 3 Rn. 123; weitere Nachweise bei *Stein* IPRax 2004, 181, 182 ff.
201 Zitiert nach *Kropholler* IPR § 60 VI 2d S. 685.
202 *Alio* NJW 2014, 2395, 2397 f.

Die Bescheinigung, die unter Verwendung eines bestimmten Formblatts[203] erstellt wird, enthält detaillierte Angaben zum vollstreckbaren Inhalt der Entscheidung. Sie soll u.a. teure Übersetzungen der Entscheidung vermeiden.[204] Das Vollstreckungsgericht kann nach Art. 42 Abs. 4 EuGVO – im Gegensatz zu Art. 55 Abs. 2 i.V.m. Art. 53 Abs. 1 EuGVO a.F. – nunmehr nur noch dann eine Übersetzung der Entscheidung verlangen, wenn sie das Verfahren ohne eine solche Übersetzung nicht fortsetzen kann. Auch dem Schuldner wird eine Übersetzung der Entscheidung nur in bestimmten Fällen (siehe Art. 43 Abs. 2 EuGVO) zur Verfügung gestellt.

304   Soll die Vollstreckung einer gerichtlichen Entscheidung des einen Mitgliedstaats in einem anderen Mitgliedstaat verhindert werden, muss der Schuldner mittels eines Antrags nach Art. 46, Art. 47 Abs. 1 EuGVO aktiv werden.[205] Auf diesen Antrag hin wird das zuständige Gericht die Vollstreckung nur dann nach Art. 46 EuGVO versagen, wenn einer der Versagungsgründe der Artikel 45 EuGVO vorliegt. Da sich diese Versagungsgründe mit den bereits behandelten Anerkennungshindernissen decken, kann insoweit auf die vorstehenden Ausführungen verwiesen werden.[206]

Der Schuldner hat einen der Form des § 1115 Abs. 3 ZPO entsprechenden Antrag auf Versagung der Vollstreckung ausschließlich bei dem Landgericht zu stellen, in dessen Bezirk er seinen Wohnsitz hat, vgl. § 1115 Abs. 1, Abs. 2 ZPO, Art. 45 Abs. 4 EuGVO. Hat der Schuldner im Inland keinen Wohnsitz, ist gem. § 1115 Abs. 2 S. 2 ZPO das Landgericht örtlich zuständig, in dessen Bezirk die Zwangsvollstreckung durchgeführt werden soll.

Wird der Antrag auf Versagung der Vollstreckung durch Beschluss (§ 1115 Abs. 4 ZPO) abgelehnt, so kann der Schuldner hiergegen innerhalb eines Monats ab Zustellung sofortige Beschwerde einlegen, §§ 1115 Abs. 5, 567 Abs. 1 Nr. 1 ZPO. Weist das *OLG* die sofortige Beschwerde durch Beschluss (§ 572 Abs. 4 ZPO) zurück, kann der Schuldner schließlich nach §§ 1115 Abs. 5 S. 3, 574 Abs. 1 S. 1 Nr. 1 ZPO Rechtsbeschwerde einlegen. Die Rechtsbeschwerde ist binnen einer Notfrist von einem Monat nach Zustellung des Beschlusses beim *BGH* als Rechtsbeschwerdegericht einzulegen, vgl. § 575 Abs. 1 S. 1 ZPO.

---

203 Siehe hierzu den Nachweis von *J/H* Nr. 160b Fn. 59.
204 *Pohl* IPRax 2013, 109, 113 m.w.N.
205 *Pohl* IPRax 2013, 109, 112.
206 Siehe Rn. 293.

Sachverzeichnis

Die Zahlen verweisen auf die Randnummern.

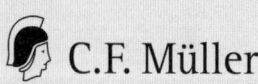